Kinder & Sprache(n)

Was Erwachsene wissen sollten

Klett | Kallmeyer

Prof. Dr. **Mechthild Dehn** lehrte Didaktik der deutschen Sprache und Literatur an der Universität Hamburg. Sie arbeitet unter anderem zu den Themen Schriftspracherwerb, Lernschwierigkeiten, Textschreiben und Rechtschreiben.

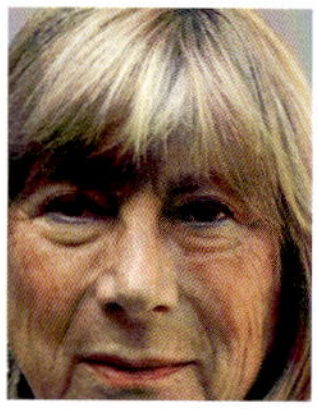

Prof. Dr. **Ingelore Oomen-Welke** lehrte bis 2008 an verschiedenen pädagogischen Hochschulen in Baden-Württemberg. Zu ihren Arbeitsschwerpunkten gehört Sprachdidaktik des Deutschen als Erst- und Zweitsprache.

Prof. Dr. **Claudia Osburg** lehrt Grundschulpädagogik an der Universität Hamburg. Sie arbeitet unter anderem zu den Themen Spracherwerb und Spracherwerbsstörungen, Schriftspracherwerb, Heterogenität und Inklusion.

Bibliografische Information der Deutschen Nationalbibliothek
Die Deutsche Nationalbibliothek verzeichnet diese Publikation in der Deutschen Nationalbibliografie; detaillierte bibliografische Daten sind im Internet über http://dnb.d-nb.de abrufbar.

Impressum

Mechthild Dehn, Ingelore Oomen-Welke, Claudia Osburg
Kinder & Sprache(n)
Was Erwachsene wissen sollten

3. Auflage

Redaktion: Stefan Hellriegel, Berlin
Druck: Plump Druck & Medien GmbH, Rolandsecker Weg 33, 53619 Rheinbreitbach
Printed in Germany

Für Fragen oder Hinweise zur Produktsicherheit unserer Publikationen wenden Sie sich bitte an folgende E-Mail-Adresse: produktsicherheit@friedrich-verlag.de.
Unsere Produkte erfüllen die Anforderungen der EU-Produktsicherheitsverordnung (GPSR).

ISBN (print): 978-3-7800-1081-0

Kinder & Sprache(n)

Was Erwachsene wissen sollten

Mechthild Dehn, Ingelore Oomen-Welke, Claudia Osburg

Klett | Kallmeyer

Kinder & Sprache(n)

Was Erwachsene wissen sollten

Einleitung

„Kinder & Sprache“ – „Kinder & Sprachen“: Unser Buch handelt vom Sprechen- und Verstehenlernen in den ersten 10 Lebensjahren, von den erstaunlichen Wegen und Fortschritten der Kinder beim Aneignen einer oder mehrerer Sprachen. Es handelt aber auch davon, dass nicht alle Kinder Sprache(n) leicht lernen, und gibt Hinweise, wie Sie als Eltern, Großeltern, Erziehende und Lehrende Schwierigkeiten beim Sprechenlernen, beim Erwerb der Sprache(n) besser verstehen und damit umgehen können. Es handelt davon, wie Sprechen und Lesen und Schreiben zusammenhängen – von Anfang an! Und schließlich handelt es davon, wie Kinder mehrere Sprachen gleichzeitig oder nacheinander lernen und wann Fremdsprachenunterricht sinnvoll ist.

Sprache erwerben

Kinder hören Sprechen schon im Mutterleib und beginnen mit dem Spracherwerb, lange bevor sie selber sprechen. In den ersten Lebensjahren eignen sich Kinder die wesentlichen Sprachformen an. Sie können Wünsche und Ängste ausdrücken und an Gesprächen teilhaben, sie lernen die komplette Lautbildung, Formen der Wortbildung und die meisten grammatischen Strukturen. Eine große kognitive Leistung! Manchmal erkennen wir die Art, wie Kinder sich Regeln bilden, an ihren Fehlern: Wenn sie *er springte* sagen, haben sie Wichtiges gelernt: sehr viele Vergangenheitsformen werden so gebildet, nicht aber *springen*. Unregelmäßige Verbformen erwerben die meisten Kinder erst in der Grundschulzeit. Und wie gehen wir mit Fehlern oder Verkürzungen um? Eine gute Form ist es, dass wir die Äußerung des Kindes in unsere Antwort einbinden: *Ani Auto sehn – Ja, Ani hat das Auto gesehen.* Das Kind fühlt sich verstanden und hat Gelegenheit, sein Repertoire zu erweitern.

Schwierigkeiten beim Spracherwerb

Manche Kinder lernen früh sprechen, können schon mit 1 Jahr einige Wörter; andere fangen erst mit 3 oder 4 Jahren an zu sprechen. Ob die einen einfach nur langsamer sind, woran Sie als Eltern und Pädagoginnen und Pädagogen Sprachschwierigkeiten und auch -störungen erkennen und wann Sie therapeutische Hilfe suchen sollten, ist ein weiteres Thema unseres Buches. Dazu gehören zum Beispiel Aussprachestörungen und Störungen beim Grammatikerwerb. Viele Ausspracheauffälligkeiten geben sich im Verlauf der Entwicklung von selbst, zum Beispiel lautliche Ersetzungen. Zum Beispiel werden *m* und *f* mit den Lippen gebildet, *d* und *t* vorn im Mund; im hinteren Mundraum dagegen *g* und *k*. Wenn Kinder *g* und *k* durch *d* und *t* ersetzen, wählen sie die für die Lautbildung einfacheren Formen: *Mami hat den Tuchen demacht.* Wer so noch bei Schulanfang spricht, lernt die richtige Aussprache meist im Verlauf des Schrifterwerbs, beim Lesen in Klasse 1: Das Kind liest nämlich, wie es es geschrieben sieht: *Mami hat den Kuchen gemacht,* und verallgemeinert die Regeln für sein Sprechen. Manche Kinder aber brauchen professionelle Unterstützung darüber hinaus.

Sprechen und Literacy

Unser Buch zeigt, wie Sprechen und Lesen und Schreiben zusammengehören: Wenn wir mit dem Säugling auf dem Schoß ein Buch betrachten, mit dem Kleinkind zu Liedern und Versen klatschen, wenn wir größeren Kindern etwas vorlesen oder erzählen, mit ihnen über das Gehörte sprechen, schaffen wir nicht nur persönliche Nähe und Vertrautheit, sondern solche frühe Literacy befördert auch Weltkenntnis, Wortschatz und die Aneignung von Satz- und Textformen. Am Schulanfang eröffnen sich die Kinder Zugänge zu schriftlicher Rede, wenn sie einem Erwachsenen diktieren, was sie selbst noch nicht aufschreiben können. Und später in der Schule kann das Schreiben das Sprechen im Unterricht unmittelbar unterstützen und fördern – Alltagssprache allein reicht hier nicht aus.

Mehr als eine Sprache

Viele Kinder lernen in den ersten 10 Lebensjahren mehr als eine Sprache: Sie sprechen eine nichtdeutsche Familiensprache, haben Eltern mit verschiedenen Sprachen, leben in zweisprachigen Gebieten … Was umfasst der Begriff Zweisprachigkeit? Wird die zweite Sprache gleichzeitig oder nach der ersten gelernt? Welche Sprache ist dominant? Wie wird Zweisprachigkeit erlebt? Macht es Sinn, von klein an eine Fremdsprache zu lernen? Welche Chancen und Schwierigkeiten des Dialektsprechens sind für den Lernerfolg bedeutsam? Auch in diesem Bereich ist der Umgang mit Fehlern wichtig; manche bedürfen nicht der Korrektur, so wenn Kinder ihre Sprachen mischen: *I do not want cream on my Avocadobrot on top.*

Wir zeigen, wie Mehrsprachigkeit in Kindergarten und Schule produktiv werden kann. Voraussetzung dafür ist Achtsamkeit der Pädagogen für Sprachbeobachtungen, wie sie Kinder mit Migrationshintergrund häufig in den Unterricht einbringen; die Sprachbeobachtungen dieser Kinder können für alle Anlass werden, Sprache und Sprachgebrauch zu untersuchen.

Kinder & Sprache(n) handelt von einem großen, wunderbaren Thema: vom Sprechenlernen; aber auch von Schwierigkeiten dabei; es handelt vom Zusammenhang von Spracherwerb und früher Literacy, von der Rolle des Schreibens für das Sprechen in der Schule; und davon, wie Kinder in den ersten 10 Lebensjahren mehr als eine Sprache lernen.

Mechthild Dehn Claudia Osburg

Ingelore Oomen-Welke

Kapitel 1

Bewegung – Blick – Geste

Erste Verständigungen

Wie machen Kinder das, wenn sie sprechen lernen, und welches ist unsere Aufgabe dabei? Kinder lernen nicht etwa nur den Sprachklang, die Satzmelodie, einzelne Wörter, die Grammatik, sondern viel mehr: sie lernen, andere zu verstehen; sie lernen, ihren Gefühlen Ausdruck zu geben; lernen zu fragen (meistens mit einer entschiedenen Geste: *Is'n das?*), auf etwas hinzuweisen, etwas zu bezeichnen (*Balla das*), etwas zu erbitten, sich etwas auszudenken; und manchmal lernen sie auch zwei Sprachen auf einmal.

Kinder lernen sprechen, ohne dass sie unterrichtet werden – und wir sprechen mit ihnen, von Anfang an. Wir wissen, dass Säuglinge bereits kurz nach der Geburt Sprachlaute von anderen „Geräuschen" unterscheiden können, dass sie auf Sprachlaute aufmerksamer sind. Sprechenlernen ist kein isolierter Vorgang, sondern es ist eingebettet in Situationen und Handlungszusammenhänge, es ist Teil der kindlichen Erfahrungswelt.

Sehr wichtig ist der vertraute Kontext. Das Kind kennt seine erwachsenen Partner und es erkennt immer wiederkehrende Situationen, beim Wickeln und Anziehen, beim Stillen und Füttern, beim Tragen auf dem Arm, vor dem Bauch, beim Spielen mit Rassel und Teddybär,

Suchen – *Wo ist die Nuss?*

Greifen – *Ich hole sie mir.*

Loslassen, werfen – *Schau her!*

beim Versteckspielen und beim frühen gemeinsamen Betrachten von Gegenständen, von Bildern und Büchern ... Und das Kind erzeugt selbst wiederkehrende Situationen, vor allem indem es sein Spiel ritualisiert.

Für das Hineinwachsen in diese Lebenswelt, also auch für das Sprechenlernen, sind Bewegung, Blick und Geste zentral.

Spiel mit Walnuss und Karton: Bewegungsabfolgen

Anouk (8 Monate) ist in ihr Spiel vertieft. Nur einmal sieht sie die Erwachsene an, nämlich als sie die Nuss „werfen" will. Das ist zugleich der Höhepunkt des Spiels. Viele Male wiederholt sie das Spiel und freut sich sichtlich auch am Klang, den die fallende Nuss im Karton erzeugt.[1]

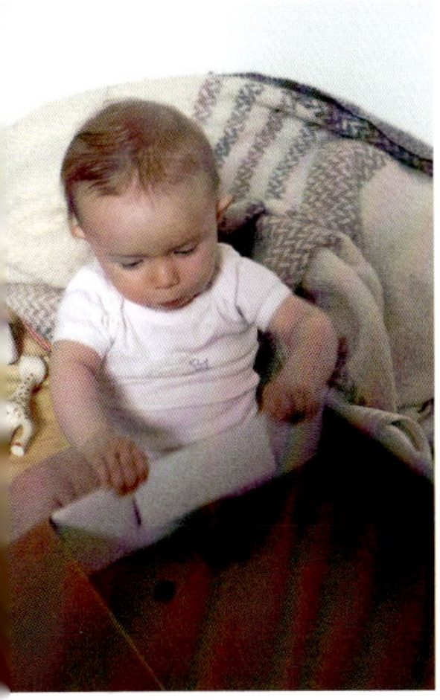

achten – *Da rollt die Nuss.*

Von vorn beginnen – *Ich hole sie mir.*

Jeder, der kleine Kinder kennt, kennt auch solche Spiele. Auf den ersten Blick hat das Spiel mit Nuss und Karton vielleicht wenig mit dem Sprechenlernen zu tun. Auf den zweiten Blick aber sehen wir, dass das Kind seine Erfahrungen, die Abfolge der Bewegungen, deutlich strukturiert: suchen, greifen, loslassen, beobachten, was passiert ist – und wieder von vorn beginnen. Indem das Kind Bewegungsabfolgen ordnet und durch Wiederholung übt, erweitert es seine kognitive Ausrüstung. Es ist also nicht so, dass das Kind mit der Sprache zum ersten Mal einem abstrakten System begegnet, sondern es hat seine Erfahrung schon von Geburt an immer geordnet; es hat gelernt, Unterscheidungen zu treffen, Menschen, Tiere und Gegenstände wiederzuerkennen: Damit eignet es sich allmählich ein immer differenzierteres Rüstzeug für das Sprechenlernen an.[2] Etwa vom 8. Monat an entwickelt sich das gezielte Greifen und die Gestik zeitgleich mit dem Sprechenlernen.

Das Spiel zeigt zugleich, wie das Kind die verschiedenen grundlegenden Sinne integriert:

- Es koordiniert Sehen und Bewegung, es kann die Nuss ertasten und greifen.
- Es hat – schon seit etwa dem 7. Monat – gelernt, im Sitzen Schwerkraft und Bewegung zu balancieren.
- Und es kann – noch etwas unbeholfen – seine Muskelspannung so kontrollieren, dass die Nuss wirklich in den Karton fällt.[3]

Das Kind bildet im Tun, in der Bewegung, Kategorien für die Gegenstände: Die Nuss kann man suchen und werfen – der Karton nimmt die Nuss auf, man kann hören, wenn sie hineinfällt. Es bildet Muster für Handlungsfolgen. Es bereitet das Lernen von Bedeutungen vor, von Wortbedeutungen, also das Sprechenlernen im engeren Sinn. Und es bereitet das Lernen von grammatischen Bezügen vor.

Noch etwas Wichtiges kommt hinzu: Etwa gegen Ende des 1. Lebensjahres entwickelt das Kind eine Vorstellung davon, dass etwas auch dann noch vorhanden ist, wenn es nicht mehr unmittelbar sichtbar ist: Es bildet „Objektpermanenz" aus. In unserer Bildsequenz ist nicht eindeutig zu entscheiden, ob die Nuss in der unteren Ecke des Kartons vielleicht einen Moment außerhalb von Anouks Blickfeld ist.

Das Wissen darum, dass auch nicht Sichtbares da ist, gilt nicht nur für Dinge, sondern vor allem auch für Personen. Anouk sucht im Spiel mit der Nuss den Blick der Erwachsenen: *Bist du noch da? Siehst du, was ich mache?*

Für das Lernen von Wortbedeutungen ist genau dieser Blick wichtig, der „Dreiecksblick", der „trianguläre Blickkontakt".[4] Kind und Erwachsene sehen sich an – wie hier, bevor Anouk die Nuss wirft beziehungsweise fallen lässt –, und sie sehen den Gegenstand. Dieser Blickkontakt ist ein zentrales Fundament für das Sprechenlernen.[5]

Das Kind muss wissen, dass die Erwachsenen noch da sind, auch wenn es sie nicht sieht, und es muss sich verständigen können, um im Notfall Hilfe zu holen. Deshalb kontrolliert das Kind Personen, wenn sie aus dem Blickfeld verschwinden. Das Wissen, dass eine Person, ein Gegenstand vorhanden ist, auch wenn sie nicht sichtbar sind, ist eine wesentliche Voraussetzung für das Sprechenlernen. Denn Wörter sind nicht an die Sichtbarkeit von Gegenständen und Personen gebunden. Mit Wörtern kann man über Personen und Sachen sprechen, die gerade nicht anwesend sind. Das ist eine großartige Leistung der Sprache und ein Sinn des Sprechens.

Das Kind bildet mit seinem Blick ein Dreieck zwischen dem Gegenstand, der anderen Person und sich: eine wichtige Grundlage für das Sprechenlernen.

Ein frühes „Gespräch"

Die Großeltern sitzen am Tisch, Anouk (9 Monate) sitzt auf dem Boden und spielt mit zwei Holzschälchen, die sie gegeneinander schlägt. Sie sieht zu den Erwachsenen hin.
Die Großmutter wendet sich ihr zu: Was bist du für ein hübsches Mädchen!
Anouk macht starke rhythmische Bewegungen mit beiden Armen und freudigen Singsang.
Großmutter: So ein hübsches Mädchen!
Anouk „dirigiert" heftig (immer noch die Holzschälchen in den Händen, aber sie schlägt sie nicht mehr gegeneinander) und brabbelt lange.
Das geht im Wechsel einige Minuten lang.
Anouk ist sehr aufmerksam und beginnt mit ihrem Part immer erst, wenn die Großmutter aufgehört hat zu sprechen.

Anouk hat die Initiative für das „Gespräch". Sie sieht zu den Erwachsenen hin – vielleicht möchte sie eine Resonanz erfahren für ihre Musik mit den beiden Holzschälchen. Die Anrede der Großmutter erwidert sie mit heftigen Bewegungen und gleichzeitigem „Brabbeln". Und sie wartet mit ihrer Antwort immer, bis die Großmutter fertig ist, fällt ihr also nicht ins Wort. Diese Abfolge wiederholt sich viele Male. Wiederum eine alltägliche Situation. Typisch für solche Situationen ist der strukturierte Rahmen:

Anouk spielt häufig auf dem Boden, hat ihre Spielsachen um sich. Die vertrauten Erwachsenen sind im Raum, ohne doch immer mit ihr zu spielen, aber sie erwidern die Aufforderung, mit ihr in Kontakt zu treten. Und das Kind nimmt auf seine Weise die Ansprache der Erwachsenen auf. Auch hier also gibt es den „triangulären Blickkontakt". Auch hier sind vertraute Situation, Bewegung und Sprache miteinander verbunden. Anouk reagiert nicht auf den Inhalt der Äußerung, sondern auf die Zuwendung und auf den Klang.

Besonders an der Situation ist zum einen der „Sprecherwechsel" – eine wesentliche Voraussetzung für Gespräche: zuhören und antworten; das Kind „kommt früh dazu, durch Kombination, aus wenig viel zu machen" und sich auf diese Weise immer mehr Möglichkeiten zu eröffnen, sagt der Psychologe Jerome Bruner.[6] Anouk hat offensichtlich schon verstanden, dass Sprechen dialogisch vor sich geht, im Sprecherwechsel. Sie wendet das Dialogmuster an, obwohl sie noch keine genauen Inhalte in den Dialog einbringt. Solches Lernen von Mustern, die im Moment noch nicht funktional sind, beobachten wir bei Kindern oft. Später werden sie diese Muster sinnvoll füllen.

Wir wissen nicht, was das Kind in dieser Situation versteht (und den Inhalt der Äußerung kann man sicher auch kritisieren). Aber es lernt, dass es wohlwollende Resonanz erfährt auf sein Spiel mit den Holzschälchen und auf seine rhythmischen und lautlichen Erwiderungen. Wie schon bei dem Spiel mit Walnuss und Karton, so sind auch in diesem frühen „Gespräch" die kindlichen Aktivitäten innerhalb seines Handlungsvermögens sehr geordnet und unterscheiden sich in dieser Hinsicht nicht grundsätzlich vom Verhalten Erwachsener (innerhalb ihrer viel größeren Handlungsbereiche).

Besonders daran ist zum anderen die enge Verbindung von rhythmischer Bewegung und Brabbeln. Die Fähigkeit zu solcher rhythmischen Bewegung entwickelt sich etwa vom 6. Lebensmonat an. Sie steht in enger Beziehung zum Sprechenlernen. Schübe zur gezielten Bewegung und zur Artikulation von Silben erfolgen etwa gleichzeitig, meist im 9. Lebensmonat (wie bei Anouk). „Die parallele Entwicklung von Motorik und Lautbildung ist eine Fortsetzungsgeschichte", so der Neurobiologe Joachim Bauer.[7] Und die der Objektpermanenz ist damit eng verbunden, können wir ergänzen.

Wenn wir diese „Fortsetzungsgeschichte" genauer betrachten und dabei auch Blick und Geste heranziehen, können wir weitere wichtige Grundlagen des Sprechenlernens erschließen.

Nach dem „Klang"-Spiel mit beiden Holzschälchen

Blick: „Ich fühle, was du fühlst“

Schon auf Fotos von den ersten Lebenstagen und -wochen machen Mutter und Neugeborenes oft dasselbe „Gesicht“. Wie kommt das zustande? Vermutlich ahmt der Erwachsene das Minenspiel des Kindes nach.

In solcher Nachahmung ist er geübt. Wir haben alle die Erfahrung gemacht, dass Lachen „ansteckend“ ist, Gähnen auch. Und wenn uns jemand auf der Straße anlächelt, erwidern wir es, noch ehe wir darüber entscheiden können, ob wir das eigentlich wollen oder nicht.

Aus der Neurobiologie wissen wir schon längere Zeit, dass bestimmte Nervenzellen Handlungen steuern (Handlungsneurone). Neu ist, dass bestimmte Nervenzellen auch aktiv sind, wenn wir Handlungen beobachten: Das sind die Spiegelneurone. Sie sind verantwortlich für die Resonanz, also das „Mitschwingen“ und Miterleben beim Beobachten und auch für die Reaktion darauf.[8] Wenn wir ein Lächeln unwillkürlich erwidern, sind also Spiegelneurone am Werk. Und auch, wenn wir beim Füttern des Kindes selbst den Mund öffnen. Das ist einerseits eine Resonanz auf das Kind. Andererseits veranlasst unser Verhalten das Kind zum Mitschwingen, Mittun: Es öffnet seinen Mund. Es kann sich dem Mittun aber auch verweigern.

„Ich fühle, was du fühlst.“

Die Spiegelneurone sind aufs Engste mit Handlungen verknüpft. Aufgrund von Erfahrungen ermöglichen sie uns, Handlungen intuitiv, auch ohne Sprache, zu verstehen. Und umgekehrt wäre die Sprache, also auch das Sprechenlernen, nicht möglich, wenn wir keine Vorstellungen von Handlungen hätten, keine Erfahrungen mit Handlungsabfolgen.

„Im Gehirn befinden sich die Nervenzellnetze, die für die Sprachproduktion zuständig sind, an gleicher Stelle wie die Spiegelneurone des bewegungssteuernden Systems.“[9] Man kann nicht ausschließen, dass sie teilweise identisch sind. Die Sprache hat sich – nach diesen Erkenntnissen – im Verlauf der Menschheitsentwicklung aus den motorischen Systemen des Gehirns entwickelt.

Auch deshalb ist es wichtig, dem Säugling viele Anreize zur Bewegung zu geben (wie mit Nuss und Karton oder mit den Holzschälchen) und viel Resonanz im Blickkontakt und bei unserem Sprechen mit ihm. Und ihn bei seinen wiederholungsreichen, oft schon ritualisierten Spielen zu bestätigen.

Gesten bahnen Wörtern den Weg

Wenn wir sprechen, bleiben auch unsere Hände nicht „stumm“. Wir begleiten und ergänzen, was wir sagen wollen, mit Gesten. Im Vergleich zur Sprache sind die Gesten viel schneller. Hinweisen, Verneinen, Drohen, Beschwichtigen, Trösten und vieles mehr können wir auch ohne Worte. Kleinkinder zum Beispiel zeigen die eigene Größe, indem sie die Arme ausstrecken; sie erwidern die Verabschiedung durch Winken; ziehen am Hosenbein, um auf sich aufmerksam zu machen.

Gesten bahnen Wörtern den Weg, sagen Entwicklungspsychologen. Die vielleicht bekannteste Geste des Kindes ist sein ausgestreckter Finger: Es zeigt auf den Hund. Und die Mutter sagt: *Hund* oder *Wauwau*. Dann zeigt es auf ein Auto. Die Mutter sagt wiederum das Wort und das geht so fort, manchmal in einem hohen Tempo. Und ungefähr 3 Monate später taucht das auf diese Weise Erfragte als Wort des Kindes auf. – Der Mensch ist das einzige Lebewesen, das mit dem Finger zeigt![10]

Aber nicht nur die Gesten des Kindes sind bedeutsam für sein Sprechenlernen. Es hat sich gezeigt, dass vielfältige Gesten der Erwachsenen, also Gesten mit sehr unterschiedlichen Bedeutungen, einen Einfluss haben auf das Wortverstehen des Kindes, auf seinen passiven Wortschatz, noch Jahre später. Untersucht wurde die Vielfalt der Gesten der Erwachsenen gegenüber 14 Monate alten Kindern; 3 Jahre später, als die Kinder gut 4 Jahre alt waren, wurde ihr Wortverstehen überprüft. Der passive Wortschatz der Kinder, die vielfältige Gesten kennengelernt hatten, war um 25 % größer als der der anderen Kinder.[11]

Manche Gesten haben eine begriffliche Bedeutung, sie stehen für etwas: zum Beispiel das Kopfschütteln, das Winken. Geste und Bedeutung können unmittelbar zusammengehen, dann sprechen wir von „Baby-Zeichensprache“ oder auch von „Zwergensprache“. Die Mutter macht eine Geste und spricht dazu: Sie blickt das Kind an, dann die Katze, streichelt abwechselnd ihre beiden Hände und sagt: *Da ist die Katze.* Das Kind kann die Geste übernehmen, auch wenn es noch nicht sprechen kann. Es lernt, dass Gesten Symbole für Inhalte sein können, und verwendet sie ausdrücklich so. „Zwergensprache“ wird in England und den USA häufiger als bei uns verwendet. Sie verhindert das Sprechen nicht, sondern befördert es, auch deswegen, weil Erwachsene während der Benutzung der Gesten mit dem Kind sprechen.[12]

Es sind aber nicht nur die sprachbegleitenden Gesten, die das Sprechen- und Verstehenlernen

Gesten bahnen Wörtern den Weg.

befördern, sondern auch die Gebrauchsgesten. Wenn ein Kind den Löffel zum Mund führt, die Bürste zum Haar, den Schlüssel zum Schloss, den Telefonhörer zum Ohr, dann beginnt es parallel dazu, früher oder später, auf der sprachlichen Ebene einzelne Wörter zu sagen und damit etwas Bestimmtes zu meinen: *wauwau, papa, balla.* Das Fallenlassen und Werfen der Nuss bei Anouks Spiel ist wohl eine Form solcher Gebrauchsgesten, hier der Greif- und Wurfgesten.

Die Rolle der Erwachsenen

Sprechenlernen ist also viel mehr als einzelne Wörter oder Sätze sagen. Es gibt das „Gespräch", bevor es einzelne Wörter gibt. Wir haben bisher stark den Eigenanteil des Kindes betont, wenn es Bewegungsabläufe strukturiert, zur Resonanz auffordert und selbst welche gibt, wenn es sich den „Sprecherwechsel" aneignet. Diese Aktivität des Kindes setzt vertraute Kontexte voraus.

Und das gilt auch dafür, wenn Erwachsene Kinder in Sprachgebrauch und Redeweise einführen. Das geschieht zumeist ganz unwillkürlich und entspannt.

Der Vater schaut mit Jonas (13 Monate)
ein Bilderbuch von einem Delfin an.
Es hat 8 Seiten und ist aus Stoff.
Vater: Sieh mal!
Er zeigt mit dem Finger auf das Bild.
Jonas patscht mit der Hand auf das Bild.
Vater: Was ist das denn?
Jonas brabbelt und freut sich.
Vater: Ja, das ist ein Delfin.
Jonas brabbelt, lächelt und sieht seinen
Vater an.
Vater lächelt auch: Ja, ein Delfin.
Jonas brabbelt wieder und lächelt.
Vater, freudig: Ja!

Beide haben Spaß daran, das Bilderbuch zu betrachten. Der Vater fordert Jonas' Aufmerksamkeit (*sieh mal!*), zeigt Jonas das Bild vom Delfin – als Geste und mit Worten (*sieh mal!*). Jonas ahmt die Geste nach. Der Vater fragt (*Was ist das denn?*) und Jonas antwortet (ohne Worte!). Der Vater benennt das Bild, bestätigt also Jonas' Brabbeln. Er versteht, was Jonas meint. Jonas sieht sich verstanden.

Diese Abfolge – Benennen, Antworten (noch ohne Worte, aber mit triangulärem Blickkontakt) und Bestätigen – wiederholt sich noch zweimal, offenbar mit zunehmender Freude auf beiden Seiten. Auffordern, Zeigen (als Geste und mit Worten), Fragen, Benennen, Bestätigen – das sind ganz wichtige Tätigkeiten des Erwachsenen. Das Kind ahmt die Geste nach und antwortet auf seine Weise.

Nicht Genauigkeit ist gefragt, sondern Gemeinsamkeit und das Erahnen, was gemeint ist. Aufgabe des Erwachsenen ist, das Brabbeln zu interpretieren – auf diese Weise kann das Kind Bedeutungen lernen. Der Erwachsene meint, dass das Kind ihn ein bisschen verstanden hat. Das bringt ihn zu vielen Wiederholungen und Abwandlungen. So kommt die Hilfe zustande, die wie ein „Gerüstbau", wie ein „Steigbügelhalten" für das Kind wirkt, sodass es die nächste Stufe erreicht. (Solche Hilfe wird als „Scaffolding" bezeichnet.)

Wie beim Spiel mit der Walnuss bestimmt die Wiederholung die Situation. Zweimal im Fall des Delfins aus dieser knappen Sequenz, über den ganzen Tag gesehen jedoch unzählige Male.

Vertraute Kontexte beim gemeinsamen „Lesen“

Damit bestätigt und festigt das Kind das, was es gerade gelernt hat.

> Die Mutter und Paul (12 Monate) sitzen sich auf dem Boden gegenüber – beide breitbeinig. Sie sehen sich an. Die Mutter hat einen Ball in der Hand. Sie rollt Paul den Ball zu.
> Mutter: Da kommt der Ball.
> Paul greift nach dem Ball: balla!
> Mutter: Ja, der Ball!
> Paul: balla!
> Er lacht und rollt den Ball zurück.
> Das Spiel beginnt von vorn.

Auch in diesem Beispiel hat die Mutter die Initiative. Sie begleitet ihr Handeln mit Worten. Das Kind tut dasselbe. Während er den Ball greift, sagt Paul *balla* und erfährt Bestätigung.

Das Spiel wiederholt sich viele Male. Was Paul meint, wenn er *balla* sagt, wissen wir nicht genau. Vielleicht meint er den Gegenstand, vielleicht aber auch den Vorgang des Rollens, vielleicht das Spiel mit seiner Mutter als Ganzes.

Wie bei den ersten Beispielen, so geht es auch hier um Wiederholung von Abläufen. Gegen Ende des 1. Lebensjahrs produzieren die Kinder selbst solche Wiederholungen, und zwar von Silben: *jajajaja, dadadada, papapa, mamamama* – noch ohne Bezug auf etwas Konkretes. Aber auch bei den ersten Wörtern verwenden sie dieses Prinzip: *wauwau, pieke pieke* („Stecknadel“), *hamham* („essen“).

Die Erwachsenen gehen meist auf diese „Babysprache“ ein: *Ja, der Hund bellt. Wauwau.* Einerseits braucht das Kind die Erfahrung, verstanden zu werden – das spricht dafür, dass wir sein Wort aufgreifen. Andererseits braucht es auch das klare Gegenüber, also die Erwachsenensprache. Insofern kommt es auf die gute Mischung wie in dem Beispiel an.

Die Rolle, die die Erwachsenen einnehmen, scheint in hohem Maße kulturabhängig zu sein. Die mütterliche Sprache führt die Säuglinge zugleich in den jeweiligen Kommunikationsstil ein. Bei einer Untersuchung von 5 und 13 Monate alten erstgeborenen Säuglingen haben sich folgende Tendenzen gezeigt:

- Japanische Mütter gebrauchen im Vergleich zu Müttern aus dem westlichen Kulturkreis am stärksten affektive, gefühlsbetonte Sprachmittel wie Nonsenswörter, Singen, unvollständige Äußerungen.
- Argentinische Mütter sind am stärksten direktiv, sie geben die meisten Anweisungen.

- Amerikanische Mütter stellen die meisten Fragen, fordern also die Aktivität des Kindes heraus.
- Und Wolof-Mütter aus Senegal legen viel Wert auf körperliche Nähe und rhythmische Stimulation.[13]

Unsere Formen des Umgangs mit dem Kind, unsere Stimulationen, Bestätigungen sind also nur eine von vielen Formen. Aber auch in anderen Kulturen sind Bewegung, Blick und Geste – mit unterschiedlichem Gewicht allerdings – aufs Engste mit dem Sprechenlernen verbunden.

Das Wort ändert alles

An diesem Nachmittag betreuen die Großeltern Jana (11 Monate). Sie ist zutraulich wie sonst. Zum Abendessen sitzt sie in ihrem Stühlchen. Noch bevor es richtig losgeht, sagt sie plötzlich: „Mami." Sie mag nichts essen, ist bekümmert, wendet sich ab und die Großeltern haben große Mühe, sie wieder aufzumuntern.[14]

Jana bemerkt in der Situation am Tisch vor dem Abendessen, dass ihre *Mami* nicht da ist. Das Wichtigste fehlt. Mit diesem einen Wort drückt sie aus, was sie vermisst. Und das ist nicht leicht zu ersetzen. Auch Jana ist darauf angewiesen, dass die Großeltern verstehen, was sie meint.

Hier können wir zum ersten Mal von einem Wort sprechen. Es hat eine bestimmte Bedeutung, kennzeichnet etwas, das nicht da ist. Die Bedeutung ist auch hier an den Kontext gebunden, aber anders als bei *balla* im vorigen Beispiel ist die Bedeutung sehr viel klarer. Das erste Wort ist wie eine Verdichtung all der Entwicklungsstränge in vertrauten sozialen Kontexten, die wir betrachtet haben: die Bewegungsabfolgen, die viel mehr sind als nur motorische Fähigkeiten, nämlich die Grundlage für kognitive Vorgänge wie Ordnen, Auswählen, Kombinieren; die Kontaktaufnahme in Geste und Blick – zum Gegenstand und zum Gegenüber, also Zuwendung und Verständigung; und natürlich die lautliche Entwicklung beim Brabbeln.

Ihre ersten Worte äußern viele Kinder schon als 1-Jährige; manche, wie Jana, auch kurz davor. Andere aber fangen gegen Ende des 2. Lebensjahrs damit an. Das ist weniger eine Frage des Alters; entscheidend dafür sind die kognitiven, motorischen und emotionalen Fähigkeiten. Kinder entwickeln sich verschieden und auch verschieden schnell. Sie brauchen Wärme, Aufmerksamkeit und Anregungen.

Spiel mit Sprachen

Ken wächst zweisprachig in Deutschland auf. Seine Mutter ist Japanerin und bleibt bei ihm, während sein Vater zur Arbeit geht. Auch die deutschen Großeltern sind an der Betreuung beteiligt.

Ken spricht die ersten Wörter gleichzeitig in beiden Sprachen mit 1 Jahr und 4 Monaten (1;4 Jahre): *Mama, Papa, Opa, Oma, hauruck, Auto, Ball, kalt; aka* (*rot* = あか), *ao* (*blau* = あお), *koko* (*hier* = ここ), *wanwan* (*wauwau* = わんわん), *kaka* (*Vogel* = おお).
Beim Mittagessen mit den Großeltern blickt er plötzlich den Großvater an und sagt: *O – chi – san* (*Opa* plus Höflichkeitsformel = 小父さん). Dabei lacht er heftig.[15]

Ken kann schon einige Wörter in seinen beiden Sprachen, und manche Begriffe auch zweisprachig. *Opa* gehört offenbar dazu. Sein Vater und die Großeltern sprechen mit ihm Deutsch, seine Mutter spricht mit ihm Japanisch. Und eigentlich weiß Ken schon, wer wie genannt wird. Aber diesmal spielt er mit seinen beiden Sprachen. Sein Lachen zeigt, dass Ken „weiß", dass der Angeredete eigentlich *Opa* genannt wird.

Schon im 2. Lebensjahr können Kinder also mit ihren Sprachen spielen. Das Beispiel zeigt, dass eine Zweitsprache keine zusätzliche Belastung sein muss, sondern dass sie eine Bereicherung sein kann. Sie umfasst auch das Vergnügen am Überschreiten des gewohnten Sprachgebrauchs. Auch hier zeigt sich: Das Sprechenlernen beginnt nicht mit einzelnen Lauten, dann mit Wörtern und kommt – viel später – zum Spielen mit Sprache, sondern die Verständigung ist das Zentrum und das Spiel schon ganz früh ein Element davon.

Wichtiges in Kürze

- Sprechenlernen setzt vertraute Kontexte, vertraute Partner und wiedererkennbare Situationen und Handlungszusammenhänge voraus.
- Das Kind strukturiert seine Erfahrung durch Wiederholung gleicher Abläufe, durch Musterbildung. Das ist eine wichtige Voraussetzung für das Sprechenlernen.
- Für das Hineinwachsen in die Lebenswelt, also auch für das Sprechenlernen, sind gleichzeitig Blick, Geste und Bewegung zentral.
- Das Kind braucht Bestätigung für all seine Aktivitäten und es braucht Anregungen, durch Aufforderungen, Hinweise, Fragen, also durch Sprechsituationen.
- Die Erwachsenen können die „Babysprache" bestätigen, ohne allerdings selbst nur auf diese Weise zu sprechen. Ein paar Babywörter am Anfang motivieren das Kind vielleicht sogar.
- Das erste Wort taucht meist gegen Ende des 1. Lebensjahrs auf, oft aber auch erst im Verlauf des 2. Lebensjahrs.
- Zwei Sprachen sind keine Überforderung, sondern können schon ganz früh Anregung zum Spiel mit Sprache(n) sein.

Kapitel 2

Spracherwerb universell und individuell

Neurobiologische Grundlagen

Sprache erwerben und Spuren legen: Was passiert im Gehirn?

Das Gehirn ist wie ein Urwald, in dem sich Verbindungen zwischen Nervenzellen bei häufigem Gebrauch zu „Pfaden" entwickeln.

Wenn Kinder auf die Welt kommen, ist ihr Gehirn noch unausgereift, wie die Neurobiologen sagen. Aber durch die Eindrücke, die das Baby von außen wahrnimmt, bilden sich „Spuren" im Gehirn – und diese sind auch grundlegend für den Spracherwerb. Diese Spuren werden „Repräsentationen" genannt. Repräsentationen entstehen durch Wahrnehmungen – wie durch Hören (auditiv), durch Tasten und Fühlen (taktil-kinästhetisch), durch Riechen (olfaktorisch), durch Sehen (visuell). Das Entstehen von Repräsentationen wird als „Lernen" bezeichnet. Manfred Spitzer[1] vergleicht das Gehirn mit einem Urwald, in dem aus einer Spur ein kleiner Pfad entsteht; dieser wird zum Weg, und man benötigt weniger Kraft, um den Weg zu passieren. Es bilden sich Nebenwege und auch jene verbreitern sich.

Kinder erwerben ihre Erstsprache ganz nebenbei und ohne unterrichtet zu werden. Je bekannter die sprachlichen Impulse von außen sind, desto leichter können sie die Pfade durchlaufen – und die anfangs kleinen Pfade werden schnell zu großen Wegen.

Andere vergleichen das Gehirn mit einer Landkarte, mit Häusern, Ortschaften und Straßen, die sich vernetzen. Die Ortschaften entsprechen den Gehirnzellen. Mit der Zeit entstehen immer mehr Verbindungen. Bei wenig ausgebauten und schlecht befahrbaren Straßen

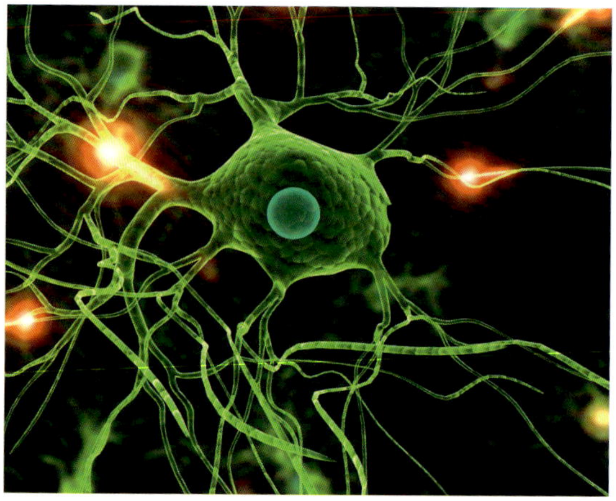

kommen die Reisenden nur langsam voran und manche Ortschaften werden wenig besucht. Das Verkehrsnetz wird jedoch weiter ausgebaut. Auch die Nebenstraßen verbessern sich und es entsteht ein dichtes Verkehrsnetz. Bisher nur schwer erreichbare Orte können nun problemlos angesteuert werden. Straßen, die zu wenig besuchten Orten führen, verschlechtern sich, werden nicht weiter ausgebaut und verkümmern. Zu anderen stark frequentierten Orten hingegen werden die Straßen verbreitert, Autobahnen gebaut, zweispurig, dreispurig. So ist es auch im kindlichen Gehirn.

Mit etwa 6 Monaten sind beim Kind bestimmte Bereiche des Gehirns so stark vernetzt wie nie wieder in seinem Leben. Und nun spezialisiert sich das Gehirn. Wege, die vernachlässigt werden, verkümmern, denn was nicht benutzt wird, wird schwächer und verkümmert; was hingegen viel benutzt wird, wird stark ausgebaut. Verbindungen (Synapsen), die immer wieder benutzt werden, werden stärker, neue Verbindungen entstehen. Im Alter von 16–24 Monaten kann ein rapides Anwachsen der Synapsen beobachtet werden. In der aktiven Phase des Spracherwerbs lernen die Kinder durchschnittlich alle 90 Minuten ein neues Wort. Im Alter von 48 Monaten ist das höchste Niveau des Glukosestoffwechsels beobachtbar, also jene Funktion, die bei der Bildung von Synapsen maßgeblich mitverantwortlich ist.[2] Bei der Sprachentwicklung sind nun die meisten sprachlichen Grundlagen gelegt, und auf jenen wird aufgebaut. Der Prozess der Stabilisierung und Automatisierung setzt ein. Die synaptische Dichte nimmt allmählich wieder ab. Neuanlegungen außerhalb der Bahnen verlangsamen sich.[3] „Damit neue neuronale Vernetzungen geknüpft und bestehende Vernetzungen ausgeweitet und stabilisiert werden können, reicht es nicht aus, dass man diese Verschaltungen einfach nur häufig benutzt. Wenn das so wäre, könnten wir ja alles lernen, wenn wir es nur lange genug trainieren. Wir lernen aber nicht alles. Wir lernen nur das, was für uns wichtig ist. Und was ihm wirklich wichtig ist, wofür sich ein Mensch – als kleines Kind oder als Greis – interessiert und deshalb auch begeistern kann, das entscheidet nicht die ‚Umwelt', sondern das entscheidet er oder sie ganz allein."[4]

Am Beispiel der Phoneme lässt sich das Spurenlegen gut verdeutlichen: Es gibt etwa 4.000 Sprachen[5] auf der Welt. Jede Sprache hat ihre eigenen Phoneme, also kleinste bedeutungsunterscheidende Einheiten wie zum Beispiel das /h/ und /b/ in /hant/ und /bant/.

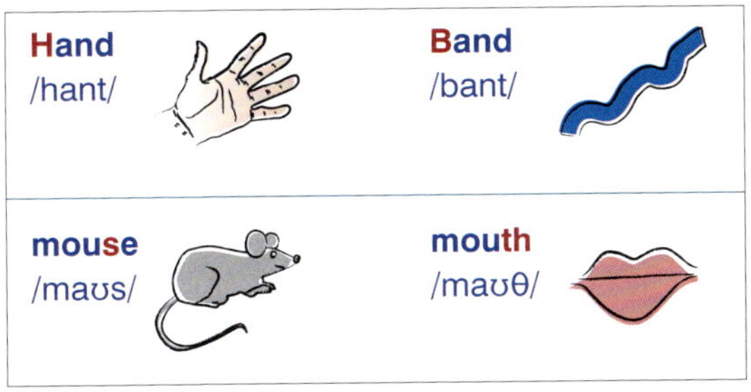

Manche Sprachen haben 30 Phoneme, andere 100. Die Wörter *Hand* und *Band* sind Minimalpaare, weil sie sich nur in einem Phonem unterscheiden, aber die Bedeutung ist gänzlich anders.

Im Englischen gibt es 44 Phoneme, das Deutsche kommt mit 40 Phonemen aus und das Italienische benötigt nur 30 Phoneme. Ob das /s/ in der deutschen Sprache gelispelt wird oder nicht, ist für das Verstehen unwichtig. *Haus* bleibt *Haus* – ob interdental mit „gelispeltem" S ausgesprochen oder nicht. Im Englischen ändert sich jedoch die Bedeutung bei ⟨thick⟩ oder ⟨sick⟩, weil die Wörter am Anfang unterschiedliche Phoneme aufweisen.

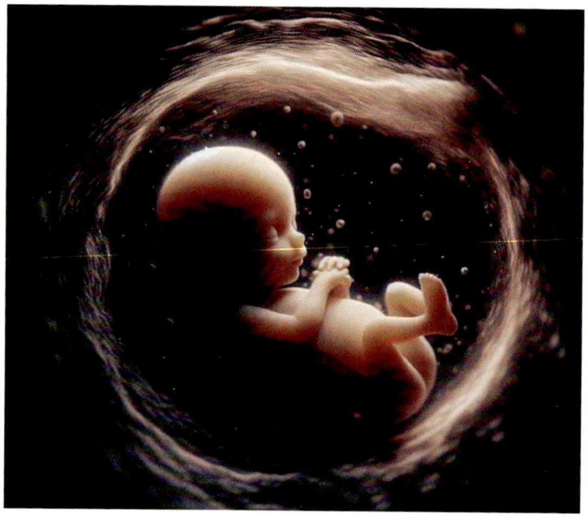

Sprachentwicklung beginnt bereits im Mutterleib.

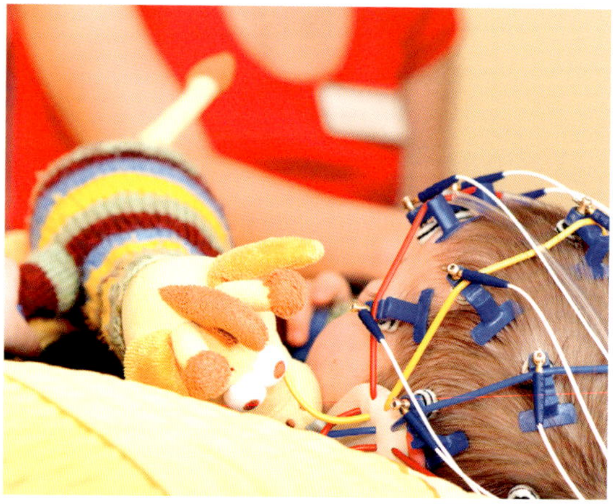

Forscher untersuchten die Gehirnströme von Babys, um genauere Kenntnisse über die frühkindliche Sprachentwicklung zu erhalten.

Der Säugling ist nach der Geburt noch für alle Phoneme aus allen Sprachen offen. Dadurch kann er relativ leicht jede Sprache der Welt erlernen – vorausgesetzt, seine Umwelt bietet ihm konstant die sprachlichen Partner für seine Verständigung. „Menschliches Leben ist bis zur Geburt noch auf keine Kultur festgelegt. Die neurobiologische Grundausstattung Neugeborener ist kosmopolitisch."[6] Untersuchungen haben aber gezeigt, dass der Säugling bereits nach 6 Monaten auf die Phoneme der Muttersprache stärker reagiert als auf Phoneme anderer Sprachen. Der Pfad zur Muttersprache ist nun zum Weg geworden. Das Kind lernt Sprache und Sprachlaute „unbewusst". Später beim Schriftspracherwerb wird es lernen, Sprachlaute zum Gegenstand der Betrachtung zu machen. Es wird erkennen, dass ⟨Haus⟩ und ⟨Maus⟩ sich nur in einem Buchstaben (Graphem) unterscheiden, trotzdem aber ganz andere Bedeutungen haben. Stuhl und Hocker hingegen ähneln sich in Form und Gebrauch, weisen aber weder lautliche noch schriftsprachliche Gemeinsamkeiten auf.

Phoneme anderer Sprachen, die für das Kind nicht bedeutsam sind, bleiben unbeachtet. Der Weg zu ihnen verkümmert. Diese nicht betretenen Bereiche des Urwalds, um mit dem Bild zu sprechen, bleiben ohne Wege. Im Alter von etwa 20–25 Jahren ist der Prozess der „Hirnreifung" weitgehend abgeschlossen.

Lernprozesse finden zwar weiter statt, aber das Erreichen von „Orten", die nicht voll im Netz integriert sind, ist erschwert. So ist auch das Erlernen einer neuen Sprache schwieriger. Aber es ist möglich, und die Motivation ist dabei bedeutsam.

Prägende Klänge im Mutterleib

Heute weiß man viel über die vorgeburtliche Entwicklung. Schwangerschaften sind inzwischen sichtbar geworden.

Im Universum in Bremen konnte sich der Besucher in die Zeit vor der Geburt zurückversetzen. Er hörte hier den Herzschlag der Mutter, das pulsierende Blut und die im Vordergrund stehenden Schwingungsmuster der Atmung. Untersuchungen zeigen, dass der Fötus bereits ab der 16. Schwangerschaftswoche auf Geräusche außerhalb des Mutterleibs reagiert. Diese Geräusche lösen Erregungsmuster aus, synaptische Vernetzungen werden gebildet. Bereits bei der Geburt kann das Neugeborene hören, schmecken und fühlen. Und es kann noch etwas für den Spracherwerb Wichtiges: Spielt man einem Neugeborenen pränatale Geräusche vor, so kann es die Stimme seiner Mutter erkennen. Wissenschaftler der Universität Würzburg haben herausgefunden, dass französische und deutsche Neugeborene im Takt der Muttersprache schreien, sich also in der Intonation des Schreiens unterscheiden. Während bei französischen Babys eher ein ansteigender Intonationsverlauf zu beobachten ist, fällt er bei deutschen Babys ab. Ob aber jedes Neugeborene bereits „in der Muttersprache" schreit, bedarf weiterer Studien. Auch wenn Babys ein vorsprachliches Gedächtnis haben, ist die Intelligenz noch nichtsprachlich. Und vieles ändert sich, wenn der Spracherwerb im eigentlichen Sinn beginnt.

Das Stimmbad – und insbesondere das der Mutter –, das der Fötus im Mutterleib erlebt, ist eingebettet in einen Rhythmus von Bewegung und Geräusch. Das Wiedererkennen der mütterlichen Stimme nach der Geburt gibt dem Baby Kontinuität und Geborgenheit. Kindern mit Gehörschädigungen bleibt diese „sprachliche" Geborgenheit verschlossen. Sie werden andere Pfade zum Sprachlernen legen.

Kinder verstehen anders

Mittels Tasten machen Babys viele Erfahrungen. Die Reize werden über die Nerven weitergeleitet. Bleiben wir bei dem Bild der Straße: Durch einen Ort mit einer großen Verkehrsdichte zu

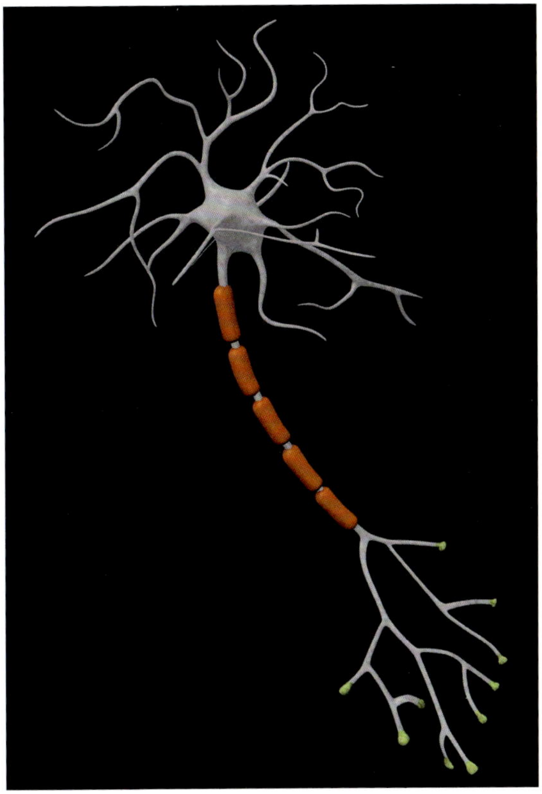

Prozess der Ummantelung (Myelinisierung) von Nervenbahnen

fahren, ist für die Bewohner und die Autofahrer erschwerend. Umgehungsstraßen sorgen für ein schnelleres Vorankommen. Noch schneller ist jener, der das Flugzeug nimmt. Das Gehirn arbeitet ähnlich. Im Laufe der Entwicklung werden die Reizleitungen der Nervenenden im Gehirn und im Rückenmark mit einer Substanz, die man Myelin nennt, überzogen. Dieser Ummantelungsprozess (Myelinisierung) sorgt für eine schnelle Weiterleitung eines Reizes. Der Reiz „springt" quasi, hebt ab und wird schnell weitergeleitet. Prozesse werden automatisiert. Diese Prozesse finden auch bei Erwachsenen noch statt.

Kinder entdecken die Welt zunächst durch Bewegung und Tasten.

Durch Tasterfahrungen kommen Babys zu jenem Ummantelungsprozess: Sie merken, was heiß oder kalt ist, weich oder hart. Zunächst müssen sie manches erspüren, später können sie mögliche Handlungen und Erfahrungen (wie heiße Herdplatten) einschätzen und Erfahrungen vorweg nehmen. Die sogenannte „lange Leitung", die kleine Kinder haben können, betrifft auch das Sprachverstehen. Wenn Eltern Kindern auftragen, etwas zu holen oder beim Anziehen mehr zu kooperieren, dann ist eben jener Prozess dafür ausschlaggebend, wie schnell ein Kind Bitten nachkommen kann. Reagieren Bezugspersonen hier mit Ungeduld, können Kinder das nicht verstehen: Sie arbeiten ja noch an der Lösung und sind bestrebt, alles richtig zu machen. Sprache zu verstehen benötigt Zeit.

Kritische Phasen für den Spracherwerb

Auch heute werden noch Schicksale von Kindern bekannt, die vollkommen ohne Sprache aufwachsen. Das wohl bekannteste Beispiel eines solchen sogenannten Wolfskindes ist ein Mädchen mit dem Namen Genie. Sie hatte bis zum 14. Lebensjahr keinen Kontakt mit menschlicher Sprache. Sie war kaum in der Lage, Sprache zu erwerben. Deswegen wird vermutet, dass es wohl eine kritische Phase gibt, in der eine Auseinandersetzung mit und eine Verarbeitung von Sprache erfolgen muss. Kinder, die bis zum 12. oder 13. Lebensjahr keine Sprache erlernt haben, so die Annahme, werden trotz intensiver Bemühungen Sprechen nicht mehr lernen. Die Sprachpsychologin Gisela Szagun[7] merkt kritisch an, dass die Gründe, warum Genie keine Sprache mehr lernen konnte, ganz andere sein können: Der Schock, die soziale Isolation, die neue Umgebung oder das Vorliegen einer geistigen Behinderung. Dennoch sprechen viele Befunde dafür, dass es eine Zeitspanne gibt, in der Kinder mit Sprache konfrontiert werden müssen, um sie zu erlernen. Für die kritischen Perioden im Spracherwerb sprechen auch Untersuchungen, in denen gezeigt wird, dass Kinder neue Sprachen erfinden können, dass dieses aber Erwachsenen nicht mehr gelingt.[8]

Pidgin-Sprachen zum Beispiel sind eine Form der Kommunikation, bei der die Sprache reduziert wird. Historisch gesehen hatte die Kolonisation auf die Entstehung von Pidgin-Sprachen einen großen Einfluss: Um Handel mit Personen anderer sprachlicher Herkunft zu betreiben, reduzierte sich die Kommunikation auf die wesentlichen Inhaltswörter. Pidgin-Sprachen waren zunächst reine Verkehrssprachen („lingua franca"). Bei Pidgin erlernen die Sprechenden nicht die Herkunftssprache des anderen – das Vokabular ist gering und die Grammatik vereinfacht –, aber sie können sich verständigen. Als Muttersprache werden Pidgin-Sprachen nie gesprochen. Aus Pidgin können sich jedoch auch komplexere grammatische Strukturen entwickeln.

Interessant ist nun, dass die Weiterentwicklung grammatischer Strukturen von Kindern ausgeht. Kinder, die zum Zeitpunkt des Spracherwerbs fast nur mit einer Pidgin-Sprache konfrontiert wurden, entwickeln daraus quasi automatisch eine komplexe Sprache mit einer eigenständigen Grammatik. Diese Beobachtungen wurden bei Kindern gemacht, die um die Jahrhundertwende auf Zuckerrohrplantagen arbeiteten. Die Aufseher sprachen mit ihnen nur Pidgin-Englisch. Trotzdem bildeten die Kinder komplexe Sprachformen und Strukturen – eben ohne ein sprachliches Vorbild. Eine eigene Sprache mit eigener Grammatik zu entwickeln, das gelingt Erwachsenen nicht mehr.

Wichtiges in Kürze

- Sprache lernt das Kind in Interaktionen. Aber das Neugeborene verfügt bereits über Strukturen, die grundlegend für den Spracherwerb sind.
- Die Eindrücke und Wahrnehmungen des Babys hinterlassen im Gehirn Spuren. Durch wiedererkehrende Eindrücke werden die Spuren gefestigt und verstärkt. Spuren, die nicht mehr benötigt werden, baut das Gehirn ab.
- Mit 48 Monaten kann das Kind so schnell und so viele Synapsen bilden, wie in seinem Leben nie wieder. Neue Synapsenverbindungen sind noch lange möglich, die Geschwindigkeit, mit der sie sich bilden, nimmt jedoch (langsam) ab.
- Das Neugeborene ist noch für das Lernen jeder Sprache der Welt offen. Mit etwa 6 Monaten wird es aber der – für seine Umwelt dominanten – Sprache (oder Sprachen), die seine Muttersprache wird, besondere Beachtung schenken.
- Bei Kindern sind neuronale Netzwerke noch stark im Entstehungsprozess begriffen. Eltern sollten deshalb Kindern, die scheinbar eine „lange Leitung" haben, Zeit geben, um zum Beispiel ihren Bitten nachzukommen.
- Kinder haben quasi einen Drang, sprachliche Strukturen zu erwerben. Wenn Kinder nicht vollkommen isoliert von Sprache aufwachsen, keine starken organischen Beeinträchtigungen vorliegen und sie nicht unter schwersten sozialen Bedingungen leben, dann ist der Spracherwerb kaum mehr aufzuhalten.
- Untersuchungen lassen vermuten, dass es eine Zeitspanne gibt, in der der Erstspracherwerb stattgefunden haben muss. Sprachlicher Kontakt in den ersten 3 Jahren ist wichtig für die sprachliche Entwicklung. Manche sprachliche Erfahrungen können auch später noch „nachgeholt" werden.

Kapitel 3

Vom Brabbeln zum Genitiv

Die Äußerungen der Kinder werden reicher und komplexer

Seit Dennis etwa 8 Wochen alt ist, gurrt er bei angenehmen Empfindungen: *rrrrr…*, zum Beispiel, wenn die schmutzige Windel wegkommt oder wenn er in den Arm genommen wird. Mit etwa 10 Wochen geht das Geräusch über in *raaraaraa*, was auch ein Zeichen des Wohlbefindens zu sein scheint. Seine Mutter antwortet: „Ja, rarara, dir geht es gut!" Die Großmutter trägt ihn häufig auf dem Arm und singt ihm vor; Dennis „singt" mit, indem er zuerst *ähäh* und *öhöhöh*, später *lälälä* in verschiedenen Tonfolgen wiederholt. Immer mehr Laute probiert er aus: Prusten durch die Lippen *prr*, Luft ausstoßen *fff*, Zungenverschluss *ddd*, und bald folgen Silbenketten wie *bababa*, *dädädä* … Dennis brabbelt und plappert dabei mit der Intonation des Deutschen, und die Großmutter sagt: „Man könnte meinen, er sagt was."

Kinder entwickeln ihre Sprache, indem sie sie nach und nach ausbauen.[1] Die Sichtweise, dass Kinder als „unbeschriebenes Blatt" zur Welt kommen, ist überwunden. Schon im Mutterleib, sobald sein Gehör ausgebildet ist, lernt das Kind die Melodie der Sprache seiner Mutter. Wenn es auf der Welt ist, entwickelt es aus dem Schreien langsam melodische Lautketten und sprachähnliche Laute, die einerseits durch das Wachsen und Trainieren der Artikulationsorgane im Mund-Rachenraum möglich sind, die andererseits durch die Zwiesprache mit den umgebenden Menschen angeregt werden, also durch Resonanz. Man sieht, Dennis erfährt viel liebevolle Zuwendung und Ansprache, die sich im Dialog gestaltet, und er „redet" mit.

Aus dem Brabbeln werden Wörter …

Wie kommt Dennis, wie kommen Kinder nun vom frühen Gurren und Lallen zum formgemäßen Sprechen?

Im 1. Lebensjahr entdecken sie die Verbindung zwischen der Lautsprache und der Welt. Menschen ihrer Umgebung wenden sich ihnen sprechend zu, und die Kinder selbst können mit Lauten Aufmerksamkeit und Nähe erreichen und so in den „Dialog" eintreten. Und sie bilden die Fähigkeit aus, Lautketten und Gesten als Symbole für Gegenstände anzusehen und zu benutzen.

Bestimmte Lautgruppen, die Kinder wiederholt hören, verbinden sie bald mit Personen und Gegenständen ihrer Umgebung: *papa, mama, auto, brei, tee, teddy, hase* … In Interaktion mit einem zugewandten Erwachsenen lernen Kinder, manchmal mit vielen Wiederholungen, erste Wörter. Dabei meinen sie mit *papa* manchmal: *Da ist Papa,* manchmal aber auch: *Papa ist weg*

Verstehen, greifen, erkunden

oder: *Papa soll kommen* oder sogar irgendeinen anderen Mann. Von den Erwachsenen ist Einfühlungsvermögen gefragt, wenn sie möglichst genau verstehen wollen, was die Kinder meinen.

Die Kinder können genannte Gegenstände und Personen zeigen, wenn sie darum gebeten werden; das heißt, sie verstehen Wörter und auch ganze Äußerungen. Erwachsene unterschätzen Kinder darin oft, wie bei Eli:

> Die Familie sitzt mit Eli (1;0 Jahre) am Küchentisch.
> Plötzlich sagt die Mutter: Ich hab den Herd nicht ausgemacht!
> Eli (zeigt auf den Herd): dadada
> Vater (ungläubig): Eli, wo ist der Herd?
> Eli (zeigt auf den Herd): dadada

Das Wort *Herd* hat Eli wohl in verschiedenen Situationen gehört. Die Mutter, die das Kind vor Verbrennungen bewahren wollte, hatte ihm explizit das Wort *heiß* als Warnung vor den Kochplatten und anderen heißen Gebrauchsgegenständen vermittelt. Bei ihren liebevollen Erklärungen, hat sie vermutlich auch das Wort *Herd* verwendet und von Eli zum Herd geguckt. Eli hat es aber offensichtlich verstanden! Daran sieht man sehr gut, dass im Handlungszusammenhang über ein reiches Sprachangebot, das an das Kind gerichtet ist, Sprachaneignung stattfindet.

Immer mehr Wörter in Interaktion

Im 2. Lebensjahr beginnen Kinder, immer neue Wörter zu sagen. Diese Wörter klingen noch nicht genauso wie in der Erwachsenensprache; der Erwachsenensprache ähnlich sind die betonten Vokale und einige Konsonanten. So sagen Kinder in diesem Alter zum Beispiel:

> *heich* oder *eiß* für *heiß*
> *tete* für *Teddy*
> *nee* für *Schnee*
> *eijeijei* für *Schweinerei*

Marta und Mutter „lesen“ gemeinsam.

Jonas hat anfangs nur den Vokal *a* gesprochen, mit dem er viele Wörter (bzw. dem Sinne nach Äußerungen) bilden konnte:

Jonas sagt:	**Das bedeutet vermutlich:**
dadadada, da	*da* (Zeigewort)
nana, ham	*da ist etwas zu essen, ich habe etwas zu essen, ich möchte etwas zu essen*
mama	*Mama, da ist die Mama, die Mama ist bei mir, die Mama soll kommen*
ata, tata → teita	*ich* (oder *jemand*) *gehe spazieren*
lala	*da ist Musik, ich höre ein Lied*
arm	*ich möchte auf den Arm*
papa	*da ist der Papa/ein Mann, der Papa ist bei mir …*
nan	*nein (ist nicht da, ich will das nicht)*
nana mama	*Mama isst, Mama soll mir etwas zu essen geben*
ama → ome	*Oma ist da, Oma ist auf dem Bild*
ana/andä	*etwas anderes, noch eins, zwei Dinge*

Die Lautung nähert sich der Erwachsenenlautung allmählich an und ist bis zum 4. Geburtstag weitgehend vollständig.

mama, papa, dada, nana/hamham, nein, heiß, ata/teita („spazieren gehen“), *halla* („hallo“), *lala, wauwau, gi* („Vogel“), *ga* („Ente“), *auto, ball* gehören zu den ersten Wörtern fast aller Kinder. Weitere Wörter richten sich nach den Situationen, in denen die Kinder leben.

Beispiele zeigen, wie Kinder Bedeutungen verstehen, neue Wörter einfordern und diese interaktiv in Zusammenhänge stellen. Das geht besonders gut auch mit Bilderbüchern: Die Situation ist entspannt, die Erwachsene ist nicht abgelenkt, sondern auf das Kind konzentriert; beide können ihre Aufmerksamkeit auf einen gemeinsamen Gegenstand richten und darüber sprechen, so lange das Interesse reicht:

Januar. Mutter und Marta (1;4 Jahre) betrachten ein Bilderbuch.
Marta: nee
Mutter: Schnee? Wo?
Marta zeigt auf weiße Schrift auf dunklem Grund.
Mutter: Weiß wie Schnee.
Marta: weiß

Im Beispiel entdeckt Marta etwas, das sie benennen möchte. Es ist Winter, sie hat Schnee kennengelernt und weiß das Wort dafür, und nun überträgt sie es auf andere Gegenstände derselben Farbe. Das Übertragen ist eine der wichtigen Strategien beim Sprechenlernen, sie wird Übergeneralisierung genannt, wenn sie zu weit geht. Damit ist gemeint, dass das Kind Wörter breiter anwendet, als es in der Erwachsenensprache üblich ist. Im Beispiel kommt es darauf an, dass die Mutter versteht, was Marta damit ausdrücken will. Hier tut die Mutter zweierlei Wichtiges: Sie bestätigt Martas Sprachversuch (*wie Schnee*) und führt ihn weiter (*weiß*). Marta kann sich akzeptiert fühlen und so das neue Wort annehmen: *weiß*.

Das Beispiel zeigt auch, wie schon ganz früh Schrift im alltäglichen Gebrauch das Sprechenlernen befördern kann – ein Beispiel also für frühe Literacy. Etwas später fordert Marta alle Schriftzeichen zum Vorlesen ein, etwa auch die Impressum-Seite: „Da lesen."

Mütter (auch Väter und andere Bezugspersonen, die sich intensiv um das Kind kümmern) scheinen besonders gut auf die ersten Sprechphasen ihrer Kinder eingehen zu können, sie sind besonders einfühlsam, verstehen viel mehr kleinkindliche Äußerungen als andere Erwachsene, haben eine dem Kind besonders zugewandte Redeweise und eine freundliche, melodische Sprachmelodie in etwas höherer Stimmlage. Dadurch fühlt sich das Kind gemeint, angesprochen. Während sie etwas tun, sprechen sie mit dem Kind, und das Kind tritt in den Dialog ein. Man kann das als „arbeits- oder handlungsbegleitenden Dialog" bezeichnen. Sie passen sich dem Sprachstand des Kindes an, indem sie langsamer sprechen, kurze Sätze mit anschaulichen Wörtern bilden, auf vorhandene Dinge zeigen, dabei den triangulären Blickkontakt nutzen und viel erklären. Dem kann das Kind das entnehmen, was es schon verarbeiten kann. Diese Verlangsamung der Aufmerksamkeit auf das Sprechen wird durch das gemeinsame Betrachten von Bilderbüchern in vertrauter Atmosphäre besonders befördert.

Sprache und Verhalten dieser Art werden auch „Mutterisch" genannt. Dazu noch ein Beispiel:

Marta und Mutter haben das Bilderbuch beiseitegelegt und gehen in die Küche. Hier zeigt Marta auf verschüttetes Wasser.
Marta: a-á
Mutter: Das ist *Wasser*. Das ist flüssig wie *Pipi*.
Marta: pipi
Marta zeigt auf die Brust der Mutter: pipi
Mutter: Da drin ist *Milch*, die ist *auch* flüssig.
Marta: backe
Mutter: Ja, backe *Kuchen*, *Milch* und *Mehl*!

Hier geht die Unterhaltung wieder von Marta aus, die eine kleine Wasserlache benennen will und sie dem Pipi ähnlich findet. Zwischen *pipi* und *a-á* unterscheidet sie verbal noch nicht. Jeweils versteht die Mutter im Sachzusammenhang, was das Kind ausdrücken will, erklärt es dem Kind und betont die Benennung (hier in Kursivdruck). Marta wiederholt das Wort und versucht eine neue Anwendung, die wieder zu einem neuen Wort führt: *a-á* → *pipi* → *(Milch)* → *backe*. Dass Marta die verschiedenen Wörter versteht, zeigt sie durch deren Integration in ihr Wortschatznetz: Milch gehört nicht nur zur Brust (Muttermilch), sondern auch zum Kuchenbacken wie im Lied *Backe, backe Kuchen*. Das funktioniert, weil die Mutter im Dialog „mutterisch" mitmacht. So kann Martas Sprache sich entwickeln.

Manche Kinder erwerben im 2. Lebensjahr mehr als 30 oder sogar mehr als 50 Wörter, andere sprechen die ersten Wörter gegen Ende des 2. Lebensjahrs. Bei vielen Kindern setzen diese Entwicklungen allerdings etwas später ein oder verlaufen langsamer, dennoch besteht nicht sofort Anlass zur Beunruhigung. Eltern werden sorgsam, aber auch geduldig beobachten, dass die Kinder nicht auf einer Stufe stehenbleiben, sondern Fortschritte machen und die jeweils nächste Stufe erreichen.

Kinder verbinden Äußerungen …

Kinder verstehen mehr, als sie ausdrücken können, und zwar nicht nur Wörter, sondern auch Handlungsabläufe.

Als Johanna 1 Jahr und 4 Monate alt ist, sagte sie nachmittags zur Oma: „(S)pielen." Die Oma antwortete: „Spielen können wir gern später. Jetzt müssen wir erst mal Gemüse einkaufen, dann kochen, dann kommt der Papa, der hat Hunger. Und wenn wir gegessen haben, spiele ich mit dir."
All das erfolgt, die Familie setzt sich dann zu Tisch und isst. Als die Oma die letzte Gabel gegessen hat, fasst Johanna ihre Hand und ruft: „(S)pielen!"

Erwachsene sind verblüfft, dass ein Kleinkind über diese Zeitspanne die sprachlich vermittelte Abfolge behalten hat. Sein Verstehen ist offenbar nicht mehr an die konkrete Situation gebunden, sondern kann gedanklich etwas vorwegnehmen und später registrieren, was stattgefunden hat und was noch folgen soll.

Johanna (1;6 Jahre) ergreift nun manchmal eine kleine Plastiktüte, hängt sie an ihren Zeigefinger und schwingt sie auf ihren Rücken. Dabei sagt sie *utatz* oder *huddatz*, was offenbar „Rucksack" bedeutet. Dieses Wort gebraucht sie nun öfter.

Die Äußerungen *utatz* oder *huddatz* haben wir mit „Rucksack" übersetzt. Ist das aber so eindeutig? Meint Johanna damit einen Gegenstand? Sie könnte ja auch den Sachverhalt meinen, dass sie etwas auf dem Rücken trägt, oder die Tätigkeit, sich etwas auf den Rücken zu werfen … Das Wort *huddatz* könnte demnach einen Gegenstand oder auch einen Vorgang bezeichnen. Bald machen Kinder Unterschiede zwischen Sache und Vorgang. Zweiwortsätze ermöglichen es ihnen.

Erste Zweiwortverbindungen äußert Marvin schon mit 1;6 Jahren, er bezeichnet damit Sachverhalte in der Wohnung: *lala dada* („Musik da"),

Katharina beschreibt, was sie sieht: „roller kind."

ana teti („anderer Teddy" = zwei Elefanten) oder fordert etwas ein: *ana nana* („anderes Essen" = noch mehr zu essen).

Katharina äußert mit 1;8 Jahren erste Zweiwortverbindungen als Beschreibung von Ereignissen: *roller kind* („Kind mit Dreirad"), *teti bum* („Stofftier ist hingefallen") oder als Urteile: *nam gutte* („Essen gut").

Dann werden ihre Äußerungen länger. Auch hierbei spielen wieder Bücher eine besondere Rolle; oft sind es Verse, die die Kinder faszinieren, vor allem aber sind es die Bilder. Das *Struwwelpeter*-Buch von Heinrich Hoffmann (1845) zeigt zwar die Pädagogik des 19. Jahrhunderts, aber es ist immer noch in Kinderzimmern verbreitet.[2] Mit 2;0 Jahren betrachtet Katharina dieses Buch, die Geschichte vom bitterbösen Friederich, und „erklärt": *hund kuchen tee nam* („Hund Kuchen Tee essen").

Der entsprechende Vers lautet im *Struwwelpeter*:

Vielleicht bezieht sich Katharina eher auf das Bild vom Hund am Esstisch mit Kuchen, Wurst und Wein als auf den Vers. Das fasst sie in eine Vierwortäußerung. Was sie nicht kennt (*Wein*), ersetzt sie durch etwas ihr Bekanntes (*Tee* für *Getränk*).

Dennis (1;9 Jahre), dem die Großmutter viel vorgesungen hat, nutzt Lieder für seine ersten Mehrwortäußerungen. Der erste Liedtext lautet:
bini bini gagack (Alle meine Entchen)
wasser bini ba
kapp hoh!

Aus dem langen *Lied vom schlafenden Apfel* (siehe S. 30) singt er mehrere Verse, aber gerade nicht die, die am Anfang stehen, sondern vier andere aus den Strophen 4 und 6:

teita Sonne
(Da kommt die liebe Sonne
am Himmel hoch daherspaziert; Strophe 4)
vogel baum setze mich
(Nun schau, da kommt ein Vogel,
der setzt sich auf den Baum hinauf;
Strophe 6)

Dennis kennt das Lied vom Singen, also ohne Bilder. Dass er den Inhalt in seiner kindlichen Sprache ausdrücken kann, zeigt, wie viel er schon vom Liedtext verstanden hat. *Setze mich*

Robert Reinick (1805–1852): Vom schlafenden Apfel

Im Baum, im grünen Bettchen,
Hoch oben sich ein Apfel wiegt,
Der hat so rote Bäckchen,
Man sieht, dass er im Schlafe liegt.

Ein Kind steht unterm Baume,
Das schaut und schaut und ruft hinauf:
„Ach, Apfel, komm herunter!
Hör endlich doch mit Schlafen auf!"

Es hat ihn so gebeten –
Glaubt ihr, er wäre aufgewacht?
Er rührt sich nicht im Bette,
Sieht aus, als ob im Schlaf er lacht.

Da kommt die liebe Sonne
Am Himmel hoch daherspaziert.
„Ach Sonne, liebe Sonne,
Mach du, dass sich der Apfel rührt!"

Die Sonne spricht: „Warum nicht?"
Und wirft ihm Strahlen ins Gesicht,
Küsst ihn dazu so freundlich;
Der Apfel aber rührt sich nicht.

Nun schau! Da kommt ein Vogel
Und setzt sich auf den Baum hinauf.
„Ei, Vogel, du musst singen,
Gewiss, gewiss, das weckt ihn auf!"

Der Vogel wetzt den Schnabel
Und singt ein Lied so wundernett.
Und singt aus voller Kehle;
Der Apfel rührt sich nicht im Bett.

Und wer kam nun gegangen?
Es war der Wind, den kenn ich schon,
Der küsst nicht und der singt nicht,
Der pfeift aus einem andern Ton.

Er stemmt in beide Seiten
Die Arme, bläst die Backen auf
Und bläst und bläst; und richtig,
Der Apfel wacht erschrocken auf.

Und springt vom Baum herunter
Grad in die Schürze von dem Kind;
Das hebt ihn auf und freut sich
Und ruft: „Ich danke schön, Herr Wind!"

ist eine Form der 1. Person, die er sicher in anderem Zusammenhang gehört hat; er bringt sie hier als Eigenkonstruktion mit der 3. Person des Liedes *setzt sich* in Zusammenhang. Das heißt, er kann Sprachliches schon sinnvoll ordnen. Offensichtlich arbeitet er an der richtigen Form der Sprache.

Von hier ist es nur noch ein kleiner Schritt bis zu ganzen Geschichten.

Das erste Erlebnis, das Johanna (2;2 Jahre) abends ihrem Papa erzählt, lautet so: Das runterfallen – arm dauf – wehtan Jonan – zin geben – besser fühlt (Das ist heruntergefallen – auf den Arm drauf – es hat Johanna wehgetan – Mama hat Johanna Medizin gegeben – Johanna fühlt sich besser.)

Dass sie ihr Erlebnis so ausdrücken kann, liegt sicher am handlungsbegleitenden Dialog mit der Mutter, die nach dem Herunterfallen und während der Medizingabe (Arnikakügelchen) mit dem Kind tröstend über das Vorgefallene gesprochen hat. Dabei hat Johanna das Ereignis sprachlich gefasst, und sie kann nun im Zusammenhang erzählen. Und sie kennt schon seit Längerem Handlungsabläufe.

Von der zweiten Hälfte des 2. Lebensjahrs bis gegen dessen Ende verbinden Kinder jeweils zwei Wörter zu einer Äußerung, später sogar drei und mehr Wörter. Diese Wörter stellen sie nicht beliebig nebeneinander, sondern bringen sie in eine bestimmte Reihenfolge. Oft kommt zuerst das Wichtige, Neue, zu Betonende: *roller kind*, *teita sonne*. Häufig wird aber auch eine Sache genannt, und der Vorgang folgt danach als Neuigkeit: *teti bum*, *nam gutte*. Eine feste Reihenfolge gibt es nicht, das (in unserem Erwachsenenverständnis) verbartige Wort steht jedoch oft am Ende. Das Kind betont das ihm Wichtige.

In *ana teti* liegt die Neuigkeit sicher darin, dass „noch einer" von derselben Sorte vorhanden ist. In *wehtan Jonan* ist die wichtige Mitteilung vermutlich der Schmerz, der ebenfalls am Anfang der Äußerung ausgedrückt wird. *ball weg* steht neben *weg ball*. Das Kind benutzt außer der Wortstellung noch Betonung und Satzmelodie, um das Wichtige hervorzuheben. Es ist eine ganz natürliche Reaktion, das Wichtige stärker zu betonen: *wauwau da* (wichtig ist vermutlich die Anwesenheit) neben *da wauwau* (wichtig ist vermutlich das Tier).

In dieser Phase hat jedes Wort eine inhaltliche Bedeutung, die Wörter selbst bleiben unverändert. Was wir als Verben erkennen, steht in einer allgemeinen (infiniten) Form (*runterfallen, wehtan*) oder wird als feste Einheit angesehen (*setze mich, fühlt*). Was wir für Substantive halten, hat keinen Artikel. Wer die Äußerungen verstehen will, muss viel von den Situationen wissen, in denen das Kind sich befindet und von denen es spricht. Die Lautbildung ist ja noch nicht abgeschlossen, und manches Wort hat eine nur schwer erkennbare Form. Zum Glück gibt es die Eltern (oder andere Bezugspersonen), die mitreden und teils die „Übersetzung" in die Alltagssprache übernehmen. Sie machen für Dritte die Äußerungen des Kindes verständlich und gleichzeitig dem Kind ein Sprachangebot. Man nennt diese Technik Expansion: Die kindliche Äußerung wird, teils wiederholend, bestätigend neu formuliert und dabei ausgebaut. Eine ähnliche Strategie verwenden die betreuenden Erwachsenen für das Sprechen mit dem Kind selbst, allerdings meist etwas knapper. Sie wiederholen die Äußerungen des Kindes, oft von *Ja* eingeleitet, und setzen sie dabei in die grammatisch korrekte Form:

Kind: nam gute
Erwachsener: Ja, das schmeckt dir, der Brei schmeckt so gut!

Von der Tätigkeit zur sprachlichen Äußerung

So entstehen Dialoge mit dem Kind, bei denen es ein reiches und korrektes Sprachangebot erhält, das es zum Aufbau seiner Sprache braucht.

Kinder entdecken die Form der Sprache: Plural, Verben und Verbformen, ich, Artikel

Dass Kinder an der Form der Sprache arbeiten, erkennen wir vor allem dann, wenn sie andere Formen bilden als die Erwachsenen. Manche Äußerung erscheint uns als ein Fenster in das kindliche Sprachdenken. Beobachten lässt es sich zum Beispiel an der selbständig gebildeten (nicht nachgeplapperten) Mehrzahlform (Plural), am Verwenden des Artikels oder wenn das Verb Personalformen (*ich laufe*) oder Zeitformen (*gelaufen*) erhält.

Katharina (2;1 Jahre) begleitet jetzt oft sprechend ihre Handlungen; sie spricht in vielen Situationen vor sich hin und beschreibt, was sie tut oder was geschieht. Sie lernt jetzt grammatische Formen, fortschreitend mehr.
Am Küchentisch mit Teller und Kindermesser: Ei sneiden – ei snitten p(r)ima b(r)avo (Ei schneiden – Ei geschnitten und ein Selbstlob, das sie wohl sonst von den Eltern bekommt).
(Sie unterscheidet Handlung und Ergebnis beziehungsweise Gegenwärtiges und Vergangenes.)

Zeigt auf ihre Füße: St(r)ümpfe an
Sieht der Mutter zu: Pilze kochen
(Bei den Gegenständen unterscheidet sie, ob es sich um einen oder mehrere handelt: Die Mehrzahl wird gebildet.)

Beim Schaukeln wird sie angeschubst und ruft: S(ch)neller! (Sie gebraucht die erste Steigerungsform: schnell – schneller.)

Sie saust ins Zimmer und ruft:
Ich komm – ich – die Katta. Muss ich essen. Hol ich Seife.

Sie entdeckt die erste Person, das *Ich*, das sie anstelle des Namens oder mit dem Namen zusammen gebraucht. Wenn sie *ich* sagt, hat sie erkannt, dass sie die Sprecherrolle innehat. Das Verb stellt sie jetzt oft an den Anfang ihres Satzes.

Katharina erreicht nun eine neue Stufe im sprachlichen Lernen. Sie gebraucht veränderte Wortformen, um sich genauer auszudrücken, zum Beispiel für Einzahl und Mehrzahl. Die Verbformen zeigen sich als regelmäßige (*gepustet*) und unregelmäßige (*snitten*), wie das Kind sie gehört und sich gemerkt hat. Später wird es versuchen, alle Verbformen nach derselben Regel zu bilden, wie uns dann die Formen *geschneidet, gegeht, geesst* zeigen. Das sieht auf den ersten Blick wie ein Fehler aus. Es ist jedoch ein intelligenter Schritt in der Sprachentwicklung, denn das Kind sucht eine Regel für die Verbformen und prüft sie. Diese Wortbildungen werden bis zum Anfang des Grundschulalters nach und nach – unter anderem durch Dialoge wie die oben Beschriebenen mit Erwachsenen – durch die korrekten Formen ersetzt.

Gemeinsam mit dem Kind am Tisch mit Stift und Papier zu sitzen, ist eine Situation, die den Spracherwerb befördert – etwa die wichtige Unterscheidung von malen und schreiben.

Konrad (2;2 Jahre) und seine Mutter sitzen am Tisch, jeder mit Papier und Stift.
Konrad: Da malen – Dati malt (da will ich malen – da hat Karen gemalt)
Koni malt – mama A B – dei A B (Konrad malt – Mama schreibt – drei = viele Buchstaben)

Konrad arbeitet an den Verben. Die dritte Person der Verben gelingt schon (*Koni malt*), beim Perfekt fehlen noch das Hilfsverb und die unbetonte Nebensilbe (*Karen hat ge-malt*). Wenn man die Situation, dass Karen schon aufgehört hat zu malen, nicht kennt, hört sich der Satz vollständig an, er ist es aber nicht. *Da malen* haben wir so ergänzt, dass das Gesagte korrekt klingt. Deutlich werden *malen* und *schreiben* unterschieden, für *schreiben* sagt Konrad *A B*. Er hat das wohl von seiner Schwester aufgeschnappt, die in die 1. Klasse geht und ein ABC-Lied singt. Was er verstanden hat, kann er schon jetzt sinnvoll ordnen und anwenden.

Als Konrad 2;4 Jahre alt ist, versucht er selbst, handlungsbegleitend zu reden, und gebraucht dabei Verben in der 3. Person: *Koni geht teppe runter* („Koni geht Treppe runter"), *Mami gast* („Mami macht Gas an"). Das Verb *gehen – geht* ist schon korrekt. *Gasen* wird im Deutschen als einfaches Verb nicht gebraucht, in der Fachsprache kommt es mit Vorsilbe vor. Er hat aus *das Gas* dieses Verb selbst produktiv abgeleitet und konjugiert. Diese Strategie, aus allerhand Wörtern Verben zu machen, wird noch lange beibehalten.

Den Unterschied *machen – er macht, gehen – er geht* kennt er. Daraus leitet er offenbar die Hypothese ab, dass alle Wörter, die auf *-en* enden, Verben seien, also konjugiert er auch die Partikel *neben, oben, sieben*: *Dati nebt* („Karen sitzt neben mir"); *Bagger da obt* („Der Bagger ist da oben"). Damit hat Konrad zwar nicht alle Konjugationsformen, aber doch das Verständnis der Konjugation (prozedural, das heißt, wie es geht) erworben. Er zeigt uns wie durch ein Fenster, was in seinem Kopf vorgeht.

Dagegen kann man seine Äußerung *siebt Uhr* („sieben Uhr") als aus dem Muster fallend ansehen, denn *sieben – siebt* kann hier vermutlich kein Verb sein.

Es ist normal, dass Kinder handlungsbegleitend reden oder dialogisieren und dabei auch mal aus Substantiven Verben ableiten:

Marvin (2;5 Jahre) an einer Baustelle zur Mutter: Der Betonmischer betongt.

Katharina (3;10 Jahre) sucht eine Beschäftigung: Ich will stricklieseln!

Anna (4;0 Jahre) sitzt im Schlafanzug mit der Mutter, diese im Bademantel, auf dem Sofa. Anna möchte kuscheln und sagt: Du sollst mich einschleifen (mit dem Gürtel eine Schleife um mich machen, damit ich ganz dicht bei dir bin).
Und nach einer Weile: Jetzt kannst du mich abschleifen (Schleife lösen).

Otto (4;3 Jahre) belehrt die Babysitterin, die mit einem Messer Papier schneiden will: Das kannst du nicht messern, das musst du scheren.

Das Wörtchen *ich*, das die Kinder Anna und Katharina gebrauchen, stellt bei der Aneignung eine Schwierigkeit dar, denn was bedeutet es wohl? Immer andere Personen sagen *ich*, sodass die Kinder für *ich* nicht leicht eine feste Bedeutung finden. *Ich* ist ein Rollenpronomen, es kennzeichnet, dass der Sprecher von sich spricht. Wir haben dazu zwei interessante Beispiele gefunden: eines von der Entdeckung des *ich* und eines von seinem „undurchsichtigen" Gebrauch.

Die Mutter spricht mit dem Großvater, Johanna (1;10 Jahre) hört zu.
Plötzlich ruft Johanna: Ich is Mami!

Johanna hat die Lösung eines Rätsels gefunden, das sie offenbar beschäftigt hat: Wer ist *ich*? Jetzt stellt sie eine Hypothese auf: *Ich is Mami*. Das ist ein guter Ausgangspunkt für weitere Beobachtungen, die diese Hypothese als wahr oder falsch erweisen werden. Im Laufe der Zeit wird Johanna feststellen, dass sie einen Teil der Lösung gefunden hat, dass es aber nicht die ganze Lösung ist.

Louis (2;11 Jahre) ist mit seiner älteren Schwester Marie in den Ferien zu Besuch bei den Großeltern. Jedes Kind hat ein kleines Heft, in das es etwas vom Tag zeichnet oder kritzelt und der Großmutter dazu etwas diktiert. Die Kinder haben Seifenblasen gepustet und sind mit dem

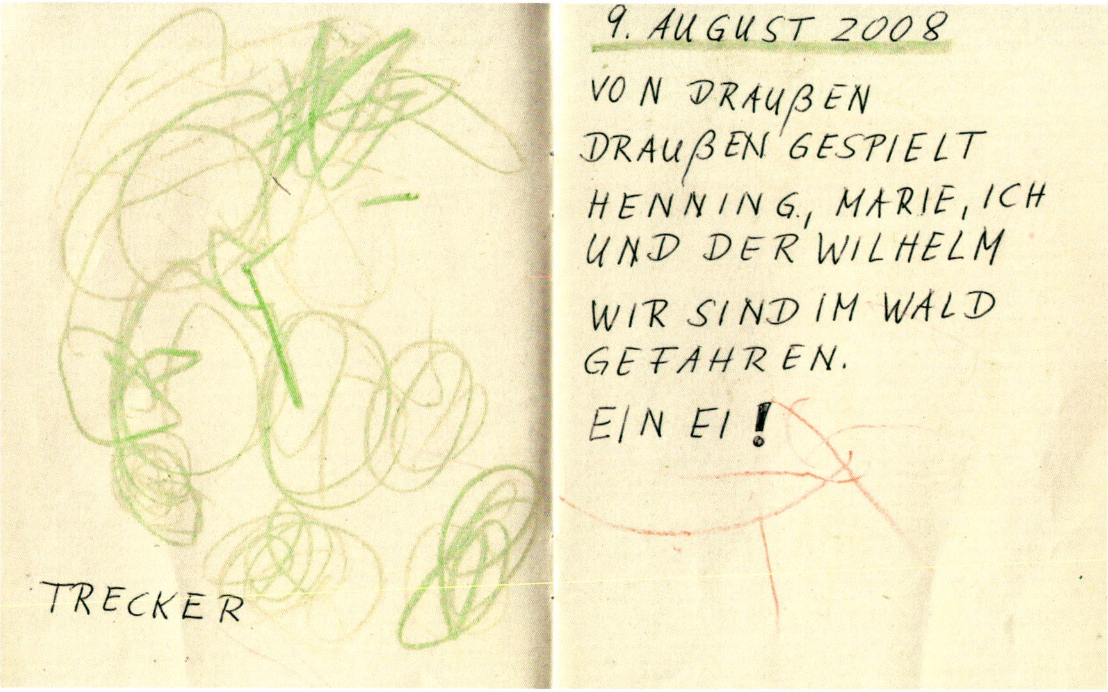

Aus dem Tagebuch von Louis (2;11 Jahre)

Großvater Trecker gefahren. Louis diktiert: „Von draußen. Draußen gespielt. Henning, Marie, ich und der Wilhelm. Wir sind im Wald gefahren. Ein Ei!" Den Trecker, mit dem sie gefahren sind, zeichnet er, die Großmutter beschriftet es. Zum Schluss liest die Großmutter ihm nochmal vor, was er diktiert hat. Er wird sehr ärgerlich.
Louis: Du doch nicht, ich!!

Johanna gegenüber ist Louis schon einen großen Schritt weiter: Er weiß, dass er mit *ich* sich selbst bezeichnen kann. Offensichtlich weiß er auch, dass andere Sprecher von sich mit *ich* sprechen, zum Beispiel die Großmutter. Nicht verstanden hat er, dass die Großmutter hier seine Rede, die sie für ihn aufgeschrieben hat und nun vorliest, zitiert, also wörtlich in seinem Namen spricht. Vielmehr glaubt er, sie spreche von sich und entwende ihm dadurch seine Erlebnisse. Er wird noch lernen, dass man die Rede anderer wörtlich wiedergeben kann.

Bald entdecken Kinder auch die Artikel. Nach ersten Versuchen stellt sich in weitgehend richtigen Sätzen auch der Artikel ein:

Katharina (2;8 Jahre) sitzt mit einem Bilderbuch auf dem Boden und spricht vor sich hin, an niemanden gerichtet:
noch *ein* B(r)ot hab ich schon!
Eine g(r)oße F(l)asche – *eine* leere F(l)asche
Katta hat *ein* Bäuchlein – *ihr* Bäuchlein
ist das
Das ist *eine* Mama – von *einem* Kind
die Mama
Meine Eltern sind *die* Mama und *der* Papa

Auf dieser Stufe des Satzgebrauchs taucht der Artikel immer häufiger auf, zuerst in den Formen *ein, eine, die, der*, dann *den* und *das*. Es klingt in der Erstsprache weitestgehend richtig. Der Artikel *dem* lässt noch eine Weile auf sich warten.

Interessant ist, dass Kinder diejenigen Artikelformen, die sie noch nicht gebrauchen, eine Zeit lang noch nicht einordnen können. Dazu das folgende Beispiel mit dem Unterschied zwischen einem 3-Jährigen und einem 5-Jährigen bezüglich des Artikels im Genitiv:

Marvin (3;3 Jahre) spielt Löwe in einer Löwenwippe. Mutter und Großmutter sitzen

in der Nähe. Die Mutter will einen kleinen Spaß machen.
Mutter: Sag mal: *Der Kopf des Löwen ist groß!*
Marvin: Der Kopf das Löwen ist groß.
Mutter: Nochmal?!
Marvin: Der Kopf das Löwen ist groß.
Großmutter: Es heißt *des* Löwen!
Marvin: Gell Mama, das heißt *das*, *des* gibt es gar nicht!
Marvin spielt weiter. Janos (5;0 Jahre) kommt dazu.
Mutter: Sag mal: *Der Kopf des Löwen ist groß!*
Janos: Der Kopf des Löwen ist groß, wieso?
Später kommt der Vater.
Mutter: Wir haben vom Kopf des Löwen gesprochen, stimmt's, Marvin?
Marvin: Der Kopf das Löwen ist groß, und vom Tiger auch.
Vater zur Mutter: Kannst du das so genau hören?
Marvin: Der Kopf *das* Löwen ist groß, hörst du's jetzt?

Janos hat keine Probleme mit der Form *des*. Marvin beharrt auf der ihm bekannten Form *das* und ist nicht bereit, eine andere zu akzeptieren, obwohl die Mutter sie mehrfach gebraucht. Seine Weiterführung des Satzes (*und vom Tiger auch*) zeigt jedoch, dass er verstanden hat, was *des* ausdrücken soll: Zugehörigkeit. Er verwendet dafür noch *vom*. Genitive von Namen gebraucht er schon ebenso wie besitzanzeigende Wörter: *Lilis Schuh*, *Mamas Tasche*, das besitzanzeigende Artikelwort kennt er auch: *meine Hose*.

Buch und Stift – Utensilien für das Sprechenlernen!

Wir haben gesehen, wie das gemeinsame Betrachten von Bilderbüchern, das Vorlesen von Versen, das Liedersingen die Kinder besonders zum Mit- und Nachsprechen, zum Mitsingen anregen. Sie können mit dem Buch verweilen, Dinge erfragen und benennen, der Erwachsene ist konzentriert bei ihnen, nicht nebenbei mit anderem beschäftigt. So werden sie von klein auf mit literarischem Sprechen bekannt. Schließlich können auch Kleinkinder sich schon alleine mit Büchern beschäftigen, dabei vor sich hinsprechen – an niemanden gerichtet. Meist aber ist eine vertraute Person in der Nähe.

Und wenn sich Kinder selber mit Stift und Papier versuchen, erfahren sie eine neue Tätigkeit und Wirksamkeit und eröffnen sich ein neues Begriffsfeld, das von *malen* und *schreiben*. Auch Kleinkinder können, zusammen mit älteren Geschwistern, vertrauten Personen etwas diktieren und dazu malen. Und auch dabei machen sie manchmal aufregende Erfahrungen mit Sprache.

Das Wichtigste sind nicht irgendwelche handelsüblichen Materialien für solche frühe „Literacy", sondern es ist der Kontext mit ver-

trauten Personen und Situationen, in denen Kinder Sicherheit und Bestätigung für ihre Erkundungen mit Buch und Stift erfahren. Die freilich sollten ihnen nicht vorenthalten werden, nur weil sie scheinbar noch viel zu klein dafür sind!

Und in der anschließenden Vorschulzeit gilt es, die Erfahrungen mit dem gemeinsamen Betrachten von Bild und Buch, Liedersingen und Versesprechen und Dazu-Klatschen, dem Malen, Kritzeln, Diktieren zu vertiefen und erweitern.

Wichtiges in Kürze

- Kinder wollen von Anfang an etwas ausdrücken: Mangel oder Schmerz, bald auch Wohlbefinden, Lust und Unlust, Teilnahme an der Interaktion, dass etwas da ist und wie es ist und so weiter. Mit der Lautproduktion nehmen sie am Dialog mit ihrer Umwelt teil, der Dialog regt auch die emotionale und kognitive Entwicklung an.
- Im 1. Lebensjahr leisten Kinder viel, auch sprachlich: Sie entdecken die Welt, ihre Stimme und die der anderen, die Sprachmelodie und viele Laute, den Körperausdruck und das Zeigen. Sie lernen, Sprache als Symbolsystem zu verstehen, das mit Lautfolgen auf Vorstellungen von der Welt (Gegenstände, Vorgänge, Handlungen, Zustände) verweisen kann. Damit verstehen sie das Prinzip der Wörter und Sätze. Die Zeigegeste bleibt beim Sprechen noch einige Zeit erhalten und wird dann seltener.
- Nach den ersten Wörtern lernen Kinder im handlungsbegleitenden Dialog bald viele Wörter, etwa 50 oder mehr im 2. Lebensjahr. Wörter werden anfangs weiter als üblich gebraucht (*wauwau* für alle Tiere als Übergeneralisierung).[3]
- Mit dem Sprechen entwickelt sich langsam auch die Lautbildung, bis zum 4. Lebensjahr sprechen fast alle Kinder so, dass Fremde sie verstehen.
- Gegen Ende des 2. Lebensjahrs verbinden Kinder zwei und dann mehr Wörter, sie gebrauchen Mehrwortäußerungen. Was sie meinen, können sie immer stärker differenzieren – auch als erste „Geschichten“.
- Im 3. Lebensjahr entdecken Kinder die grammatische Form von Wörtern und bilden Mehrzahl, Steigerungsformen, die Rollenpronomen *ich* und *du* und die Personalform der Verben und die Artikel.
- Für das frühe Sprechenlernen ist das gemeinsame Betrachten von Bilderbüchern, das Mitsprechen von Versen, das Liedersingen wichtig. Die Kinder können bei Einzelheiten verweilen, Interessantes immer wieder anschauen und erfragen; und sie erfahren frühe literarische Sprachformen. Gemeinsam mit vertrauten Erwachsenen können sie sich auch bereits mit Stift und Papier erproben, ohne dass es spezieller Materialien für diese frühen Formen von Literacy bedürfte.
- Und in den anschließenden Jahren gilt es diesen Umgang mit Bild und Buch, mit Vers und Lied, mit Stift und Papier zu erweitern und zu vertiefen – im Elternhaus und im Kindergarten.

Kapitel 4

Spracherwerb bis zum Schulanfang – und darüber hinaus

Sprache wird zum Gegenstand der Betrachtung

Mit Wörtern können wir die Welt nicht nur beschreiben, sondern sie uns auch erst erklären und überhaupt entdecken. Sie eröffnen uns Zugänge zu Welten, die wir ohne Sprache nie erfahren würden. Aber neue Welten zu betreten erfordert auch immer Loslösung von alten Wegen – und diese gehen Kinder, wenn sie sich aus der Symbiose mit der Mutter lösen. Wie Kinder sich Schritt für Schritt aus der sehr engen Bindung zur Mutter lösen, merken wir auch an der Sprache: Der eigentliche Spracherwerb beginnt nicht zufällig zeitgleich zum Laufenlernen. Das Kind entfernt sich zwar räumlich von der Mutter, hält aber sprachlich den Kontakt zu ihr. In der Phase der allmählichen Loslösung lernt das Kind auch das „Nein". Es erkennt, dass es effektive Mittel gibt, um zu zeigen, dass es mit den Absichten des anderen nicht einverstanden ist.

Und wenn die sprachlichen Fähigkeiten der Kinder ab der Mitte des 2. Lebensjahres förmlich explodieren, dann spielen die Kinder mit Sprache, probieren sie aus und setzen sie ein, um Ziele sprachlich zu erreichen. All das sind komplexe Anforderungen an den Spracherwerb.

Im folgenden Beispiel spielt Maria mit Sprache. Die beiden Wörter *Sesse* und *Popo*, die sie verwendet, sollen nämlich keine Gegenstände bezeichnen, wie man zunächst meinen könnte; sie sind Teil ihres Sprachspiels.

Mutter: Was war denn heute das Schönste für dich?
Maria (2;8 Jahre): Dass wir heute Sesse demacht haben.
Mutter: Sesse?
Maria zeigt auf die Blumen: Sesse sind Blumen.
Mutter: Blumen?
Maria: Und Popo haben wir auch noch despielt.[1]

Im Alter von 3 Jahren können Kinder bereits syntaktische Prinzipien anwenden, die meisten Sprachlaute korrekt aussprechen und haben viele Bedeutungen von Wörtern erfahren. Nun wenden sie sich komplexeren sprachlichen Anforderungen zu. Sie bilden Teilsätze und es gelingt ihnen leichter, Wörter mit Mehrfachkonsonanz auszusprechen (zum Beispiel *Knochen*). Das individuelle Tempo ist dabei unterschiedlich. Und sie lernen noch etwas ganz Wichtiges: Sie beginnen sich für Klang und Bedeutung von Wörtern zu interessieren, denken über Sprache nach und setzen sie gezielt ein. Die entstehende Sprachbewusstheit ist ein weiterer Meilenstein auf dem Weg zum kommunikativen und bewussten sprachlichen Handeln.

Bereits im Vorschulalter benutzen Kinder Sprache funktional wie zum Kommunizieren, zum Erreichen von Zielen oder auch zum Argumentieren:

Chiara (4;1 Jahre): Mama, möchtest du lieber für mich im Supermarkt jetzt was zu essen kaufen oder willst du lieber, dass ich verhungere?

Dieses ganz bewusste Einsetzen von Sprache wird später beim Schrifterwerb wieder gefordert sein: Auch hier wird Sprache für die Kinder zu einem Gegenstand der Betrachtung gemacht. In dem Stadium, in dem sie sich jetzt befinden, kokettiert Maria einfach noch mit Sprache und Chiara versucht ein bestimmtes Ziel mit sprachlichen Mitteln zu erreichen.

Vorschulkindern gelingt es noch nicht immer, Fiktion und Realität sicher zu trennen, aber die Kinder versuchen sich die Welt kausal zu erklären.[2]

Markus (4;9 Jahre): Eigentlich hätte der liebe Gott es so machen müssen, dass Kinder und alte Menschen schlank sind, weil die Beine ja nicht so stark sind. Die können ja nicht so viel tragen.

Was ein Kind mit seiner sprachlichen Äußerung genau intendiert, ist nicht immer klar ersichtlich – manchmal bleiben uns ihre Beweggründe ganz verborgen, manchmal können wir sie zumindest erahnen. So ist es beispielsweise beim nachfolgenden kleinen Dialog zwischen Sarah und ihrer Mutter:

Sarah (4;3 Jahre): Guck mal Mama, ich hab Swalben gemalt.
Die Mutter kommt und schaut auf das Papier: Wo sind denn die Schwalben? Die sind ja gar nicht mehr da.
Sarah: Ich habe sie gemalt, bevor du gekommen bist.

Möchte Sarah schlicht, dass die Mutter zu ihr kommt? Setzt sie sich in der Zone der nächsten Entwicklung damit auseinander, Ereignisse zeitlich zu ordnen, oder gelingt ihr eine Trennung von Fiktion und Realität nicht? Sicherlich ist es eine Mischung aus verschiedenen Intentionen, denn Sprache funktional zu gebrauchen, erfordert sowohl ein sprachliches Ziel als auch die Fähigkeit, sich sprachlicher Möglichkeiten zu bedienen. Deutlich wird aber eins: Kinder experimentieren viel mit Sprache, wenden sie (spielerisch) an und erweitern damit kognitive Fähigkeiten. Noch ist Sprache an Objekte und Handlungen gebunden, aber mit zunehmender Abstraktionsfähigkeit werden Metakompetenzen entwickelt. Diese ermöglichen zum Beispiel das Sichhineinversetzen in andere Personen, den Perspektivwechsel und ein Bewusstsein für Rollen- und Regelspiele.

Das Rollenspiel – Kinder experimentieren mit Sprache

Vieles von dem, was Kinder wissen, verarbeiten sie im Spiel und in Dialogen. Das Spiel bietet für sie vielfältige Übungsmöglichkeiten. Im Spiel kommen die komplexeren Anforderungen der Sprachentwicklung, die entstehende Sprachbewusstheit, das Einsetzen argumentativer Mittel auf dem Wege zum sprachlichen Handeln und Überzeugen zusammen. Im folgenden Beispiel begegnet Lara der Frage der Mutter argumentativ. Sie möchte keine Paprika mehr essen.

Mutter: Lara, möchtest du noch die rote Paprika essen?
Lara (3;0 Jahre): Nein, Mama, Badepuppe trinkt noch an meiner Brust und das geht dann in die Milch.

Eine besondere Bedeutung für das Sprachlernen für Kinder ab 3 Jahren kommt dem Rollenspiel zu. Hier setzen Kinder Sprache als Mittel der Kommunikation ein und sie setzen sich mit der Umwelt auseinander. Typisch dafür ist das Verrichten alltäglicher Handlungen (Mutter-Kind-Spiele) mit der häufigen Kombination von Handlungen aus einer fiktiven Welt.

Jüngere Kinder spielen eher „parallel“, nicht miteinander.

Aufschlussreiche Untersuchungen zum Rollenspiel bei Kindern zwischen 4 und 7 Jahren hat die Sprachwissenschaftlerin Helga Andresen[3] durchgeführt. Sie beobachtete Kinder beim Spielen und kam dabei zu unterschiedlichen Spielkategorien. Im Alter von etwa 3 Jahren spielen die Kinder eher parallel (Parallelspiel). Beispielsweise simulieren zwei Kinder ein Telefongespräch. Sie beobachten, was der andere macht, was er sagt, wiederholen dies auch, aber sie sprechen nicht wirklich miteinander. Häufig kopieren sie ihre Handlungen: Was ein Kind macht, wiederholt das andere. Sie koordinieren damit zwar ihr Spiel, kooperieren aber nicht. Erst ab Mitte des 4. Lebensjahres passen sie ihr Verhalten an und handeln miteinander. Charakteristisch ist auch, dass Kinder nun beginnen, allein zu spielen (Lego-Bausteine, Puzzle) und dass sie ihr Handeln sprachlich begleiten. Sprachlich verändern die Kinder ihre Dialoge: Häufig denken sie über Sprache nach (*Ich mache eine Modeschau. Schau, die Mode*), beginnen, verkehrte Welt zu spielen, zu reimen oder Gegenstände umzubenennen. Den Sprachspielen kommt nun eine neue Bedeutung zu.

Mit zunehmendem Alter gehen die Kinder im Spiel verstärkt aufeinander ein. Helga Andresen konnte zeigen, dass eine Kooperation von Interaktionspartnern nicht davon abhängt, ob die Handelnden inhaltlich übereinstimmen. Viel wichtiger ist es, dass sie sich bei inhaltlichen Kontroversen kooperativ verhalten. Kinder gehen immer wieder auf das Thema des anderen ein – auch wenn sie ein eigenes Thema haben und verfolgen.

Marina (5;1): Du bist die Schülerin und ich die Lehrerin.
Saskia (5;0): Ja, ich heiße im Spiel Monika.
Marina: Hallo, Monika, schön, dass du bei uns in der Schule bist. Was willst du denn hier lernen?
Sakia: Ich will Lesen und Schreiben lernen und Rechnen und ich will spielen.
Marina (leise zu Saskia, außerhalb des Spiels): Du darfst in der Schule nicht spielen.
Saskia (auch leise, außerhalb des Spiels): Doch, mein Bruder spielt da auch. Fußball spielt er.
Marina (im Spiel): Gut, wenn du spielen willst, musst du das in der Pause machen. Hier wird gelernt. Lies das mal vor. (Sie gibt Saskia ein Bilderbuch.)
Saskia: Oh, da muss mir Fee mal helfen. (Sie holt ihren Stoffhund.) Fee, liest du mit mir? OK? „Es war ein schöner Morgen" –
Marina (unterbricht): Das steht da nicht, das weiß ich. Da steht: „Heute ist Tom früh aufgewacht …" Mama hat mir das vorgelesen.
Saskia: Aber da kann das stehen. „Es war ein schöner Morgen" kann da stehen.

Der Dialog geht weiter. Die „Lehrerin" widmet sich zwischendurch anderen Sachen, muss Essen kochen (*das ist ja eine Ganztagsschule*), die Schülerin muss mit ihrem Hund Gassi gehen (*denn*

Ältere Kinder spielen miteinander oder auch alleine – und sie lernen, Regeln einzuhalten.

der muss ja mal), und immer wieder brechen die beiden aus dem Spiel aus – kommen aber auf das Hauptthema zurück. Die Kinder bringen ihr gesamtes Wissen über den Schulalltag ein. Was dabei bewusst eine Fiktion ist (während der Schulzeit mit dem Hund „Gassi" zu gehen) und was als Tatsache angesehen wird, kann anhand des kurzen Dialogs nicht erschlossen werden. Wichtig ist, dass sich die Kinder – trotz einiger Kontroversen – immer wieder kooperativ verhalten. An die sprachlichen, kommunikativen und sozialen Fähigkeiten werden hier hohe Ansprüche gestellt.

Regeln einhalten als sprachliche Leistung

„Die neuronalen Netzwerke des Stirnhirns sind eine wichtige Bedingung für die Entwicklung von Metakompetenzen. Sie ermöglichen Beziehungskommunikation, Perspektivwechsel, Rollen- und Regelbewusstsein und entwickeln sich in Abhängigkeit von Übungsmöglichkeiten im unmittelbaren sozialen Umfeld der Kinder."[4] Im Vorschulalter wird aus dem Rollenspiel nun ein Regelspiel, bei dem das Kind unter anderem lernt, die Perspektive anderer Personen zu übernehmen, Fiktion und Realität zu trennen und Verneinungen zu befolgen. Das alles sind „Metakompetenzen". Hierzu untersuchte die kanadische Entwicklungspsychologin Joan Peskin, ab wann es Kindern gelingt, Täuschung und Lüge sprachlich bewusst einzusetzen.[5] Die Versuchskinder wurden vor einer bösen Handpuppe gewarnt, die den Kindern ihre Lieblingssticker wegnehmen wollte. Als die Puppe kam, fragte sie die Kinder nach ihren Lieblingsstickern. Hätten die Kinder gelogen und einen falschen Sticker als Lieblingssticker bezeichnet, hätte die Puppe nicht ihren Lieblingssticker genommen, sondern jenen, der als Lieblingssticker ausgegeben wurde. Bei diesem Täuschungsmanöver sind mehr als 70 % der 3-jährigen Kinder überfordert, selbst wenn sie vorgewarnt wurden und sich die Szene mehrere Male wiederholte. Bei 5-jährigen Kindern konnte das „Verplappern" nur noch in 20 % der Fälle beobachtet werden. Sie handelten überwiegend strategisch.

Ähnliche Ergebnisse konnten beim Versteckspiel beobachtet werden. Auch hier verrieten die meisten 3-Jährigen sich oder Verstecke, 4-Jährigen gelang es eher, sich und das Versteck verborgen zu halten, und bei den meisten 5-Jährigen konnte man beobachten, dass sie Geheimnisse für sich behalten können. Interessant ist in diesem Zusammenhang auch, dass die gleiche Abstufung für die Fähigkeit zutrifft, sich in andere Personen hineinzuversetzen. Beim Regelspiel ist diese Fähigkeit gefordert.

Kinder müssen sich in andere Personen hineinversetzen und die Perspektive des anderen einnehmen können. Um die Gewinnchancen zu optimieren, müssen sie wahrnehmen, wie andere handeln könnten, was sie wissen und denken. Der Erziehungswissenschaftler André F. Zimpel zeigt auf, dass Vorschulkinder erst allmählich durch das Rollenspiel lernen, Verneinungen als Handlungssteuerung einzusetzen. Dazu wurde ein Versuch gemacht. Kinder, die wussten, dass sie bei einem grünen Signal einen Knopf drücken sollten, bei einem roten jedoch nicht, sprachen sich beim Erscheinen des roten Lichtes vor: „Jetzt nicht", drückten aber dennoch den Knopf.

Das Befolgen von Verneinungen gelingt Kindern häufig in der Regelspielphase – etwa um den Zeitpunkt der Einschulung herum. Im Vorschulalter stellen Verneinungen Quellen von Missverständnissen dar. (*Du sollst nicht auf die Straße gehen. – Nimm nicht den Kuli. – Male mit den Buntstiften nicht die Tapete an.*) Und bei Paradoxien (*Lesen Sie diesen Satz jetzt nicht* oder: *Denken Sie jetzt nicht an einen rosa Elefanten*) unterliegen wir den Verneinungen ebenfalls noch.

Sind Namen austauschbar?

Das Umbenennen von Gegenständen oder das Spielen von „verkehrter Welt" gelingt Kindern im Alter von 4–5 Jahren bereits gut. Dennoch wissen sie noch nicht um die Austauschbarkeit von Namen. Sind Namen austauschbar? Das ist die Kernfrage von Dialogen, die der Entwicklungspsychologe Jean Piaget mit vielen Kindern unterschiedlichen Alters geführt hat.[6] Ab wann wissen Kinder, dass Namen und damit auch Wörter prinzipiell austauschbar sind?

Piaget beobachtete bei Kindern hinsichtlich dieser Frage drei Stufen:

In der ersten Stufe befinden sich Kinder im Alter bis etwa 7 Jahren. Jene haben die Austauschbarkeit von Namen noch nicht erkannt. Die Dinge rühren von den Namen her.
Jemand fragt ein Kind:
„Hätte man die ‚Sonne' auch ‚Mond' und den ‚Mond' auch ‚Sonne' nennen können? – Nein. – Warum nicht? – Weil die Sonne stärker scheint als der Mond." … „Wenn aber alle Leute die Sonne ‚Mond' und den Mond ‚Sonne' genannt hätten, hätte man dann wissen können, dass das falsch ist? – Ja, denn die Sonne bleibt immer größer. Sie bleibt, wie sie ist, und der Mond bleibt, wie er ist. – Ja, aber es soll ja nicht die Sonne geändert werden, sondern nur ihr Name … – Nein. Weil der Mond am Abend am Himmel aufsteigt und die Sonne am Tag."[7]

In der zweiten Phase erkennen die Kinder die Austauschbarkeit, zweifeln aber noch daran.

Erik (8;1 Jahre, Januar Klasse 2): Eigentlich hätte man die Sonne auch Mond nennen können, aber das wäre nicht so gut gewesen. – Warum wäre das nicht so gut gewesen? – Weil die Sonne ja heller ist. – Also hätte man die Sonne nicht Mond nennen können? – Doch, einer hat sich die Namen ja ausgedacht und die passten besser, aber er hätte sie auch tauschen können.
Sein Freund Manuel (7;10 Jahre) hingegen konstatiert, zunächst noch unsicher, als die Versuchsleiterin nickt, vehementer: Aber das wäre doch egal, man hätte das tauschen können. Einer hat sich das ausgedacht. Deine Eltern hätten dich ja auch Jannik nennen können. Dann würdest du jetzt Jannik heißen und nicht Erik.

In dieser Phase des Übergangs, in der sich hier Erik befindet, haben die Antworten einen dezisionistischen Charakter, das heißt, die Kinder haben die Willkürlichkeit der Namen zwar noch nicht ganz durchdrungen, halten aber Namen prinzipiell für austauschbar. Während Erik sich noch in jener Übergangsphase befindet, hat Manuel schon erkannt, dass der Name an sich keinen Inhalt hat, sondern ein reines Zeichen ist. Piaget spricht bei solchen Kindern eher von „frühreifen" Kindern. Die von ihm beobachteten Kinder befinden sich erst mit 9–10 Jahren in der Übergangsphase und im Alter von 11–12 Jahren gelingt es ihnen, den Namen eben als reines Zeichen zu deuten, wie im folgenden Beispiel bei dem Jungen Gen.

Sind Namen austauschbar?

> Gen (11 Jahre): Warum heißt die Sonne so? – Einfach so, das ist ein Name. – Und der Mond? – Einfach so. Man kann jeden beliebigen Namen geben.[8]

Begriffe und Bedeutungen

Kinder im Vorschulalter lernen sprachlich viel, das für den Schriftspracherwerb relevant sein wird: Das Nachdenken über Sprache, das spielerische Verändern, die gezielte Lenkung auf bestimmte sprachliche Aspekte oder den korrekten Gebrauch von Grammatik und von Lautung. Aber über allem steht die Bedeutung.

Die ersten Wörter des Kindes machen viele Eltern stolz. Das Kind trainiert und erprobt seine Artikulationsorgane. Es produziert Laute wie [ma-ma, pa-pa], und die Bezugspersonen funktionieren sie zu Wörtern um und geben ihnen Bedeutung: *Ja, da ist Mama, da ist Papa.*

Inzwischen existieren viele Untersuchungen zu dem, was ein Baby versteht. Man hat durch Messungen herausgefunden, dass bereits Kinder in diesem Alter anhand der Intonation die deutsche Sprache von der französischen unterscheiden können. Die Prosodie spielt hier eine besondere Rolle,[9] denn Wörter der deutschen Sprache werden meist auf der ersten Silbe betont, Wörter aus der französischen Sprache auf der hinteren Silbe. Aus seinem Silbenrepertoire gebraucht das Baby die Silben häufiger, auf die die Umwelt in der Interaktion reagiert, und realisiert mit ihnen Referenz. Die Interaktion und das Interesse sind dabei untrennbar miteinander verbunden. Sprachproduktion und Sprachverstehen sind eng verzahnt.

Ein *Wort* ist unveränderbar und bleibt, einmal erworben, immer gleich. Auch wenn sich der Wortschatz einer Sprache ändert, so bleibt das Wort bestehen – und manchmal wird es Jahre später (individuell oder gesellschaftlich) kaum noch benutzt. *Begriffe* hingegen verändern sich ständig – auch noch bei Erwachsenen. Das begriffliche Wissen ist das gesamte Wissen, das eine Person zu einem Gegenstand, einer Sache, einem Gefühl erworben hat.

Das, was in einer aktuellen Situation gerade wichtig ist, bezeichnet die Sprachwissenschaftlerin Gisela Szagun als Bedeutung.[10] Nehmen wir ein Beispiel: Jule (3;2 Jahre) benutzt das Wort *Oma*. Das Wort ist bei ihr emotional besetzt: Oma hat immer Zeit für sie, bei Oma darf sie Schokolade essen und fernsehen. Je nach Situation wird aus dem begrifflichen Wissen eine andere Bedeutung aktiviert. Aber: Dass eine Oma auch eine Großmutter ist und welche verwandtschaftlichen Verhältnisse bestehen, davon weiß Jule noch nichts. Ihr begriffliches Wissen wird sich erweitern. Und wenn sie selbst einmal Oma ist, bekommt der Begriff noch andere Dimensionen –

Astrid Lindgren: Pippi findet einen Spunk

Eines Morgens kamen Thomas und Annika wie gewöhnlich in Pippis Küche gerannt und riefen: „Guten Morgen!" Aber sie bekamen keine Antwort. Pippi saß mitten auf dem Küchentisch mit Herrn Nilsson, dem kleinen Affen, im Arm und einem glücklichen Lächeln auf den Lippen.
„Guten Morgen", sagten Thomas und Annika noch einmal.
„Stellt euch vor", sagte Pippi verträumt, „ stellt euch bloß mal vor, dass ich es gefunden hab! Gerade ich und niemand anders!" „Was hast du gefunden?", fragten Thomas und Annika. Sie wunderten sich nicht im Geringsten darüber, dass Pippi etwas gefunden hatte, denn sie fand immer etwas. Aber sie wollten wissen, was es war. „Was hast du eigentlich gefunden, Pippi?"
„Ein neues Wort", sagte Pippi, und sie schaute Thomas und Annika glücklich an. „Ein funkelnagelneues Wort!"
„Was für ein Wort?", fragte Thomas.
„Ein wunderschönes Wort", sagte Pippi. „Eins der besten, die ich je gehört habe."
„Dann sag es doch", sagte Annika.
„Spunk!", sagte Pippi triumphierend.
„Spunk?", fragte Thomas. „Was bedeutet das?" „Wenn ich das bloß wüsste", sagte Pippi. „Das einzige, was ich weiß, ist, dass es nicht Staubsauger bedeutet."
Thomas und Annika überlegten eine Weile. Schließlich sagte Annika: „Aber wenn du nicht weißt, was es bedeutet, dann nützt es ja gar nichts!"
„Nein, das ist es ja, was mich ärgert", sagte Pippi.
„Wer hat eigentlich zuerst herausgefunden, was die Wörter alle bedeuten sollen?", fragte Thomas.
„Vermutlich ein Haufen alter Professoren", sagte Pippi. „Und man kann wirklich sagen, dass die Leute komisch sind. Was für Wörter die sich ausgedacht haben! Wanne und Holzpflock und Schnur und all so was – kein Mensch kann begreifen, wo sie das herhaben. Aber Spunk, was wirklich ein schönes Wort ist, darauf kommen sie nicht. Was für ein Glück, dass ich es gefunden habe! Und ich werde schon noch rauskriegen, was es bedeutet."

Pippi, Thomas und Annika überlegen, was Spunk bedeuten könnte: vielleicht die oberste Spitze einer blau angestrichenen Fahnenstange? Um herauszufinden, was Spunk bedeutet, suchen sie in der Stadt. Sie versuchen Spunk zu kaufen – aber keiner hat es. Ist es eine Krankheit? Als sie wieder nach Hause kommen, sehen sie auf der Veranda einen Käfer. Es ist kein Maikäfer, kein Mistkäfer und auch kein Hirschkäfer.

Über Pippis Gesicht breitete sich ein seliges Lächeln.
„Ich weiß", sagte sie. „Es ist ein Spunk."
„Bist du ganz sicher?", fragte Thomas.
„Glaubst du etwa nicht, dass ich einen Spunk erkenne, wenn ich einen vor mir hab?", sagte Pippi. „Hast du jemals in deinem Leben etwas so Spunkartiges gesehen?"
Sie brachte den Käfer vorsichtig an eine sichere Stelle, wo niemand auf ihn treten konnte.
„Mein lieber kleiner Spunk", sagte sie zärtlich. „Ich wusste ja, dass ich schließlich doch einen finden würde. Aber komisch ist es schon. Wir sind in der ganzen Stadt herumgejagt, um einen Spunk zu finden, und dann ist er die ganze Zeit direkt vor der Villa Kunterbunt gewesen."

denn auch bei Erwachsenen erweitert sich das begriffliche Wissen ständig.

Charakteristisch in der frühen Sprachentwicklung sind Über- und Unterdehnungen. Sie lassen Rückschlüsse auf das kindliche Wissen zu: Bezeichnet das Kind am Sprechanfang alles, was vier Beine hat, als Hund (*wauwau*), also auch die Katze oder das Kaninchen, so reduzieren sich solche Überdehnungen mit zunehmendem Wissen und zunehmender Wörterzahl. Auch Unterdehungen (zum Beispiel wird nur der Hund des Nachbarn als *Wauwau* bezeichnet) nehmen in dem Maß ab, in dem das Kind seine Begriffe erweitert.

Anfangs sind die Wörter noch an das Hier und Jetzt gebunden. Mittels Sprache werden Handlungen kommentiert. (*Tina Balla hat. – Ich male ein Bild. – Wo ist der Hund? – Kannst du das?*) Im Alter von 3 Jahren verändert sich die Qualität des begrifflichen Lernens. Die Bindung an die konkrete Situation tritt in den Hintergrund – jede Begegnung mit dem Wort, mit dem Gegenstand oder mit dem Ereignis hinterlässt weiterhin Spuren im Gehirn. So entstehen Begriffsnetze, die sich verdichten und sich ständig verändern. Auch bei Erwachsenen finden diese Lernprozesse statt.

Kinder ab 3 Jahren stolpern quasi über Sprache und erobern die Welt mit ihren Fragen. *Was ist das? – Das ist ein Fahrrad, das weißt du doch. – Warum ist das ein Fahrrad? – Weil man damit fahren kann. – Warum kann man damit fahren?*

Bis zum 4. Lebensjahr ist das Sprechen meist noch an konkrete Handlungen gebunden oder geht aus Handlungskontexten hervor. Im folgenden Beispiel wird dies deutlich. Lea hat das Wort *sinnieren* bei ihren Großeltern gehört und benutzt es in einem „passenden" Handlungskontext.

> Mutter und Tochter fahren im Auto.
> Mutter: Lea, was machst du gerade?
> Lea (2;6 Jahre): Ich sinniere.[11]

Lea gibt dem Wort *sinnieren* eine Bedeutung. Diese könnte sein: *ruhig sitzen und an etwas denken* oder *grübeln, intensiv nachdenken*. Vielleicht hat sie aber auch ein ganz anderes begriffliches Wissen – das individuelle Wissen kann von anderen nur gedeutet werden. Interessant ist, dass Lea das Wort später nicht mehr benutzt, sie hat es nicht in ihren aktiven Wortschatz aufgenommen. Als sie im Alter von 8 Jahren auf den damaligen Dialog angesprochen wird, kennt sie die Bedeutung des Wortes *sinnieren* nicht. „Das habe ich damals gesagt?" Erst danach wird es in ihren aktiven Wortschatz aufgenommen und ist auch bewusst mit begrifflichem Wissen verbunden. Nun kann es aktiv benutzt werden. Sprache dient jetzt nicht nur dem Begleiten von Handlungen, sondern auch, um die Welt aktiv mitzugestalten, etwa um Meinungen durchzusetzen und Wünsche zu formulieren. Auf das begriffliche Wissen kann nun direkt Bezug genommen werden. Je größer das begriffliche Wissen, desto leichter können neue Erfahrungen angepasst werden.

Das begriffliche Wissen wird häufig während des Sprechens erweitert. In dem Moment des Erklärens werden uns Dinge verständlicher und klarer. So auch im Beispiel bei Wiebke.

> Pädagoge: Woher kennst du denn Timo?
> Wiebke (9;8 Jahre; Februar Klasse 4): Der ist mit mir in den Kindergarten gegangen.
> Pädagoge: Ach, und dann ist er jetzt in der Parallelklasse von dir?
> Wiebke: Ja, der ist in der Parallelklasse.
> Wiebke (etwas später): Was heißt eigentlich Parallelklasse?
> Pädagoge: Eine andere 4. Klasse, die b, c oder d zum Beispiel.
> Wiebke: Ja, dann ist er in der Parallelklasse, in der 4d.

Wiebke knüpft an begriffliches Wissen an und erweitert es im Gebrauch zugleich.

Die Kinder werden aufmerksam auf Wörter, sie beobachten, wie andere Sprecher Wörter benutzen, und korrigieren andere Personen. Noch im Grundschulalter ist dies deutlich beobachtbar – die Sachsprache und Fachsprache und auch das Verschriften fordern das Reflektieren über Sprache quasi heraus.

Der Vater von Jonas: Ein Kurzschluss. Ich muss die Lampe wechseln.
Jonas' Freund Lukas (8;3 Jahre) hört dies und fragt später zu Hause: Papa, warum will der Vater von Jonas gleich die Lampe wechseln, wenn nur die Glühbirne kaputt ist?

Sarah (3;2 Jahre): Wir wollen jetzt vier Seiten lesen.
Mutter und Kind lesen im Buch fünf Seiten.
Mutter: Jetzt haben wir sogar fünf Seiten gelesen.
Sarah fängt an zu schreien und zu weinen.
Sarah: Ich will aber nicht fünf, ich will so viele. Sie zeigt vier Finger.
Mutter: Fünf ist sogar noch mehr, wir haben mehr gelesen.
Sarah: Nein, will ich nicht.
Mutter: Gut, dann nehmen wir eben eine wieder weg. Jetzt haben wir die erste (sie zeigt auf die Seite), die zweite (blättert um), die dritte und die vierte gelesen.
Die fünfte Seite ignoriert die Mutter.
Sarah (zufrieden): Ja, gut.

Insbesondere im Vorschul- und Grundschulalter nehmen Kinder Sprache oft wortwörtlich – und manches Kind findet den Weg deshalb zur Toilette nicht, da es *durch* die *geschlossene* Tür gehen soll.[12]

Größenvorstellungen und Spracherwerb

Zahlen, Mengen und Zeiten gehören zu unserem Alltag. Aber das sind auch Begriffe, die das Kind *nicht* durch Nachahmung lernen kann. Heute wird morgen gestern sein. Zeitliche Relationen wie *gestern* können Kinder erst im Vorschulalter korrekt anwenden. Der Begriff *gestern* wird etwa im 5. oder 6. Lebensjahr annähernd korrekt gebraucht. Wie alt ist die Großmutter? 100 Jahre? Besonders Zahlen und Mengenangaben stellen Kinder vor kognitive und damit auch vor sprachliche Herausforderungen.

Auch hier zeigt sich die enge Verbindung von Spracherwerb und Wissen.

Wie Sprechen und Schreiben sich beeinflussen können

Die Reflexion über Sprache bekommt eine neue Qualität, wenn die Kinder die Schrift entdecken.[13] Sprache wird nun bewusst zum Gegenstand der Betrachtung gemacht. Kinder müssen vom begrifflichen Wissen abstrahieren und das Augenmerk auf die Form lenken. Das Wort *Schmetterling* ist wesentlich länger als das Wort *Kuh*, auch wenn die Kuh wesentlich größer ist als der Schmetterling. Die Wörter *Maus* und *Haus* haben inhaltlich keine Ähnlichkeit – wohl aber ihre Lautung und Schreibung. Und *Villa* und *Bungalow* weisen durchaus ähnliche semantische Merkmale auf, ähneln sich in der Schreibung jedoch nicht.

Was aber ist überhaupt ein Wort? Um dies zu wissen, muss man bereits über Schreiberfahrungen verfügen. Wer etwa die chinesische oder französische Sprache nicht beherrscht, kann nicht sicher identifizieren, wo bei Sprechern ein Wort aufhört und ein neues beginnt. Kompliziert wird es auch, wenn Kinder über Homonyme nachdenken. Ob es sich um eine *Bank* im Sinne des Sitzmöbels oder im Sinne des Finanzinstituts handelt, kann nur aus dem Kontext entnommen werden. Und wie sieht es bei den Homophonen wie *Wahl* oder *Wal* aus? Kennen Sie den Artikel von *Tau*? *Der* oder *das*?

Teekesselchenspiele sind bei vielen Schulanfängern beliebt. Spielerisch lernen sie, dass es gleich gesprochene und geschriebene Wörter gibt (*der Tau – das Tau, der Kiefer – die Kiefer*), gleich gesprochene und verschieden geschriebene (*der Wal – die Wahl, Stil – Stiel*) und außerdem noch gleich geschriebene, aber verschieden gesprochene Wörter (*Montage – Montage*, *Hochzeit* im Sinne von „Heirat" und von „hohe Zeit", „Höhepunkt"). Wer die vielen Begriffe zu Homonymen kennt, wird beim Teekesselspiel Erfolg haben – und das Sprechen über die Begriffe erweitert das Wissen.

Um Sprache zu verstehen, müssen die zum Kontext passenden Begriffe aufgerufen werden. Im folgenden Beispiel ist die Lautung des Zielwortes (*vermählt*) mit dem von Lisa aufgerufenen Wissen („vermehlt") identisch. Gibt es zu *vermählt* in ihrem Begriffsspeicher einen „Eintrag"? Wenn ja, warum bringt sie ihn nicht mit dem Märchen in Verbindung? Vielleicht denkt sie an das Märchen mit den 7 Geißlein, in dem der Wolf die Pfote „vermehlt"? Vielleicht ist ihr auch der Abruf von *vermählt* erschwert? Und wenn es diesen „Eintrag" nicht gibt: Sie hat in ihrem Begriffsspeicher ein Wort mit der gleichen Lautung gefunden. Wüsste sie, wie die Wörter geschrieben werden, wäre sie diesem Irrtum unter Umständen nicht erlegen. Denn Schrift verändert das Denken und die Sprache und das Sprechen.

Teekesselchenspiele erweitern das begriffliche Wissen.

Ein Märchen wurde vorgelesen. Die Kinder sollen nun ein Bild zum Ende des Märchens malen. Das Ende lautet: „Und dann vermählten sich der Prinz und die Prinzessin, und sie lebten glücklich und zufrieden bis an ihr Lebensende." Lisa malt eine Prinzessin, deren Kleid, Haar, Gesicht und Arme weiß sind.
Lehrer: Oh, du malst eine Prinzessin, Lisa?
Lisa: Ja.
Lehrer: Warum ist die denn so weiß?
Lisa: Die ist vermehlt.
Lehrer: Ach klar, die hat ein Brautkleid an, nicht?
Lisa: Brautkleid? Ne, die ist vermehlt.
Lehrer: Ja, dann malst du gleich noch den Prinzen.
Lehrer geht zum nächsten Tisch. Lisa schaut sich das Bild ihrer Mitschülerin an.
Lisa: Du musst den Prinzen auch weiß malen.
Nadine: Wieso denn? Wenn die heiraten, hat doch nur die Prinzessin weiß an.
Lisa: Die heiraten? Ach so.[14]

Vermählt oder *vermehlt*? Im Spiel machen Kinder begriffliche Erfahrungen.

Das Beispiel zeigt noch mehr: Wenn wir Wörter nicht kennen, ist uns die Schreibung erschwert. Wer weiß, dass *Cowboy* „Kuhjunge" bedeutet, und wer weiß, dass *Litfaß* ein Eigenname ist, sodass die Säule *Litfaßsäule* geschrieben wird (obwohl das ⟨a⟩ kurz gesprochen wird), dem gelingt die Schreibung leichter. *Ultrafiche* ist kein Fisch. Wer noch der Generation angehörte, die in der Bibliothek Literatur auf einem *Mikrofiche* gesucht hat, der wird die Bedeutung und Schreibung von *Ultrafiche* – als eben noch stärkere Verkleinerung des Datenmaterials – leicht ableiten können.

Der Sprachdidaktiker Heiko Balhorn schreibt: „Mit der Sprache ist es wie mit dem Geld. Wo viel ist, kommt auch leicht mehr hinzu."[15]

Sprachwissen in Ordnungen bringen – grammatische Verhältnisse und Explizitheit

Sprachverstehen und Sprachproduktion hängen eng zusammen. Wenn die kindlichen Äußerungen für Fremde nicht verständlich sind, dann sind Kinder in diesem Alter noch häufig auf die Unterstützung der Bezugspersonen angewiesen.

Maren (2;3 Jahre): Mara Hota war.
Mutter: Ja, Maren ist gestern alleine auf den Hocker geklettert.

Maren hat schon wesentliche grammatikalische Zusammenhänge hergestellt. Dennoch ist der Satz für Außenstehende kaum verständlich, weil der Ausdruck noch kindlich artikuliert ist. Die Mutter kennt die Kontexte. Sie kann zwischen Sprecher und Zuhörer vermitteln. Neben der

> **Fehler zeigen Lernschritte**
>
> Was Kinder beim Sprechenlernen eigentlich leisten, merken wir auch an ihren Fehlern. Wer *gehte* sagt, hat gelernt, dass die Vergangenheitsform oft auf diese Weise gebildet wird (*sagte, holte, fragte, suchte, kaufte*) – aber er hat noch nicht gelernt, dass *gehen* ein sogenanntes „starkes Verb" ist: *gehen, ging, gegangen* (wie *schwimmen, schwamm, geschwommen; lesen, las, gelesen; fliegen, flog, geflogen*). Gerade an der falschen Wortform *gehte* wird also die große kognitive Leistung des Kindes deutlich. Es beobachtet etwas, die Bildung der Zeitform Vergangenheit, und verallgemeinert das – hier allerdings nicht richtig. Ein wichtiger Schritt ist getan, der zweite wird folgen.

Grammatik wird Maren auch die *Laute* verändern: Irgendwann wird der *Hota* zu *Hocker* – und dem Zuhörer wird das Verstehen erleichtert. Wir verstehen mehr, als wir produzieren können. Die Sprachproduktion steht in engem Zusammenhang zum Sprachverständnis – und beide beeinflussen sich gegenseitig.

Im Alter von 3 Jahren entwickelt sich das Sprachverständnis rapide. Das grammatische Wissen spielt dabei eine bedeutsame Rolle. Das Kind versteht nun komplexere Äußerungen. Es versteht Grammatik, denkt über sie nach und gebraucht sie. Passivformulierungen zu verstehen, erfordert bereits viel Reflexion. Eindeutige Beziehungen zwischen Handlung und Handlungsträger erleichtern das Verstehen. In dem Satz *Das Pferd wurde von den Kindern gestreichelt* kann der Handelnde eindeutig zugeordnet werden. Nicht das Pferd streichelt die Kinder, sondern die Kinder streicheln das Pferd. Der Satz kann verstanden werden, weil die Bedeutung der Wörter und das Weltwissen der Kinder nur eine Möglichkeit offenlässt.[16]

Bei dem Satz *Der Mann wurde von der Frau beleidigt* ist der Handlungsträger nur verständlich, wenn der Hörer die Grammatik versteht. Jüngere Kinder neigen dazu, die erstgenannte Person als handelnde zu sehen. So nehmen sie an, der Mann beleidige die Frau.[17] Bis das Kind selbst solche Formulierungen vornimmt, wird aber noch Zeit vergehen.

Mit dem Erwerb grammatischer Regeln ab etwa 3 Jahren gelingt den Kindern die sprachliche Verständigung mit fremden Personen wesentlich leichter. Sie können sich sprachlich austauschen, auch wenn sie noch nicht alle sprachlichen Formen beherrschen. Was die Kinder bis 3;0 Jahren lernen, haben wir in Kapitel 3 dargestellt. Ab etwa 3;6 Jahren perfektionieren sie ihre Grammatik (siehe Tabelle).

Alena (3;0 Jahre): Hast du ein selbest?
Erzieherin: Du meinst, ob ich ein eigenes Kind habe?

Die Sprachproduktion von kleinen Kindern scheint auf den ersten Blick ungeordnet. Was sie an grammatischen Verhältnissen entdecken, ist aber keineswegs chaotisch, denn sie nähern sich der Grammatik regelgeleitet an.[18]

Wenn Kinder die Ein-Wort- und Zwei-Wort-Phase durchlaufen haben, wenn sie grundlegende syntaktische Prinzipien anwenden, widmen sie sich mit etwa 3 Jahren dem Erwerb der syntaktischen Besonderheiten der Zielsprache. Schnell wird ihre Sprache nun verständlicher.

ungefähres Alter	Erwerb
3;0–3;6 Jahre	• Einfache Sätze werden grammatisch meist korrekt gebildet. • Das Kind verwendet Präpositionen (*auf, unter*) und Pronomen (*mein, dein*). • (Zeitliche) Bestimmungen zwischen Verb und Objekt werden hergestellt (*Gleich macht er einmal Dreck*). • Verben werden nicht mehr nur im Infinitiv gebildet (*Kai fährt Auto* statt *Kai Auto fahren*). • Trennbare Verben werden getrennt (*Der Mann geht zur Tür rein* statt *Mann reingehen*; später: *Der Mann kommt zur Tür herein*) • Hilfsverben werden auch im Präteritum benutzt (*Er wurde verzaubert*). • Bei Entscheidungsfragen steht das Verb am Anfang (*Kannst du das halten?*).
ab 3;6 Jahre	• Mehrere Teilsätze werden gleich- und nebengeordnet (Kind gähnt: *Ich habe nur mal geguckt, ob ich müde bin*). • Beziehungen werden hergestellt (*Ich will den Stift, weil ich malen will*). • Die richtige Benutzung der Fälle wird meistens erst ab dem 5. Lebensjahr beobachtet (*Ich helfe dem Onkel und der Tante*). In einigen Regionen und Dialekten benutzen auch Erwachsene die Fälle nicht „schriftdeutsch" – in der Mündlichkeit ist dies dort korrekt.

In Anlehnung an Löffler (2011), S. 97 ff.

Im Alter ab 3½ Jahren bilden Kinder vermehrt komplexe Sätze.

Mit der Zeit werden die Sätze länger, die grammatischen Bildungen komplizierter. Manche Inhalte erscheinen uns nicht logisch – aber die Kinder erklären sich die Welt eigenständig und erproben Grammatik. Kinder lernen im Spracherwerb viel: Sie lernen, Wörter in korrekten Pluralformen zu gebrauchen, starke Verben zu benutzen (*schreiben – schrieb – geschrieben*) oder auch Kausalsätze mit verständlicher Kausalität zu formulieren.

Kinder und Erwachsene folgen beim Sprechen nicht *bewusst* Regeln, sondern sie entdecken unbewusst Regularitäten. Einige der Regeln kann man im Nachhinein formulieren, andere werden angewandt. *Schließt* man eine Tür *zu* oder *ab*? Die bewusste Auseinandersetzung mit Grammatik ist Thema in der Schule.

Aussprache

Im Alter von 3 Jahren haben sich Kinder hochkomplexe Bewegungsmuster der Sprechwerkzeuge angeeignet. Sie können die meisten Sprachlaute bilden. Isoliert gelingt ihnen dies einfacher als in Wörtern. Lara (3;1 Jahre) sagt [g], wenn sie zum Nachsprechen aufgefordert wird oder sie das Schnattern (*gakgak*) der Ente nachahmt. Wenn sie aber ihrer Erzieherin ein Bild zeigt, kommentiert sie dies mit: „Das habe ich *d*emalt." Noch schwieriger sind Konsonantenverbindungen wie *kn*. Justus (3;3 Jahre) kann die velaren Laute [k] und [g] – also jene, die am Weichgaumen gebildet werden – in Wörtern wie *Kanne* richtig aussprechen. In der Konsonantenverbindung *Knochen* aber lässt er den Laut aus und sagt: „*N*ochen." Diese Vereinfachungsprozesse, die bei allen Kindern beobachtbar sind, bleiben manchmal bis zu Schulbeginn bestehen.

Was lernen Kinder bei der Lautbildung? Kinder erlernen, Laute artikulatorisch zu bilden, also die Koordination von Atmung, Stimme und Sprechwerkzeugen. Und sie lernen, die Laute in ihrer bedeutungsunterscheidenden Funktion einzusetzen. Sie müssen erkennen, dass der Gebrauch unterschiedlicher Sprachlaute zu unterschiedlichen Bedeutungen führen kann (*Kanne* – *Tanne, Haus* – *Maus*).

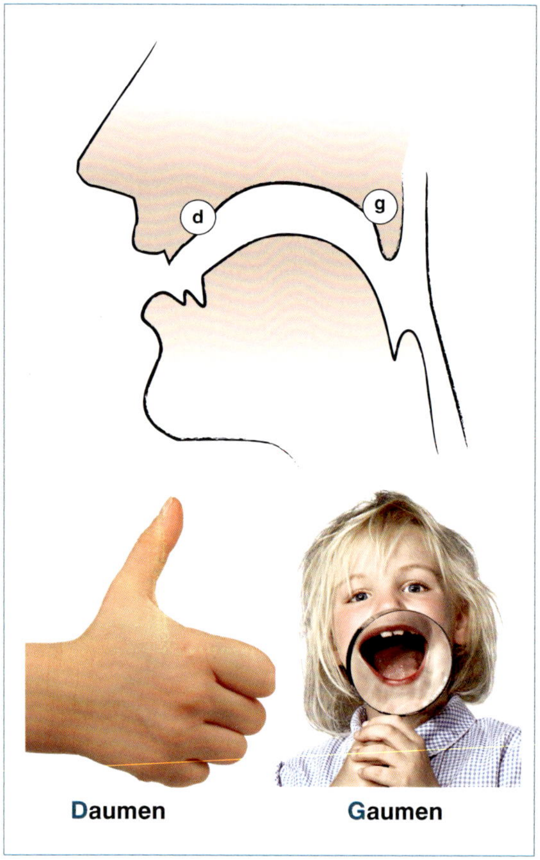

Aus einem Gaumen wird ein Daumen, wenn man das *g* nicht im Gaumen (velar) bildet!

Lara in dem Beispiel oben kann beides: Sie kann [g] artikulieren und sie kann es in dem Wort *Gaumen* richtig aussprechen. Unbewusst weiß sie: Ein [d] statt des Lautes [g] in dem Wort *Gaumen* lässt es zu *Daumen* werden. Aber ob sie *demacht* oder *gemacht* sagt, das ist für sie noch unwichtig.

Man kann dies so erklären: Maren hat, wie andere Kinder auch, zunächst die Laute [p], [b], [t], [d], [m] gelernt, in Kombination mit Vokalen. Die ersten Worte *Papa* oder *Mama* setzen sich eben aus diesen Lauten zusammen. Wenn Sie das [p] bilden, werden Sie einen großen *Verschluss* der Lippen merken, beim [a] hingegen ist die *Öffnung* groß. Jene Gegensätze, also Oppositionen, sind beim Sprachlernen von Kindern beobachtbar. Die Vokale gelingen dem Kind leicht. Nun kommen Laute wie [f] oder [v] (*w*) dazu und das [l] oder [r]. Später lernt das Kind die beiden S-Laute [s] und [z], der Zischlaut [ʃ] (*sch*) kommt manchmal erst mit Schulbeginn. Die Laute [k] und [g] zählen zu den spät erworbenen Lauten und die Erwerbsreihenfolge ist individuell verschieden. Aber: Von (fast) allen Kindern werden die Laute [d] und [t] im Spracherwerb früh erworben und das [k] und [g] sowie einige Konsonantenverbindungen (unter anderem [kn], [kr]) später.

Nun ist verständlich, warum Maren *demacht* statt *gemacht* sagt. Das [d] als früh erworbener Laut wird sicher beherrscht – ohne Anstrengung gebildet. Das [g] bildet sie noch nicht so routiniert. Man kann das mit dem Laufenlernen vergleichen: Wenn Kinder beginnen, laufen zu lernen, ziehen sie sich oft hoch und sind trotz Anstrengung bemüht, es immer wieder zu versuchen. Wenn sie aber schnell ein Ziel erreichen wollen, werden sie noch krabbeln. Erst wenn das Laufen genauso sicher ist wie das Krabbeln, wenn es ebenso routiniert und mühelos gelingt, wird der Nachteil des Laufens überwunden sein. So ist es auch bei Maren. Sie wird bald lernen, bei *gemacht* das [g] durchgehend korrekt zu gebrauchen, und sie wird auch lernen, Konsonantenverbindungen erwartungsgemäß zu sprechen und die sogenannte niedliche S-Laut-Bildung (später würde man von Lispeln sprechen) abzulegen.

Mit etwa 5 Jahren haben viele Kinder grundlegende sprachliche Fähigkeiten erworben, die in der Schule erwartet werden. Sie können sich nun sprachlich gut verständigen.

Wichtiges in Kürze

- Kinder ab 3 Jahren beginnen, sich bewusst mit Sprache auseinanderzusetzen. Sie machen Sprachspiele, beginnen mit Wortwitzen und achten bewusst auf die Sprache anderer Sprecher.
- Im Rollenspiel verarbeiten sie sprachliche Erfahrungen und erweitern sie. Dies ist ein wichtiger Schritt, um begriffliche Erfahrungen zu machen und später Gedanken und Handlungen mittels Sprache steuern zu können.
- Eltern fungieren zunächst noch als Vermittler zwischen Kind und Welt. Sie können diese Chance nutzen und den Kindern sprachliche Angebote machen.
- Im Vorschulalter lernen die Kinder jene Metakompetenzen, die für Perspektivwechsel, für Rollen- und Regelbewusstsein oder Beziehungskommunikationen wichtig sind.
- Ab dem 4. Lebensjahr verändert sich der Spracherwerb qualitativ. Kinder denken verstärkt über die Inhalte von Wörtern nach, über Begriffe und Bedeutungen.
- Sie gebrauchen eine komplexe Syntax. Sprachverstehen und Sprachproduktion nähern sich weiter an.
- Kinder im Vorschulalter gebrauchen (die S-Laute eventuell ausgenommen) alle Sprachlaute der Muttersprache und können Laute, Grammatik und Begriffswissen anwenden. Sprache wird nicht mehr nur handlungsbegleitend benutzt, sondern dient zur Kommunikation und Handlungssteuerung.
- Die wichtigsten Grundlagen des Spracherwerbs sind mit der Einschulung abgeschlossen. Das Erweitern von begrifflichem Wissen, das Verstehen von Ironie, Verneinungen, Sprachwitzen aber – das alles wird im Grundschulalter noch vertieft und manches davon auch dann erst erlernt.

Kapitel 5

Kinder und Dialekte

Die Sprache der Nähe und die Bildungssprache

Einsprachige und mehrsprachige Kinder antworten auf die Fragen: Was ist Dialekt? Kennst du Dialekte?

In einer Felduntersuchung haben wir erhoben, was Kinder über Dialekte denken und meinen: Sie bemerken die anderen Lautformen und Bauformen und ordnen sie bestimmten Regionen zu.[1]

7–8 Jahre:

- Wenn man halt so Hochdeutsch spricht oder so im Schwarzwald da sprechen sie auch anders da sprechen sie *giebsch mr mol di Buttr*
- … hört sich ein bisschen *anders* an
- … man tut die Wörter irgendwie ein ganz kleines *bisschen verändern* man spricht die einfach nur anders aus

9–11 Jahre:

- … wenn man jetzt sagt *nicht* dann sagt man *nit* oder so
- *i wott* das sagt meine Mutter als immer sehr oft
- Der Sebastian wo von unserer Klasse weggegangen ist der lebt jetzt in Bonn der sagt statt *gell* immer *ne*
- Ähm da in Stuttgart Schwaben da ist einer in der Klasse der schwätzt nur Schwäbisch der hat gesagt weil es hat geschneit hat er gesagt *geschnieen*
- Und das ist *schwerer Dialekt* wenn man (…) mit *sch* schreibt dann schreiben die zum Beispiel *laufsch* oder die (...) dann schreiben die nicht *ich* sondern *isch*
- Also ich kenn einen aus Lörrach der *ik* sagt allerdings kommt der nicht aus Lörrach sondern der kommt jedenfalls irgendwo anders her
- mit *-le* oder so *hinten dran*
- Also das ist eigentlich das gleiche wie Deutsch bloß – bloß ist das so dass die immer *noch was dranhängen* und die reden auch weng anders manchmal kann man die gar nicht verstehen

Kinder, die in Dialekt sprechenden Familien und Regionen aufwachsen, eignen sich den betreffenden Dialekt als ihre erste Sprache an. Alle Phasen des Sprechenlernens verlaufen im Dialekt so wie auch sonst beim Erlernen einer Sprache.

Diejenigen Wörter, die im deutschen Sprachgebiet gemeinsam sind, lernen Kinder in Dialektumgebung in der Dialektversion mit der Lautung des Dialekts, ebenso lernen sie eigene Wörter des Dialekts und die Grammatik des Dialekts, die dialektalen Redensarten und das übliche Höflichkeitsverhalten: von *Moin moin* über *Grüß Gott* bis *Grüezi*.

Kinder, die mit einem Dialekt groß werden, finden es meist angenehm und gemütlich, in ihrem Dialekt zu sprechen. Mit dem Dialekt verbinden sie emotionale Wärme und die vertraute, überschaubare Lebenswelt. Andere Dialekte hören sich, wie sie in einer Befragung sagen, für sie oft „komisch" an oder „so blöd". Mit zunehmendem Alter reduzieren einige von ihnen den Dialektgebrauch:

> Jenny (6 Jahre): Wenn ich von meiner Oma komm, sprech ich immer so mit so eben Schwäbisch, aber meine Mama hat das nicht so gerne.

Der Dialekt hat aber dennoch neben der Bildungssprache seine Berechtigung und ist in der Europäischen Charta der Regional- und Minderheitensprachen ausdrücklich geschützt, in Deutschland seit 1998.[2]

Die deutschen Dialekträume

Das Deutsche ist eine dialektreiche Sprache. Es ist üblich, das deutsche Sprachgebiet in drei große Dialekträume zu gliedern. Die großen Dialekträume sind

- der niederdeutsche (plattdeutsche) hauptsächlich in Schleswig-Holstein, Niedersachsen, Westfalen, Mecklenburg-Vorpommern und Brandenburg,
- der mitteldeutsche hauptsächlich an Mittelrhein und Mosel, in Hessen und Thüringen,
- und der oberdeutsche hauptsächlich in Baden-Württemberg und Bayern, Österreich und der Deutschschweiz.

Regionale Erscheinungsformen des Deutschen gehören zur inneren Sprachvariation.

Die oberdeutschen Dialekte sind lebendig geblieben und werden weitestgehend im All-

Die deutschen Dialekte

tag gesprochen. In den oberdeutschen Städten spricht man abgeschwächte regionale Dialekte, in anderen Städten Stadtsprachen, teils mit Sprachmischungen.

Das Plattdeutsche wird in „nicht urbanen Gebieten“[3] gesprochen, oder es ist als lautliche Besonderheit und durch bestimmte Wörter und Wendungen in der heutigen Alltagssprache erkennbar. Für das Plattdeutsche insgesamt findet man aktuell folgende, nicht übereinstimmende Angaben:[4]

- Etwa 8 Millionen Menschen sprechen es relativ gut.
- Es wird verstanden von über 12 bis über 30 Millionen Menschen.
- Es ist aktuell Muttersprache von 1 bis 4 Millionen Menschen.

Die Karte zeigt die traditionellen Dialekträume.

Dialekte sind an Regionen gebunden, sie sind im Allgemeinen anschaulich im Ausdruck und haben eigene Sprichwörter und Redensarten. Die Sätze sind relativ kurz, Hauptsätze dominieren. Die Dialekte stehen, wie man bildlich sagt, unter dem Dach des Deutschen.

Für die *gemeinsame Sprache* im Sprachgebiet des Deutschen gibt es, je nach Kontext und Bewertung, mehrere Bezeichnungen, die nicht trennscharf sind, wie in der Tabelle dargestellt:

Dialekte in Beispielen

Schwäbisch:
Im Schwäbischen heißt es
statt *ich* → *i*
statt *Schuh* → *Schuhle*
statt *Flasche, Fläschchen* → *Schoppe*
statt *die Treppe rauf* → *'s Steffele nuf*
statt *ich hab, wir haben* → *i han, mir hen(t)*
statt *lustig* → *luschtich, der luschtiche Bub*
statt *Schule* → *Schul*, z. B. *I gang ind' Schul*
statt *gehen* → *gange* usw.
Oft wird der letzte Laut (Auslaut) eines Wortes ausgelassen, nicht aber bei der Verkleinerung mit *-le*: *Schul'*, aber *Schuhle*. Verkleinerungen sind häufig und werden nicht nur an Substantiven, sondern auch an Adverbien vorgenommen:
statt *so* → *sodele*
statt *jetzt* → *jetzet, jetzetle*
Manche Dialektwörter haben in der deutschen Standardsprache eine andere Bedeutung:
Kaschte → *Schrank*, nicht: *Kasten*
Teppich → *Wolldecke*, nicht: *Teppich*
heb amol → *halte mal fest*, nicht: *heb es hoch*
laufe → *gehen*, nicht: *laufen*
renne → *laufen*, nicht: *rennen*
saue → *rennen*

Standardsprache, Standarddeutsch (neutral)	allgemein verbindliche Sprachform im mündlichen und schriftlichen Gebrauch, in öffentlichen Situationen und in der Schule (Bildungssprache); der Standard der deutschen Sprache
Hochsprache, Hochdeutsch 1. hohe Bewertung oder 2. Sprachregion	 1. einheitliche deutsche Bildungssprache 2. die mittel- und oberdeutschen Dialekte zusammen
Schriftsprache, Schriftdeutsch	geschriebene (oder gesprochene) Hoch- und Standardsprache, Bildungssprache

Teils unterscheiden sich auch die grammatischen Fälle in den Dialekten von denen in Standarddeutsch. Man sieht es an Artikeln und manchen Pronomen (Stellvertreterwörtern) wie *ihm, ihn*.

Niederdeutsch:
Niederdeutsch[5] (auch Plattdeutsch) schließt regional verschiedene Dialekte ein (zum Beispiel in Ostfriesland, Angeln, Vorpommern). Es wird vor allem auf dem Land, hauptsächlich von Älteren gesprochen. Schulverwaltungen und Kirchen unterstützen die Pflege, zum Beispiel als spezifisches Unterrichtsangebot, beim plattdeutschen Vorlesewettbewerb, bei plattdeutschen Predigten und plattdeutschen Buchmessen.
Besonderheiten:

- Plattdeutsch ist manchmal nah an der Standardsprache, zum Beispiel *leeve Lüüd* (*liebe Leute*), *een na de anner* (*einer nach dem anderen*);
- manchmal auch weit davon entfernt, zum Beispiel *wokeen* (*wer*), *bannig oft* (*sehr oft*), *mitten mang* (*mitten dazwischen*);
- manche emotionalen Wendungen sind in die norddeutsche Umgangssprache aufgenommen, zum Beispiel *lütte Deern* (*kleines Mädchen,* gemeint als *liebes kleines Mädchen*); manchmal wäre die hochdeutsche Entsprechung der plattdeutschen Wendung nicht akzeptabel, zum Beispiel kann man seinem Ärger Luft machen mit *so'n Schiet* (*so ein Mist, so eine ...*);
- das Plattdeutsche unterscheidet nicht zwischen dem 3. und 4. Fall, zum Beispiel zwischen *mir* und *mich*, beides heißt *mi/mek*: *hei het mi/mek dat verklort* (*er hat mir das erklärt*); *du kannst mi/mek dat glövn* (*du kannst mir das glauben*); *laat mi/mek tofreden/tofrein* (*lass mich zufrieden*).

Die Tabelle zeigt am Beispiel Schleswig-Holsteins, dass der Gebrauch des plattdeutschen Dialekts abnimmt. Kinder, die 1965 3–6 Jahre alt waren, sind 2011 bereits 49–52 Jahre alt. Möglicherweise haben sie ihren Dialekt inzwischen aufgegeben. Entsprechend verhält es sich in der Gruppe der 6- bis 14-Jährigen von 1965. In der Gruppe der heute 35- bis 65-Jährigen können also nicht mehr 80 % bzw. 73 % Plattdeutsch sprechen, sondern höchstens circa 30 % bzw. 25 % der Männer und Frauen, eventuell noch weniger Menschen. Bestätigt wird dies durch Angaben des Instituts für deutsche Sprache von 2009: Im Durchschnitt sprechen 60 % der Deutschsprachigen einen Dialekt. Da es aber im Süden circa 90 % Dialektsprecher gibt, leben im Norden entsprechend weniger.

Kinder heute lernen ohne Probleme die deutsche Standardsprache durch Radio, Fernsehen und Kindermedien zu verstehen. Manche Kinder werden schon mit 3 Jahren auf Unterschiede zu ihrer eigenen Sprache aufmerksam (*... hört sich ä bissle anderscht ah*) und fragen, warum die Medien oder bestimmte Personen so anders sprechen. Sie können schon verstehen, dass sich die

Verbreitung von Plattdeutsch-Kenntnissen in Schleswig-Holstein (Mikrozensus-Umfrage 1965)[6]

Gesamtbevölkerung in Prozent	männlich	weiblich
Altersstufen: Durchschnitt	70 %	64,7 %
3–6 Jahre	19,2 %	14,2 %
6–14 Jahre	39,4 %	34 %
14–25 Jahre	63,8 %	51,5 %
25–35 Jahre	78,5 %	65 %
35–65 Jahre	80,1 %	73,6 %
> 65 Jahre	85,4 %	80,8 %

Dialektgebrauch

Die Dialektforscher Ulrich Ammon und Uwe Loewer äußern sich in einem Buch von 1977 zum Thema Sprachwirklichkeit – Dialektgebrauch vor etwa 30 Jahren.

Die erste Frage: Was ist denn heute die „wirkliche" Sprache der Kinder? Oder [...]: Ist Dialekt heute noch eine ernstzunehmende Realität? Erledigt sich das Problem im Zuge der gegenwärtigen Umstrukturierungen nicht gleichsam von selbst?

Eine Repräsentativ-Umfrage des Instituts für Demoskopie Allensbach im Jahr 1966 ergab für die Bundesrepublik [Deutschland West] folgende Zahlen: Auf die Frage „Können Sie eine Mundart, einen Dialekt sprechen?" antworteten 57 % der Gesamtbevölkerung mit „Ja", 12 % mit „Ein wenig", 31 % mit „Nein". Eine Repräsentativ-Befragung in Hamburg („Können Sie plattdeutsch sprechen?") ergab im Jahre 1963 immerhin noch 51 % „Ja"-Antworten und 1965 für Schleswig-Holstein ca. 67 %.

Sprache ihrer nahen Umgebung von der Sprache anderer Umgebungen unterscheidet, zumal sie auch wissen, dass in verschiedenen Umgebungen verschiedene Verhaltensregeln gelten, zum Beispiel in Kindergarten und Familie.

Eltern, die selbst Dialekt sprechen, fragen oft, ob sie mit ihren Kindern besser in der Standardsprache („nach der Schrift") sprechen sollten. Das ist nicht unbedingt empfehlenswert, weil für Dialekt sprechende Eltern der Dialekt die „Sprache der Nähe" und der Vertrautheit ist und sie ihre emotionale Beziehung zum Kind meist besser im Dialekt ausdrücken können. Sie sollten dem Kind aber Situationen ermöglichen, in denen es mit der Standardsprache in Berührung kommt – auch jenseits der Medien.

Im Kindergarten wird von den Pädagogen und Pädagoginnen oft eine Sprache mit regionaler Färbung gesprochen, von Kindern vielfach Dialekt. Es ist wichtig, dass die Kinder überwiegend die Sprachform gebrauchen, die ihnen vertraut ist und in der sie sich gut ausdrücken können. Daneben gibt es Gelegenheiten, bei denen sie an die Standardsprache herangeführt werden, etwa

- durch handlungsbegleitende Dialoge mit Erziehern und Erzieherinnen, die *Hochdeutsch/Standarddeutsch* als Alltagssprache sprechen;
- beim Vorlesen von Bilderbüchern, das langsam und intensiv in der Standardsprache erfolgt, bei Liedern und Gedichten, bei kleinen Spielszenen und Rollenspielen.

In der Grundschule ist das Heranführen an die Standardsprache erklärtes Ziel, als Unterrichtssprache ist Standarddeutsch vorgesehen. Der Grund dafür ist, dass die Kinder lernen sollen, auf *„Hochdeutsch"* bzw. in *Standdardsprache* mit Kindern und Erwachsenen aus anderen Regionen zu kommunizieren und zu arbeiten und darüber hinaus auch an der deutschen Schriftkultur teilzuhaben. Dem Vorrang der Standardsprache wird in der Realität der Grundschulen jedoch nicht überall stattgegeben, im Süden weniger als im Norden.

Die Kinder dürfen – zumindest in den ersten Klassen – ihren Dialekt abgeschwächt sprechen; der Unterricht führt sie jedoch an die Schriftsprache heran, die sich an der Standardsprache orientiert. Zwar macht es ihnen eventuell jetzt

Mühe, es eröffnet ihnen jedoch auf Dauer viele Möglichkeiten, da es ihren Kommunikationsradius vergrößert. Ob das Sprechen im Dialekt indessen das Lernen der Orthografie behindert, ist umstritten. Einerseits ist die Rechtschreibung an der Lautung der Standardsprache orientiert. Das verführt aber Kinder, die zum Beispiel in Norddeutschland keine deutlichen Unterschiede zwischen ihrer Umgangssprache und der Standardsprache wahrnehmen, dazu, so zu schreiben, wie sie sprechen: *Toa* (für *Tor*), *Moda* (für *Mutter*); andererseits ist den Kindern, die Dialekt sprechen, früh klar, dass sie sich beim Schreiben nicht an ihrer eigenen Artikulation orientieren können.

Meist bleibt der Dialekt als „Sprache der Nähe" im vertrauten Umfeld die Sprache der Kinder und Heranwachsenden. In öffentlichen und formellen Situationen des späteren Lebens ist nicht immer, aber oft zu raten, eine der Standardsprache nahe Sprachvariante zu wählen.

Wichtiges in Kürze

- Kinder, die in Dialekt sprechenden Familien aufwachsen, erwerben den Dialekt als ihre Erstsprache oder Muttersprache.
- Eltern sollten mit ihren Kindern in der Sprache sprechen, in der sie sich (emotional und kognitiv) besser ausdrücken können. Häufig ist das der Dialekt, nicht die Standardsprache.
- Daneben sollten die Kinder schon früh Möglichkeiten haben, die Standardsprache *verstehen* zu lernen. Die Kita kann hier Angebote machen und sollte auch das *Sprechen* der Standardsprache anbahnen.
- In der Schule wird die Standardsprache mehr und mehr zur Unterrichtssprache; auch der regionale Dialekt als eine Varietät des Deutschen kann einen Platz in der Schule finden.
- Im deutschen Sprachgebiet wird im südlichen Teil mehr Dialekt gesprochen; insgesamt geht der Dialektgebrauch zurück.

Kapitel 6

Mehr als eine Sprache

In zwei Sprachen gleichzeitig sprechen lernen

Einführung: Familien mit zwei Sprachen

Die menschliche Fähigkeit, sprechen zu lernen, erstreckt sich nicht nur auf eine einzige Sprache. Vielmehr haben Menschen das Vermögen, mehrere Sprachen zu lernen und sie abwechselnd oder auch gleichzeitig zu gebrauchen.

Alle Kinder haben heute mit mehreren Sprachen Kontakt, weil andere Sprachen als die Familiensprache in den Medien und oft auch in der Lebenswelt vorkommen. Über die Medien sind viele Sprachen der Welt erreichbar.

Das Deutsche bedient sich zahlreicher Wörter und Wendungen aus anderen Sprachen: *Adresse, Auto, Bus, Computer, Energie, Finca, Joghurt, Portmonee, Sofa, time is money, inshallah* … Der Anteil der Fremdwörter wird auf 10 % des allgemeinen deutschen Wortschatzes geschätzt; in den Fachsprachen liegt er höher.

Viele Menschen sind selbst mehrsprachig, viele Kinder kommen aus Familien mit mehrsprachiger Geschichte. Im Falle von Deutschland:

- Sie haben Eltern mit verschiedenen Sprachen
- und/oder Großeltern, die andere Sprachen sprechen, weil sie in anderen Ländern aufgewachsen sind oder dort eine Zeitlang gelebt haben;
- sie haben selbst mit ihrer Familie eine Zeitlang in anderssprachigen Ländern gelebt;
- sie sind aus anderssprachigen Ländern nach Deutschland zugewandert;
- sie leben in zweisprachigen Gebieten:
  - in Südschleswig und Nordschleswig mit Dänisch und Deutsch
  - an der schleswigschen Nordseeküste und den Inseln und Halligen davor mit Nord-

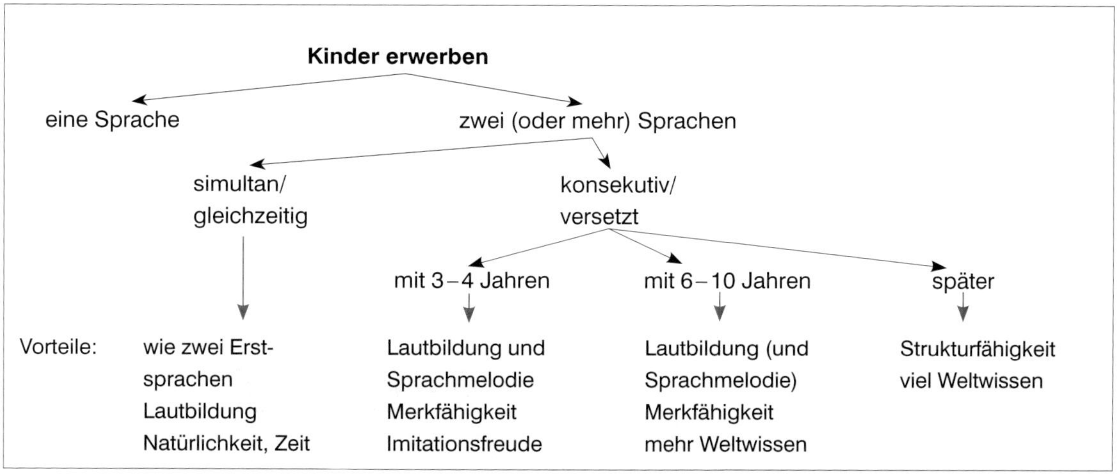

friesisch und Hochdeutsch, Niederdeutsch oder Dänisch
  - an der Nordseeküste des westlichen Niedersachsen mit Ostfriesisch (auch Saterländisch) und Hoch- oder Niederdeutsch
  - in Brandenburg und Sachsen nahe der polnischen und tschechischen Grenze mit Sorbisch und Deutsch
- oder an einer der Grenzen Deutschlands mit überlappenden Sprachen.[1]

Je weiter man in der eigenen Familiengeschichte zurückgeht, umso bunter und sprachenreicher wird sie oft. Zu den Lebenssituationen gibt es nicht immer genaue Angaben, aber der Anteil von Kindern aus Familien mit mehrsprachigem Hintergrund wird in Deutschland auf mindestens ein Viertel aller Kinder geschätzt. Die folgenden Angaben beziehen sich auf Kinder, die in der Familie zwei Sprachen sprechen und solche, die zu Hause und außerhalb der Familie verschiedene Sprachen verwenden: In Hamburger Grundschulen sprechen 35 % der Kinder zu Hause eine nichtdeutsche Familiensprache,[2] in Essen 28 %,[3] in Freiburg 39,5 %.[4] In Österreich und der Schweiz mag die Häufigkeit noch höher liegen. In Hamburg werden etwa 100 verschiedene Sprachen gesprochen, in Essen 122, in Freiburg 85.

Kinder werden also auf unterschiedliche Weise zwei- oder mehrsprachig, je nach Alter und Sprachumgebung. Wenn in der Familie und mit den Kindern zwei Sprachen gesprochen werden, lernen die Kinder beide Sprachen gleichzeitig von Anfang an (simultan, zum Beispiel als Papasprache und Mamasprache oder Mamasprache und Opasprache), eine Sprache lernen sie vielleicht etwas mehr als die andere. Übrigens kann die Dominanz der einen Sprache in einer neuen Umgebung wechseln. Wenn in der Familie eine Sprache gesprochen wird und in der Umgebung eine andere, dann lernt das Kind zuerst die Familiensprache und danach, also zeitlich versetzt (konsekutiv), die zweite (und in manchen Fällen auch eine dritte) Sprache. Der Lernprozess ist in den beiden Fällen verschieden. Der Grund dafür: Wenn ein Kind *simultan* zwei Sprachen lernt, lernt es das Verstehen und Sprechen an beiden Sprachen zusammen und unterscheidet die Sprachen mit der Zeit. Wenn das Kind zuerst eine Sprache lernt und danach *konsekutiv* eine neue Sprache als seine zweite Sprache, dann weiß es, dass es jetzt mit einer anderen Sprache zu tun hat. Davon handeln dieses und das folgende Kapitel.

Die in der Tabelle erläuterten Begriffe bezeichnen bestimmte Lerntypen, die sich grundsätzlich durch die Situation und die Art des Lernens unterscheiden.

Muttersprache, Erstsprache:	Sprache, die das Kind als erste Sprache lernt, Sprache in seiner Familie.
Doppelter Erstspracherwerb:	Simultane Zweisprachigkeit. Die Bezugspersonen/Eltern sprechen mit dem Kind zwei verschiedene Sprachen; das Kind lernt das Sprechen an beiden Sprachen, auch wenn es eine davon besser kann. Mit den Lebenssituationen kann sich ändern, welche Sprache besser oder lieber gesprochen wird.
Zweitsprache:	Sprache, die das Kind lernt, nachdem die Erstsprache schon erworben ist. Die Zweitsprache kann mit 3–4 Jahren, mit 6 oder 10 Jahren oder später beginnen. Man spricht von *Zweitsprache*, wenn das Lernen nicht nur auf Unterricht beruht, sondern auch im sozialen Austausch stattfindet und der Gebrauch in der Lebenswelt notwendig ist. Meist wird sie im Zielsprachenland erworben: *Deutsch als Zweitsprache* (DaZ) in Deutschland oder Österreich oder der Deutschschweiz. DaZ kann auch als Fremdsprache beginnen und dann Zweitsprache werden.
Drittsprache, Viertsprache	Sprache, die nach zwei anderen Sprachen gelernt wird. Man geht davon aus, dass dies so ähnlich vor sich geht wie bei einer Zweitsprache.

Simultane Zweisprachigkeit

Beispiele:
Olivier ist das Kind einer deutsch-französischen Familie. Die Mutter spricht mit ihm Deutsch, der Vater Französisch. Die Familie fährt oft zu den Verwandten des Vaters nach Grenoble. Jetzt ist Olivier 6 Jahre alt und spricht beide Sprachen ganz gut, Deutsch aber viel besser als Französisch.
Kito gehört väterlicherseits der sorbischen Minderheit an, das ist eine slawische Gruppe im deutschen Sprachgebiet, in Brandenburg. Viele Sorben wollen ihre Sprache erhalten und sprechen sie mit ihren Kindern. Sie fordern auch sorbische Kindergartengruppen und Schulklassen, was bei ausreichender Anzahl an Kindern möglich ist. Sorbisch kann als Einstieg in andere slawische Sprachen genutzt werden, das ist ein Vorteil des Sorbischen.
Mikas Eltern, beide mit deutscher Erstsprache, haben zwei Jahre in Schweden gelebt, bevor sie nach Deutschland zurückkamen. Als Mika geboren wurde, beschlossen die Eltern, dass der Vater mit ihm Schwedisch sprechen werde, damit Mika zweisprachig wird. Mika hat mit 2 Jahren angefangen, erste Wörter zu sprechen. Jetzt ist Mika 4 Jahre alt und versteht vieles auf Schwedisch, spricht aber meistens Deutsch. Die Verwandtschaft meint, die Entscheidung sei falsch.
Julia und *Sedar* sind Geschwister. Die Mutter ist Koreanerin, der Vater von Sedar ist Schweizer, der Vater von Julia ist Nordafrikaner. Beide Kinder lebten von Anfang an allein bei der Mutter; anders als die

Mutter sprechen sie akzentfrei und grammatisch korrekt Deutsch. Julia hat von der Mutter Koreanisch gelernt und kann es fließend sprechen. Sedar versteht es nur ein bisschen. Die Mutter möchte eine höhere Schulbildung für beide Kinder in Deutschland, aber auch eine gute Beherrschung des Koreanischen. Sie fragt sich, was sie für Sedar tun kann.

Kinder, die in eine zweisprachige Lebenswelt geboren werden, nehmen schon im Mutterleib beide Sprachen hörend auf. Die Sprache der Mutter ist die nähere, die dem Kind vertrautere, ihr Klang prägt das vorsprachliche Hören des Kindes. Wenn die Mutter zwei Sprachen abwechselnd gebraucht, nimmt das Kind den Klang beider Sprachen auf. Die Empfänglichkeit des Kindes für diese Sprachen wird verstärkt nach der Geburt mit den nun folgenden Körper- und Spracherfahrungen, auch durch andere Kontaktpersonen. Wenn zum Beispiel der Vater, die Großmutter oder die Kinderfrau mit dem Kind eine andere Sprache spricht als die Mutter, stellt sich das Kind auch auf diese Sprache ein. Entscheidend für die Festigung im kindlichen Gehirn sind die Sprachmenge – ein paar Wendungen jeden Tag reichen nicht aus für das intensive Aufnehmen. Entscheidend ist zum anderen die emotional-soziale Erfahrung im Zusammenhang mit der Sprache: wie das Kind im Arm gehalten und berührt wird, wie intensiv der Blick- und Körperkontakt ist, ob das gemeinsame Spiel Spaß macht und ob man Freude miteinander erlebt.

Wenn ein Kind in zwei Sprachen sprechen lernt, dann geht das Sprachenlernen zunächst ähnlich vor sich wie mit einer einzigen Sprache: Das Kind erkundet die Umgebung tastend und gestikulierend, es übt seine Sprechwerkzeuge ein, es artikuliert und probiert alle möglichen Laute aus, und allmählich bevorzugt es die Laute, auf die seine Umwelt positiv reagiert. Es lernt in Interaktion, wie die Dinge heißen, und es beginnt zu verstehen. Die ersten Wörter, noch in frühkindlichen Formen, kommen aus der Sprache, die die kindliche Lebenswelt am intensivsten prägt. Schon bald tauchen auch Wörter aus beiden Sprachen auf.

Frühe Lautketten scheinen neben *dada*, *mama* und *papa/baba* die Formen *ata* und *tata* zu sein, alle vier Formen weisen den „maximalen Kontrast" auf:[5] im Wechsel den Selbstlaut/Vokal *a*, der bei offenem Mund hinten gebildet

Kinder nehmen den Klang der Sprachen auf, die mit ihnen gesprochen werden.

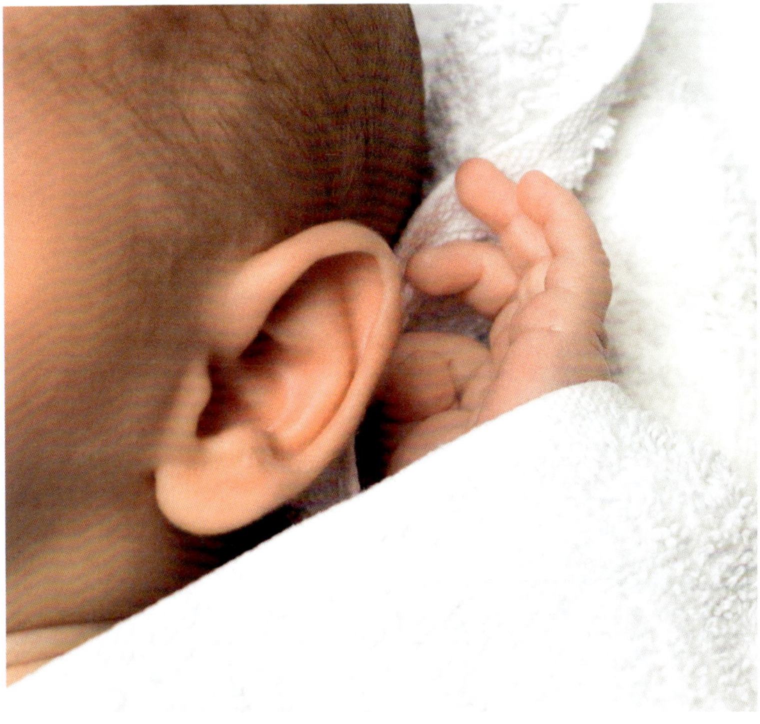

wird, und einen Mitlaut/Konsonant, der mit geschlossenen Lippen (*m*, *b*, *p*) oder Zunge und Zähnen (*d*, *t*) gebildet wird. Viele erste Wörter sind so gebaut. Während *mama* und *papa/baba* in vielen Sprachen dieselbe Bedeutung haben, ist das bei anderen Formen nicht der Fall. *ata* zum Beispiel wird im Deutschen regional verstanden als „spazieren gehen", alternativ zu *tata/teita*. Im Französischen wird *ata* als Form von *attends* („warte!") angesehen, *tata* als Babywort für *poussette* („Kinderwagen"). Familien mit deutscher oder französischer Sprache reagieren vielleicht so: *Ja da, da gehen wir gleich spazieren!* oder *Eh oui, voilà ta poussette!*

Beispiele zeigen, dass simultan zweisprachig aufwachsende Kinder bisweilen schon früh das Problem lösen müssen, dieselbe Lautkette mit zweierlei Bedeutung zu verbinden. Wir wissen nicht genau, wie sie das Angebot der zwei Sprachen ordnen. Man nimmt an, dass sie sich an den Personen orientieren, die die eine und die die andere Sprache gebrauchen. Der Sprachbeginn zweisprachig aufwachsender Kinder scheint mehr Zeit zu benötigen; sie beginnen im Durchschnitt etwas später zu sprechen. Dieser Befund ist mit Vorsicht zu betrachten, denn auch bei den Einsprachigen gibt es Kinder, die nicht im Alter von 1 Jahr, sondern später erste Wörter äußern. Bei Zweisprachigen kann der Lernfortschritt zu Anfang langsamer aussehen, sodass Eltern und Großeltern ungeduldig werden. Die Kinder brauchen jedoch ihre Zeit! Von etwa 2 oder 3 Jahren an halten die Kinder die Wörter der einen und der anderen Sprache auseinander, auch wenn sie im Sprechen eine Zeitlang eher „gemischte" Sätze bilden. Mit 4 Jahren sprechen sie normalerweise in jeweils einer der beiden Sprachen. Möglicherweise „leihen" sie sich aus der anderen Sprache ein Wort, das sie in dieser Sprache nicht kennen:

Leah: I do not want cream on my Avocadobrot on top!
Ken: Kenchan bäh shit. – Wo ist kuruma wa? – Sabine to Werkstatt ittetano.

Oder sie verwenden eine Satzstruktur aus der Sprache, die sie besser sprechen *Not down! I want up to go!* (Leah, 3;1 Jahre).

Das Kind Ken hörte von der Mutter Japanisch und vom Vater und der ganzen väterlichen Familie Deutsch. Ken begann mit 1;4 Jahren, Wörter zu äußern, und zwar erstaunlich viele und sehr unterschiedliche gleichzeitig in beiden Sprachen: auf Deutsch sagte er *mama*, *papa*, *oma*, *opa*, *hauruck*, *auto*, *ball*, *kalt*; auf Japanisch sagte er *aka* („rot"), *ao* („blau"), *koko* („hier"), *wan-*

rot	aka	あか	赤
blau	ao	あお	
hier	koko	ここ	
wauwau	wan-wan	わんわん	
Vogel	kaka	かか	
ja	hai	はい	
Opa(chen)	jichan	おじさん	
Finger	yubi	わび	
Hand	te	こ	
Nase	hana	はな	
Ohr	mimi	みみ	
Auge	me	め	
mit dem Bus fahren	basu iku syou	ば	

Deutsch-japanischer Wortschatz von Ken bis 1;11 Jahre

wan („wauwau"), *kaka* („Vogel") und ahmte Hundegekläff nach: *auff*. Mit 1;5 Jahren sagte Ken *heiß*, *du*, *Hund*, *kaputt*, *Auto*, *Nina nein* sowie *hai* („ja"), *jichan* („Opachen"), *yubi* („Finger"), *te* („Hand"), *hana* („Nase"), *mimi* („Ohr"), *me* („Auge") und außerdem *bye-bye*. Die Zwei- und Mehrwortsätze begannen mit 1;11 Jahren: *Auto kaputt*, *basu iku syou?* („mit Bus fahren?"). Wegen der intensiven Beziehungen zur deutschsprachigen Familie wurde Deutsch die Sprache, in der Ken am meisten kommunizierte und in der er Sätze bis zu vier Wörtern bildete, bis er mit 2;3 Jahren mit beiden Eltern zu einem Besuch nach Japan kam. Der stärkere Kontakt mit dem Japanischen wirkte sich auf das Sprechen aus, aber nicht sofort, sondern mit Verzögerung. Zurück in Deutschland, war Japanisch folglich eine Zeitlang die dominante Sprache. Erst allmählich überwog wieder Deutsch. Seit seinem 13. Lebensjahr lebt Ken nun in Japan, er spricht beide Sprachen, Japanisch allerdings besser und sicherer in Wort und Schrift.[6]

Solche Spracherwerbsgeschichten kennen wir von vielen zweisprachigen Kindern. Mit dem Wechsel des sprachlichen Umfelds entwickelt sich die Sprache, die das Kind hier spricht, stärker. Das heißt, eine in deutschsprachiger Umgebung schwächere andere Sprache bleibt nicht für immer schwach. Bei intensivem Kontakt mit dem Land der anderen Sprache und Aufenthalten in dieser Umgebung baut das Kind, später der Erwachsene, seine zweite Sprache aus. Wenn der Umgebungswechsel mehrfach erfolgt (und nicht von psychischen oder sozialen Problemen begleitet ist), können sich beide Sprachen gut ausbilden.

Grundsätze

Eltern, die ihre Kinder von Anfang an zweisprachig erziehen möchten, sollten einige Grundsätze[7] beachten:

- Kinder sind nicht überfordert, wenn sie in der Familie zwei Sprachen gleichzeitig lernen. Zweisprachigkeit ist keineswegs ein Privileg hochbegabter Kinder; es bedarf dazu nur eines reichen Sprachangebotes in einem unterstützenden Umfeld. Wenn die Kinder älter sind, können sie ihre Lesefertigkeit für die zweite Sprache nutzen.
- Auch Kinder mit geistiger Behinderung können in der Familie zweisprachig werden, denn oft hören sie aufmerksam zu und können Klänge gut verfolgen. Man darf ihnen Zweisprachigkeit zutrauen.
- Im Allgemeinen wird für die simultan zu erwerbende Zweisprachigkeit das Prinzip der *funktionalen Sprachentrennung* empfohlen, das bedeutet: eine Person – eine Sprache; jedes Elternteil repräsentiert eine Sprache, und das Kind baut emotionale Beziehungen zu den Personen und zu deren Sprachen auf. Es lernt also in der Familie eine Papasprache und eine Mamasprache, eine Opasprache oder eine „Tantensprache" von der Tagesbetreuerin oder ähnlich. Wichtig bleibt, dass die betref-

Die Handlungen des Kindes redend begleiten

fenden Personen in ihrer Sprache herzlich, viel und verständig mit dem Kind sprechen. In jeder Sprache soll mindestens ein Drittel der Lebenswelt des Kindes versprachlicht werden, damit ein Sprachsystem aufgebaut werden kann. Zu wenig Sprachangebot leistet einen solchen Aufbau nur unvollständig und führt höchstens zu partiellem Verstehen. – Wenn die Familie mehrere Sprachen ohne funktionale Sprachentrennung gebraucht, wird das Kind diese Sprachen zu verstehen lernen. Ob es jede einzelne dieser Sprachen später korrekt sprechen kann, liegt an vielen individuellen, emotionalen, auch quantitativen Faktoren und ist nicht einfach vorhersagbar.

- Die Erwachsenen sollten sich in der Sprache, die sie mit dem Kind sprechen, sicher und vertraut fühlen; sie sollten in ihr Gedanken und Gefühle, aber auch Wissen ausdrücken können. Dann können sie zum Beispiel das, was sie tun, liebevoll erklärend sprachlich begleiten: „handlungsbegleitendes Reden" in beiden Sprachen („Wollen wir das Paket aufmachen? Was brauchen wir denn da? ... zuerst eine Schere, damit ritzen wir das Klebeband ein, so ..."). Dabei muss Raum für das Kind bleiben, das mitreden will im „handlungsbegleitenden Dialog".
- Die Familie braucht aber nicht nur die zwei verschiedenen Sprachen, sondern auch eine Familiensprache. In welcher Sprache reden die Eltern miteinander? Oft ist die Familiensprache eine der beiden Sprachen, manchmal eine dritte Sprache: In der Familie Şen, in der die Mutter mit dem Kind Italienisch spricht und der Vater Türkisch, ist Deutsch die Familiensprache. In manchen Familien ist Englisch als dritte Sprache die Familiensprache.
- Es wird bei früher Zweisprachigkeit empfohlen, von zwei Sprachen als Familiensprache diejenige zu wählen, die nicht Umgebungssprache ist; also bei deutsch-russischen Eltern nicht Deutsch, sondern Russisch. Andererseits ist auch die Sprache des Elternteils, der häufiger abwesend ist, als Familiensprache geeignet, weil diese Sprache sonst mangels Sprechgelegenheit zu schwach wird. Solche Entscheidungen berücksichtigen, dass die zeitlich weniger verwendete Sprache durch ihre Rolle als Familiensprache gestärkt wird. Darüber muss in der individuellen Familie entschieden werden.
- Letzteres hat nur Gültigkeit, wenn beide Eltern beide Sprachen gut beherrschen. Es ist nicht möglich, Finnisch als Familiensprache zu wählen, wenn nur ein Elternteil es gut spricht.

- Eltern haben mit der bevorstehenden Ankunft eines Kindes Gelegenheit, die sprachliche Zukunft der Familie zu überdenken und nicht unbedingt weiter die bisherige Paarsprache zu benutzen (als Paar sprachen sie vielleicht Englisch oder die Umgebungssprache; als Familie entscheiden sie sich dann aber für die Sprache der öfter abwesenden Mutter).
- Die Eltern sollten eine Haltung dazu finden, welche Sprache sie in Gesellschaft von Nachbarn, Freunden und so weiter sprechen wollen. Nicht immer reagieren diese verständnisvoll, wenn ihr Gesprächspartner plötzlich mit seinem Kind eine ihnen unverständliche Sprache gebraucht. Eltern sollten gemeinsam entscheiden, ob sie das jeweils erklären oder ob sie in solchen Situationen lieber die Umgebungssprache wählen wollen.
- Eine breite Erfahrung von Eltern ist, dass Bekannte und Unbekannte in die zweisprachige Erziehung hineinreden oder sogar davon abraten. Das tun öfter Großeltern und andere Verwandte, ja sogar völlig Fremde in der Straßenbahn, oft aber auch Kinderärzte und -ärztinnen, Erzieherinnen und Erzieher und Lehrpersonen. Die zweisprachige Erziehung wird nämlich für viele Schwierigkeiten verantwortlich gemacht: Bettnässen, Stottern, Nägelbeißen, Daumenlutschen, Probleme beim Lesen und Rechnen … – als ob es das bei einsprachigen Kindern nicht gäbe! Nicht die zweite Sprache ist die Ursache, sondern eventuell ein vom Kind empfundener Druck der Umwelt. Das zeigen einige der Beispiele in diesem Kapitel.
- Eltern sollten sich darüber im Klaren sein, dass es nicht ganz leicht ist, eine zweisprachige Erziehung durchzuhalten, und sie sollten Kontakt zu anderen zweisprachigen Familien suchen, um sich gegenseitig zu stützen.

Schwierigkeiten

Aber was tun, wenn sich die zweisprachige Erziehung nicht konsequent durchhalten lässt? Wenn Kinder die Zweitsprache verweigern? Denn auch der Weg der Kinder geht in mehreren Etappen und oft über einige Schwierigkeiten. Zwei Beispiele:

Paul und *Helen* sind ein deutsch-englisches Paar. Für ihre Kinder haben Paul und Helen einen zweisprachigen Kindergarten gefunden, der zwar eine bedeutende Gebühr kostet, aber das ist er ihnen wert. Daher kennen die Kinder auch andere englischsprachige Kinder. Jetzt suchen Paul und Helen nach einer zweisprachigen oder internationalen Schule.
Friedrich aus Paderborn und *Tamri* aus Tiblissi/Tiflis haben vereinbart, ihre Kinder zweisprachig mit Deutsch und Georgisch zu erziehen, wie ihre Freunde Paul und Helen es tun, aber für Friedrich und Tamri ist die Situation nicht so einfach. Friedrich kann nicht so gut Georgisch, dass es Familiensprache sein könnte. Die Suche nach einem georgischsprachigen Kindergarten ist aussichtslos, nicht einmal einen russischsprachigen finden sie. So gründen sie mit fünf anderen Familien der Stadt eine private georgischsprachige Kindergruppe, in der die Mütter in ihren Wohnungen die Kinder an drei Vormittagen im Wechsel betreuen. Das bedeutet viele Autofahrten. Das Modell bricht zusammen, als eine der Mütter sich wegen einer schwierigen Schwangerschaft nicht mehr beteiligen kann und eine andere eine Erwerbstä-

tigkeit aufnimmt. Tamri spricht zu Hause weiter mit ihren Kindern Georgisch, der Großelternbesuch aus Georgien unterstützt diese Sprache, und der Große findet es schön, sie zu sprechen. Die Kinder untereinander wechseln aber schon vor dem Schuleintritt zu Deutsch, und der Jüngere weigert sich bald, überhaupt noch Georgisch zu sprechen: Das sei anstrengend und blöd, wenn Freunde da seien, und Friedrichs Familie findet, das Kind habe Recht, Kinder seien von der Zweisprachigkeit überfordert, und überhaupt könne man in der Welt mit Georgisch nichts anfangen. Das tut Tamri sehr weh, denn sie wollte etwas von sich und ihrer Kultur an ihre Kinder weitergeben. Eine Weile hält sie noch durch, aber im Laufe der Grundschulzeit und nach Rücksprache mit einer Lehrerin gibt sie die georgische Sprache auf.

Kinder, deren eine Sprache sehr dominant ist (etwa Deutsch in deutschsprachiger Umwelt), vermeiden gern die andere, schwächere Sprache, weil sie mehr Mühe macht. Sie gehen sprachlich den einfachen Weg der Routine.

Eltern, die die Zweisprachigkeit erhalten möchten, sollten angenehme Anlässe und Gelegenheiten für die zweite Sprache schaffen: Vorlesen und Hörmaterial in der betreffenden Sprache, Kontakte mit Freunden derselben Sprachgruppe und Familienkontakte, Reisen in das Land der Sprache und so weiter. Nicht zu empfehlen ist wohl Druck auf die Kinder, weil er verständlicherweise nicht als positiv erlebt wird. Aber selbst wenn Kinder in einer Sprache nicht viel sprechen, sondern sich eher Verstehenskompetenz aneignen, ist das eine beachtliche Voraussetzung für den späteren Wiedereinstieg in diese Sprache.

Kinder haben bekanntlich zwei Wünsche gleichzeitig: sein wie alle und sein wie keiner. Das Paradoxon des Einmaligseins (wie kein anderer sein) bei gleichzeitiger Erfüllung aller Erwartungen von außen (wie alle sein) kann in einer Lebenswelt, die sich mehrheitlich als einsprachig definiert, zugunsten der Zweisprachigkeit entschieden werden oder eben gegen sie. In einsprachiger Umwelt ist ein Kind mit zwei Sprachen ein bisschen wie kein anderer, muss aber aushalten, dass die anderen ihm das vorwerfen. Wenn es wie alle sein will, muss es die Zweisprachigkeit verstecken oder verlieren. Dieses Dilemma entsteht nicht, wo viele zweisprachig sind. Auf der Welt sind die Zwei- und Mehrsprachigen in der Mehrheit. In Ländern wie Deutschland, in denen viele glauben, Einsprachigkeit sei natürlich, ist sie dagegen ein großes Problem.

Das zweite Kind zweisprachiger Familien zeigt oft zusätzlich Hemmnisse bei der Zweisprachigkeit. Es spricht mit dem älteren Geschwisterkind und dessen Freunden meist die Umgebungssprache, sodass die andere Sprache der Familie zu wenig Aktionsraum hat; es sucht eine Rolle, die sich von der des älteren Geschwisterkindes unterscheidet, und distanziert sich daher von der anderen Sprache. Solche Konstellationen führen öfter zu Sprachverweigerung in der Nicht-Umgebungssprache.

Man kann Eltern raten, im Falle der Sprachverweigerung durch ein Kind freundlich und vorwurfsfrei bei ihrer Sprachenwahl zu bleiben. Spielen Sie mit dem Kind und versprachlichen Sie das in der Sprache, in der das Kind schwächer ist. Lassen Sie sich zeigen, was das Kind gebaut hat, und sprechen Sie mit ihm darüber,

warum es hält! Das ist gleichzeitig Weltverstehen und Ausbau der Sprache. Vielleicht besinnt das Kind sich bald anders, auf jeden Fall erhält es sich seine Verstehenskompetenz und entwickelt sich weiter. Das ist, wie schon gesagt, eine ganze Menge.

Sprachkonflikte in der Familie oder die Ausübung von Druck auf das Kind, eine der Sprachen zu sprechen, können sich hindernd auswirken:

Eine junge Frau fragte im Namen ihrer Schwester, die mit ihrem Mann in England lebt und ein Kind erwartet, bei uns an, ob die Schwester das Kind zweisprachig mit Deutsch und Englisch erziehen solle. Der Mann sei allerdings dagegen, weil er Deutsch für eine schwierige und nutzlose Sprache halte.

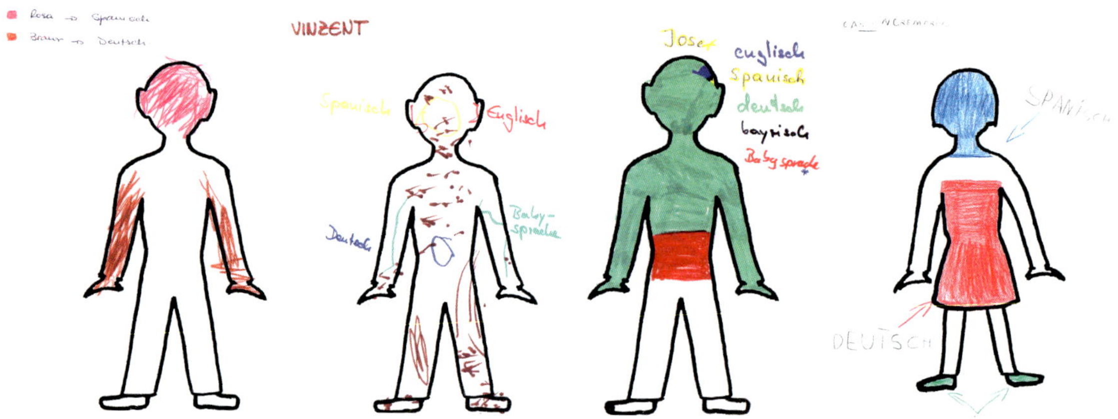

Sprachenporträts (nach Krumm 2001): Kinder von 3 Jahren an malen ihre Sprachen in ihre Silhouette, eine Farbe für jede Sprache. Die vier Zeichnungen stammen von 4- und 5-jährigen Kindern, die Bildbeschriftungen haben die Erzieherinnen hinzugefügt. Kommentare der Kinder zu ihren Bildern: „Deutsch male ich in die Beine, weil ich in Deutschland rumlaufe." – „Die Hände sind deutsch, weil ich in Deutschland alles mache."

Ein solcher Konflikt zwischen den Eltern ist keine günstige Voraussetzung für die Zweisprachigkeit des Kindes, da das Kind ja beiden Eltern nah sein will. Die Erwartung der Mutter an Deutsch und die Ablehnung der deutschen Sprache durch den Vater erzeugen einen Mechanismus, der auf das Kind als sogenannte Doppelbindung wirken kann und es möglicherweise zerreißt. Besser versuchen die Eltern, sich auf eine gemeinsame Haltung zu einigen, eventuell mit professioneller Hilfe.

Wenn Erwachsene mit den Kindern in beiden Sprachen sprechen, ein emotional angenehmes Klima und ein sprachintensives Milieu schaffen durch Vorlesen und gemeinsame Spiele und Tätigkeiten, erwerben die Kinder beide Sprachen so gut, dass jede für die Schule ausreicht. Bei entsprechendem Schulangebot können sich Familien für eine zweisprachige Schule entscheiden. Andernfalls wird das Kind in die deutsche Schule gehen, wodurch die deutsche Sprache dominant wird, denn je selbständiger das Kind in Schule und Freizeit wird, desto mehr agiert es in der Landessprache. Eltern können die andere Sprache unter anderem durch Gespräche, Freizeit, Reisen lebendig halten.

Wichtig ist auch die Anerkennung der Zweisprachigkeit als Leistung oder zumindest die Tatsache, dass die andere Sprache, die nicht Umgebungssprache ist, nicht als unbedeutend abgewertet wird.

Fragen zur simultanen Zweisprachigkeit aus Elterngesprächen

Können Eltern mit sehr guten Fremdsprachenkenntnissen, von denen ein Elternteil etwa 1 Jahr im Ausland gelebt hat, ihr Kind in der Mutter- und Fremdsprache zweisprachig erziehen?

Die Frage ist heikel. Vielfach wird davon abgeraten, weil Fremdsprachen nur selten für alle Lebensbereiche beherrscht werden, insbesondere für den frühkindlichen Bereich. Es ist fraglich, ob Eltern sich in der Fremdsprache so emotional ausdrücken können, wie das (Klein-)Kind es braucht. Viele Faktoren, die wir als günstig für

Zweisprachigkeit angesehen haben, entfallen normalerweise: Großeltern und andere Bezugspersonen, die nötige Sprachmenge und so weiter. Allerdings müsste der Einzelfall betrachtet werden.

Sollen Einwanderer-Eltern, die im Sprachkurs Deutsch gelernt haben, mit ihren Kindern Deutsch sprechen?
Mit ihren Kindern sollten Eltern in der Sprache sprechen, die sie am besten und am liebsten sprechen und in denen sie Gefühle, Wissen, Späße und so weiter ausdrücken können. Wenn Deutsch von beiden Eltern nicht gut beherrscht wird, kann man es als Familiensprache nicht empfehlen. Nachteile für das Kind, die durch den Gebrauch eines schwachen Deutsch so entstehen, sind Spracharmut und geringe emotionale Tiefe. Sprechen Sie mit ihrem Kind die Ihnen vertraute Muttersprache und sorgen Sie dafür, dass sowohl Ihr Deutsch als auch das des Kindes als Zweitsprache ausgebaut wird, mit Sprachkurs und Kinderkrippe, Tagesmutter oder Kindergarten.

Die Eltern Kalijew haben nach der Übersiedlung von Russland nach Karlsruhe beschlossen, ihren Kindern *Anastasia* und *Dimitri* (jetzt 4 und 5 Jahre alt) die deutsche Sprache leicht zu machen, indem sie Deutsch als Familiensprache sprechen. Da Deutsch nicht die Erstsprache der Eltern ist, sondern da sie es erst im Deutschkurs erlernt haben, fällt es ihnen schwer. So kommt es, dass sie weniger sprechen als früher, und das, was sie sagen, finden sie selbst nicht immer korrekt. Schwerer wiegt aber für die Eltern, dass sie ihre Gefühle nur unzureichend auf Deutsch ausdrücken können, dass sie auf Fragen ihrer Kinder wie „Warum geht der Mond auf?" nicht antworten können, weil ihnen die Sprachmittel fehlen.
War die Sprachberatung falsch? Die Eltern fragen sich, ob sie jetzt noch die Familiensprache auf Russisch umstellen sollen.

Kann mein Kind durch Fernsehen ganz schnell Deutsch lernen?
Nein. Vor allem Fernsehen allein führt nicht zum Sprachlernen. Kleineren Kindern fehlt im Fernsehen generell die persönliche Zuwendung durch Personen, auch wenn Sender bemüht sind, ihre Kindersendungen suggestiv zu gestalten. Vom Fernsehen können Kinder nicht mit allen Sinnen lernen, zum Beispiel nichts ertasten, fühlen, schmecken. Sie können nicht in einen Dialog eintreten mit dem Fernsehen als Partner, der Fernseher geht nicht auf die Kinder ein, sondern macht sie passiv.

Ältere Kinder können eventuell ihre Verstehenskompetenz und ihr Sachwissen durch maßvolles Aufnehmen geeigneter Sendungen erweitern. Viel Fernsehen deaktiviert sie aber, es berieselt.

Soll mein Kind mit anderen Kindern in der nichtdeutschen Sprache sprechen?
Ja, es braucht sogar kindliche Gesprächspartner in seinen beiden Sprachen. Die Regelschule wünscht jedoch nicht, dass Kinder während des deutschsprachigen Unterrichts miteinander in anderen Sprachen sprechen; sie sollen sich auf deutsch am Schulunterricht beteiligen. In solchen Situationen sollte Ihr Kind daher auf jeden Fall deutsch sprechen.

Welche Sprache sollen meine Kinder miteinander sprechen?
Die Kinder regeln ihren Sprachgebrauch normalerweise untereinander, Eltern haben im Laufe der Zeit weniger Einfluss darauf als Freunde. Je älter die Kinder werden, je länger sie in einer deutschsprachigen Schule sind, desto mehr tendieren viele zur Landessprache Deutsch. Andere grenzen sich bewusst vom Deutschen ab, und untereinander sprechen sie dann lieber die nichtdeutsche Sprache. Eltern können die Sprachwahl in der Familie lenken: welche Sprache die Mutter mit den Kindern spricht, welche Sprache der Vater mit den Kindern spricht, welche Sprache Eltern und Kinder bei gemeinsamen Mahlzeiten sprechen und so weiter.

Wie erhalte ich die Sprache unserer Familie, zum Beispiel Kurdisch oder Chinesisch?
Sie können mit ihren Kindern viel in Ihrer Sprache sprechen, Ihre Gefühle ausdrücken, ihnen Dinge erklären, Ihr Handeln und Ihre Entscheidungen begründen im Sinne des handlungsbegleitenden Dialogs, schöne Geschichten erzählen oder vorlesen. Wenn möglich, sorgen Sie dafür, dass Ihre Kinder zu Ihrer Sprache auch die Schrift erwerben.

In welchem Alter kann mein Kind für mich dolmetschen?
Dolmetschen ist eine Frage des Verstehens und der Übung. Wenn Ihr Kind beide Sprachen gut spricht, kann es das, was es dem Sinne nach versteht, in die andere Sprache übertragen. Was es nicht versteht, kann es nicht sinnvoll übertragen (etwa beim Arzt, bei Ihrem Chef, bei Nachbarschaftskonflikten und so weiter).

Die Übertragung gelingt nicht auf Anhieb; Ihr Kind muss sich erst daran gewöhnen, die Wörter aus den beiden Sprachen simultan abzurufen. Überfordern Sie Ihr Kind nicht, und vor allem: Tadeln Sie es nicht, wenn das Dolmetschen Ihrer Meinung nach nicht gut genug klappt. Es tut sicher sein Bestes, aber es ist eben noch ein Kind.

Wichtiges in Kürze

- Während noch in den 1960er Jahren frühe Zweisprachigkeit für schädlich gehalten wurde, kennt man heute viele Vorteile:
- Zweisprachige Menschen können reibungslos von einer Sprache in die andere wechseln, ohne eine lange Umstellung zu brauchen.
- Kinder in mehrsprachiger Umwelt werden sehr früh sensibel für und aufmerksam auf Sprachen, weil sie von Anfang an sehen, dass zum Beispiel Dinge in beiden Sprachen verschiedene Namen haben. Sie scheinen auch Vorteile bei der Begriffsbildung zu haben. Sie vergleichen die Sprachphänomene von klein auf und machen Späße mit den Sprachen. Besonders fruchtbar wird das, wenn Erwachsene am kindlichen Nachdenken über Sprache Interesse zeigen.
- Der Umgang mit verschiedenen Ausdrucksmöglichkeiten und Denkweisen übt von klein auf darin, Perspektiven zu wechseln und Dinge anders zu sehen. Kinder lernen früh, anders als nur in vorgezeichneten Bahnen zu denken, eben divergent und eigenständig. Dies gilt als ein wichtiges Merkmal der Intelligenz.
- Zweisprachige haben nach dem gegenwärtigen Erkenntnisstand in jeder der zwei Sprachen – verglichen mit Einsprachigen desselben sozialen Milieus und Bildungsstands – zwar einen etwas geringeren Wortschatz, insgesamt jedoch einen weitaus größeren Wortschatz.
- Um Verbindungen zwischen den Sprachen zu ziehen oder übersetzen zu können, bedarf es eines gewissen Trainings: Je öfter ein Kind das tut, umso besser geht es.
- Allerdings sind Zweisprachige bei Assoziationen in der schwächeren Sprache manchmal langsamer, ihr Verstehen ist störanfälliger, und Texte fallen ihnen schwerer. Deswegen ist es gut, die schwächere, die nichtdominante Sprache möglichst oft zu gebrauchen, damit sie nicht zu schwach und ihre Verwendung nicht mühsam wird.
- Wenn Kinder im sozialen Umfeld mehr als zwei Sprachen lernen, ist besonders auf die Gewichtung des Sprachangebots zu achten. Ohne ausreichendes Sprachangebot gibt es zwar gewisse Kenntnisse in der oder den weiteren Sprachen, es wird jedoch eher Einzelnes behalten als die *Sprache* gelernt.
- Die hier genannten Vorteile der Zweisprachigkeit gelten nur, wenn die beiden Sprachen nicht allzu unterschiedlich beherrscht werden. Stark unausgeglichene Zweisprachigkeit bringt eben keine Vorteile. Es ist günstig, in beiden Sprachen lesen und schreiben zu lernen. Aber:
- Wenn eine Sprache sehr schwach bleibt, ist sie dennoch nicht wertlos. Für das Kind kann es emotional wichtig sein, wenn auch geringe, so doch eben Kenntnisse in einer Sprache seiner Familie zu haben. Auch die schwache Sprache schafft eine Verbindung zur entsprechenden Herkunftsgruppe. Eine sehr schwache Sprache kann später ausgebaut werden, sobald das Kind dazu bereit ist.
- Demgegenüber ist es von höchster Bedeutung, wenigstens in einer Sprache wirklich kompetent zu sein und sie mündlich und schriftlich sowie in mehreren Varietäten zu beherrschen. Das gilt vermutlich vorrangig für die Sprache, in der die Bildung erfolgt. Die Schul- und Bildungssprache muss ein gutes Niveau aufweisen.

Kapitel 7

Erst die eine, dann die andere Sprache

Als Kind eine zweite Sprache lernen

Versetzter Zweitspracherwerb

Viele Kinder leben zunächst in einer anderen Umwelt, bevor sie mit 4 oder 7 oder 10 Jahren oder später in einem deutschsprachigen Land nach Migration Deutsch als zweite Sprache lernen. Die Zweitsprache Deutsch lernen sie also versetzt (konsekutiv, nachfolgend) zur Erstsprache. In den Kindergärten und Schulen der deutschsprachigen Länder finden wir viele Kinder mit Deutsch als Zweitsprache, die mit der Zweitsprache unterschiedlich weit gekommen sind: Manche stehen noch ganz am Anfang und verstehen erst einige Wörter, andere haben ihre gesamte schulische Bildung in der Zweitsprache Deutsch erfahren und beherrschen diese besser und variationsreicher als ihre Erstsprache, die Muttersprache. Dazwischen gibt es viele Schattierungen der Kompetenzen in beiden Sprachen.

Caner ist in Rastatt geboren und aufgewachsen, hat aber bis zum Kindergartenbesuch von 5 Jahren an in Familie und Umgebung nur Türkisch gehört und gesprochen. Daher soll er jetzt Deutsch als Zweitsprache lernen. Lieber spielt er aber mit den anderen Jungen, die auch Türkisch sprechen, in der Autoecke.
Driton und seine Familie kommen aus dem Kosovo, sie sind Flüchtlinge. Deutsch fällt ihm noch schwer. Er kann auf Deutsch noch nicht sagen, dass er zwei andere Sprachen spricht, Albanisch und Bosnisch.
Valentinas Familie hat in Rumänien gelebt, bis fast alle im Ort nach Deutschland zogen. Die Großmutter spricht gutes Alltagsdeutsch mit dialektalem Akzent, die Eltern und Valentina mussten es erst lernen.
Rosalia lebt jetzt in Deutschland. Ihre Eltern sind Italiener, die mit ihr vorher in England gelebt haben, bis der Vater seine Stelle verlor und mit der Familie nach Deutschland ging. Sie spricht jetzt gut Deutsch und lernt auf Deutsch zu schreiben, die Sprache ihres Herzens und der Familie bleibt aber Italienisch.

Mit den Jahren kann es in der Familie zu einem Sprachwechsel kommen: Wenn mehrere Kinder der Familie in Kindergarten und Schule hauptsächlich Deutsch reden, sprechen sie es oft auch untereinander, zuerst gemischt, dann mehrheitlich. Sie fangen an, den Eltern auf Deutsch zu antworten. Nach und nach wechseln immer mehr Familienmitglieder zur Landessprache. Diejenigen, die am häufigsten zu Hause sind, bewahren die Herkunftssprache am längsten und fürchten sich am meisten vor deren Verlust. Oft gibt es Konflikte darum, welche Sprache bei welcher Gelegenheit gebraucht werden soll.

Sprachen der Familien – Sprache des Kindergartens und der Schule

Kinder, die die Landessprache – hier Deutsch – als Zweitsprache lernen, haben in ihrer Familie bereits eine (etwa Polnisch oder Türkisch) oder sogar zwei (Kasachisch und Russisch) andere Sprachen oder Dialekte (zum Beispiel in den meisten italienischen Familien) gelernt. Wenn in der Familie und im Wohnumfeld eine andere Sprache als Deutsch gesprochen wird, haben sie wenig Gelegenheit zum Kontakt mit Deutsch. Wie intensiv sie die Familiensprache lernen, hängt davon ab, wie in der Familie gesprochen wird: wenig, hauptsächlich mit Anweisungen (direktiv) oder erklärend, mit vielen Erzählungen. Es existieren viele Formen des Miteinandersprechens; vom intensiven Dialog, vom Erzählen und Besprechen allerdings profitieren Kinder am meisten. Am besten lernen Kinder sprechen, wenn Erwachsene oft, liebevoll und erklärend mit ihnen reden. Falls nur ein spärliches Sprachangebot besteht, können Kinder ihre Sprache nur mühsam ausbauen – das gilt auch für Deutsch als Erstsprache.

Die Familiensprache, für die Kinder Mutter- oder Erstsprache, bleibt den Kindern erhalten, auch wenn die ganze Familie in eine andere Sprachregion umzieht oder wenn ein Kind aus der Familie in den deutschsprachigen Kindergarten oder in die Schule kommt. Kinder können sich normalerweise in ihrer Erstsprache altersgemäß verständigen. In der neuen Umgebung und Sprache hingegen können sie das nicht: Sie können nicht sagen, was sie wissen und wollen und können nicht zustimmen oder widersprechen, können nicht verstehen und nicht erzählen und haben den Eindruck, deplatziert zu sein und verschoben zu werden. Für sehr junge Kinder mag das irritierend sein; ältere Kinder, die bereits ein gutes Selbstbild aufgebaut haben, müssen damit klarkommen, nicht so gesehen zu werden, wie sie sich selbst sehen. Die Kinder kommen im Kindergarten in einen neuen Bedeutungsraum, die sichere Kenntnis der Handlungsabläufe fehlt ihnen, die Handlungen anderer können nicht interpretiert werden, das Verstehen geht oft fehl. Und Sprachen sind ihnen keine Hilfe, weil die eine nicht verstanden wird und die andere erst erlernt werden muss. So können sprachliche und inhaltliche Probleme sich gegenseitig verstärken und das Lernen blockieren. Ein starkes Selbstbild der Kinder, das von anderen bestätigt wird, etwa von den Erzieherinnen und Erziehern, wäre jedoch eine wichtige Voraussetzung, Gesehenes und Gehörtes der neuen Umgebung annehmen zu können und Weltverstehen und Sprache zu entwickeln; deswegen ist die verständnisvolle und warmherzige Aufnahme gerade der Kinder anderer Muttersprache von großer Bedeutung.

Bevor wir auf Kindergarten und Schule eingehen, betrachten wir kurz den Weg des Sprechenlernens in der Zweitsprache.

Wie sehen Kinder rückblickend selbst ihr Lernen des Deutschen als Zweitsprache? Vor einigen Jahren haben wir 200 Kinder und Jugendliche über ihr Sprachlernen und ihre Spracheinstellungen befragt. Hier einige positive Beispiele:

Paula aus Polen (8 Jahre): Ich war erst 4, als ich Deutsch gelernt hab. Meine Oma hat halt Wörter gesagt und ich hab sie nachgesagt, und dann hat sie mir gesagt, was das heißt. Dann hat sie mich jeden Tag gefragt, und dann hab ich es langsam gelernt.
Francis aus Togo (7 Jahre): Ich hab es im Kindergarten gelernt, da kam so eine extra Frau und hat nur mich genommen zum Lernen. Dann hat sie mich auf den Schoß genommen und hat so ein Buch gehabt, da waren immer so Bilder drauf. Und dann hat sie gesagt: „Die Haarfarbe ist braun", oder: „Das ist der Mensch. Das ist ein Affe." Das hat sie immer so gemacht.

Unsere Beobachtung des Zweitsprachenlernens im Kindergarten hat ergeben, dass viele Kinder 2½ Jahre lang guten, intensiven Sprachkontakt brauchen, bevor sie flüssig sprechen können. Nur das letzte Jahr vor der Einschulung im Kindergarten zu verbringen reicht keinesfalls, um sprachlich fit für das Leben in deutschsprachiger Umwelt und die Schule zu sein.

Der Wortschatz und die Grammatik, die Kommunikation und die Interaktion

Jede Sprache hat ihren Klang, also ihre Laute und eine Sprachmelodie. Schon im Mutterleib nimmt ein Kind die Klänge der Sprache auf. Auch der Klang einer später gelernten neuen Sprache will aufgenommen werden. Je nach Alter ist es leichter, die besonderen Klänge wahrzunehmen und zu produzieren; sehr jungen Kindern gelingt das besser als älteren, deren Hör- und Sprechwerkzeuge bereits träger geworden sind, weil sie sich auf die erste Sprache eingeübt haben. Beim Deutschlernen im Kindergartenalter lernen die meisten Kinder akzentfrei zu sprechen; wenn die Zweitsprache Deutsch erst in der Grundschulzeit einsetzt, können Akzente bleiben wie im folgenden Beispiel.

Vorbereitungsklasse Deutsch als Zweitsprache im Grundschulalter:
Francisco (er hat Spanisch als Erstsprache):
Du 'ast das Bild ge'olt.
Boris (er hat Russisch als Erstsprache):
Du chast! Du chast das Bild gecholt!

Andererseits kennen wir Jugendliche, die sich Mühe geben, ihren Akzent im Deutschen zu verlieren, weil sie sozial „unauffällig" sprechen wollen; und sie schaffen es auch.

In den Beispielen des vorigen Abschnitts sprechen die Kinder vom Wörterlernen. Dabei ist es in einer fremden Sprache gar nicht so einfach, aus dem Redefluss die Wörter herauszuhören, die ja, anders als in der Schrift, in der kontinuierlichen Rede nicht einzeln stehen. Um Wörter zu erkennen, müssen die Kinder gleiche Lautfolgen wiedererkennen. Aber: Ein Wort des Deutschen erscheint nicht immer in der gleichen Lautfolge, sondern klingt oft verschieden: *Buch – Bücher*; *fahren – fährt – fuhr*. Vielfach behilft man sich in Kita und Sprachkurs damit, anfangs den Kindern einzelne Substantive vorzusprechen und dazu

Eine internationale Kindergruppe: Wie fühlen sich Kinder, wenn sie in ein Land kommen, dessen Sprache sie nicht sprechen?

Gegenstände oder Bilder zu zeigen: *die Frau – das Auto – der Besen*. Das klappt oft, aber nicht immer:

- Mirko aus Tschechien (6 Jahre) weigert sich zum Beispiel, die Personen auf dem Bild als Mutter, Vater, Bruder, Schwester zu akzeptieren.
- Oft sehen die kindertümelnden Illustrationen in Lernmaterialien so altmodisch aus, dass die Kinder die Gegenstände (zum Beispiel Telefone, Lokomotiven, Rollschuhe) gar nicht erkennen.
- Tätigkeiten (*singen – schreien – schimpfen; zeigen – drohen*) oder Situationen sind oft nicht eindeutig dargestellt. Dann kann das Benennen mit deutschen Wörtern nicht erfolgreich sein.[1]

Dennoch: Die Menge macht's, wie die Kinder oben klarstellen. Wenn mit dem lernenden Kind in sinnvollen Zusammenhängen viel gesprochen wird und das Kind sich angesprochen und gemeint fühlt, versteht es bald einige Wörter und Wendungen und ihren Einbau in Sätze, auf die sich neuer Wortschatz aufbaut. Ein großer Wortschatz ist wichtig, um über vieles in der Welt in verständlichen Sätzen reden zu können. In der Schule erfordert Deutsch hauptsächlich einen umfangreichen Allgemeinwortschatz und jedes Sachfach seinen Fachwortschatz. Aus diesem Grund sollten die häufigen und geläufigen Wörter früh beherrscht werden, zumal man mit ihnen später durch Ableitung (*Freund – freundlich – befreunden*) und Zusammensetzung (*Schulfreund – Freundschaftsdienst; Brot – Brotmesser – Wurstbrot – Käsebrötchen*) neue Wörter bilden kann. Einzelbilder, Wimmelbilder, Lieder, Sprüche und Geschichten sind gute Mittel zum Wörterlernen, wenn ein Erwachsener sie mit dem Kind in sinnvollen und interessanten Zusammenhängen bespricht.

Verschiedene Wörter werden in Sätzen verbunden:

Meine Freundin ruft mich.

Im Deutschen verändern sich manche Wörter dabei, in vielen anderen Sprachen nicht. Kinder im Kindergartenalter nehmen diese Veränderungen hörend auf, sie scheinen oft ganze Ausdrücke zu speichern. Für sie ist es nicht nötig, die Grammatik erklärt zu bekommen, denn diese entwickelt sich mit dem intensiven Deutschkontakt hörend von selbst. Die Kinder produzieren zuerst feste Ausdrücke und Einwortäußerungen, dann Mehrwortäußerungen, bei denen das Verb, falls vorhanden, meist am Ende steht (*Kuchen essen*); dann folgen kleine Sätze mit korrekter Wortstellung und korrekten Verbformen, ähnlich dem deutschen Erstspracherwerb. Manche Kinder üben an (von außen betrachtet) inhaltlich „leeren" Sätzen, die aber nicht „leer" sind, sondern von der Situation abhängig. Sie begleiten ihr Tun und üben dabei für sich Strukturen als Muster, was wir bei einsprachigen Kindern ebenso beobachten, wenn sie mit 3 Jahren sagen „ich lese" oder „ich arbeite".

Ibi (3 Jahre, Erstsprache Arabisch, Kontakt mit Deutsch 2 Monate) greift mit den Händen in eine Lego-Duplo-Kiste und spricht: Das ist das und der ist der und das ist das und der ist der und das ist das und das ist das ... gehtich (= geht nicht?).
Han Yanjun (3;6 Jahre, Erstsprache Chinesisch, Kontakt mit Deutsch ½ Jahr im Kindergarten) sitzt mit einer Bonbontüte in der Ecke: Nur ein Stück okay – und dann ist genug okay – darf nicht okay – nicht mehr okay – darf nicht – darf nicht - - - Pipi machen - - - eine zei dei - - deizehn!
Ahmet (4;5 Jahre, Erstsprache Türkisch, Kontakt mit Deutsch 1½ Jahre im Kindergarten) beim Sprechen über Bilder: Da ist die Hund – guckt um die Ecke – hat ein hm und geht nicht – ist immer dicker guck mal!

Kuchen backen ist auch ein Anlass zu Interaktion und Kommunikation: Sprachenlernen in der Küche.

Während die Verbformen und die Verbstellung im Laufe von 1 bis 2 Jahren meist korrekt erworben werden, macht vor allem der Artikel mehr Schwierigkeiten. Die Artikel *der*, *die*, *das*, *dem*, *den*, *des* und *ein*, *eine*, *einen*, *einem* sind schwierig zu unterscheiden, weil für die Kinder nicht sinngefüllt. Im Kindergarten werden die Artikel über das Hören und Sprechen gelernt. Meist erleichtern die Kinder sich die Lernarbeit, indem sie sie in Portionen aufteilen. Sie beginnen mit *der* oder *die* und setzen diese Wörter an alle Artikelstellen. Nach einer Weile gehen sie zu *den* über, dann zu *dem*. So werden über die Kommunikation im Laufe mehrerer Monate oder längerer Zeit die Fälle gelernt.

Schwierig bleibt aber die Unterscheidung von maskulin, feminin und neutral, weil diese willkürlich erscheint und nur selten Sinn ergibt (*der Fuß – die Hand*; *der Löffel – die Gabel – das Messer*; *der Sessel – die Bank*).

Sprachenlernen ist zwar eine menschliche Fähigkeit, der intensive Sprachkontakt muss aber vorhanden sein! Mit Sprachkontakt sind Interaktion und Kommunikation gemeint, gemeinsam zu sprechen und zu handeln. Beim Tun wird die Sprache verwendet: Es werden Gegenstände und Handlungen benannt, Gründe und Folgen angegeben, Absichten und Gefühle ausgedrückt, auf den Gesprächspartner bezogene Wendungen gebraucht, gerade so, wie Mütter (in sprachintensiven Milieus) es mit kleinen Kindern tun. Sie schauen das Kind oft an, richten ihre Worte an das Kind, das sich angesprochen fühlt, hören dem Kind zu, sprechen mit ihm im Dialog. So lernen Kinder durch die Interaktion mit ihren erwachsenen Gesprächspartnern Deutsch als ihre Zweitsprache kennen und gebrauchen.

Wie kann eine Sprachlernsituation für Deutsch als Zweitsprache im Kindergarten aussehen?

Sechs Vorschulkinder stehen anfangs im Kreis, jedes hat eine Daunenfeder in der Hand. Sie streicheln die Feder, lassen sie zur Erde gleiten, fangen sie wieder auf, werfen die Feder und laufen ihr nach, werfen die Feder nach oben und erwarten sie auf dem Boden hockend. Noch ist es ganz still.

Frau Korte bricht das Schweigen: Wie ist das mit der Feder?
Aylin: Weich. – Janusch: Ganz leicht. – Melissa: Fliegt langsam. – Elias (indem er die Feder von unten anpustet): So mit Mund Wind machen. – Endrit: Ich kann die fangen. (Er macht es vor.) – Selina: Streichelt so schön.
Frau Korte: Wollen wir alle mal fühlen, was ihr gesagt habt? Aylin sagt „weich".
Endrit: Ja, ganz weich. (Er zieht die Feder durch die Hand.)
Frau Korte: Guckt mal, da sind viele kleine Teile, wie Haare, ganz zart sind die. Und darum ist die Feder auch leicht.
Elias: Zart und leicht und weich. (Er wedelt mit der Feder durch sein Gesicht.) Streichelt weich.
Frau Korte: Und weil sie so zart und leicht ist, kann sie fliegen. Feder, flieg! (Sie lässt die Feder von oben sanft nach unten fliegen.) Und jetzt kommt der Wind, den machen wir mit dem Mund. Elias, puste mal!
Sie illustriert das Pusten durch Mundbewegung. Elias pustet auf die Feder.
Alle Kinder pusten auf ihre Federn.
Frau Korte: Das Wort heißt so ähnlich, wie wir mit dem Mund machen: puuusten. Ihr könnt beim Pusten das Wort „puuusten" sagen.
Die Kinder tun das lachend und überbieten sich dabei …

Dieses Beispiel ist mehr als das übliche Sprachtraining mit gedrucktem Bildmaterial, das, nach hoffnungsvollen Anfängen, sich mittlerweile als wenig effizient erwiesen hat. Es zeigt, wie Kinder einen winzigen Ausschnitt aus der Natur selbsttätig erkunden und dazu sprechen. Zunächst machen sie ihre eigenen Erfahrungen, die die Erzieherin moderierend abruft. Dabei kommt die Sprache ins Spiel, und im Folgenden werden Natur und Sprache verbunden. Die Erzieherin knüpft sanft an die Versuche und Äußerungen der Kinder an und macht neue Sprachangebote, später auch Handlungsangebote, die die Kinder gern aufgreifen.

Kinder lernen die Sprache einerseits vom Klang, andererseits von der mit Erfahrung verbundenen Anwendung. Dazu brauchen sie Erwachsene als Sprachpartner, die Sprachangebote machen, die Zusammenhänge herstellen, die von den Kindern Gesagtes aufgreifen und beiläufig richtigstellen oder erweitern; Kinder als Sprachpartner sind auch wichtig: als sozi-

Sprachenporträts konsekutiv zweisprachiger Kinder

ale Peers und für die Motivation und Übung im Sprachbereich. Fortschritte machen vor allem junge Kinder durch intensive Kommunikation mit Erwachsenen. Das liegt daran, dass Erwachsene, die sich auf ein Kind einstellen, anders mit ihm reden als andere Kinder, nämlich mit reicherem Wortschatz, mit mehr Erklärungen und Begründungen, mit mehr Satztypen. Und sie belehren das Kind nicht einfach, sondern geben ihm Raum zur Beteiligung. Größere Kinder und auch Geschwister schaffen das selten.

Nicht zu vergessen ist, dass sich auch die Erstsprache weiterentwickeln sollte, damit das Kind zweisprachig wird. Es ist wünschenswert, dass es in beiden Sprachen zunächst altersgemäß und später gebildet handlungs- und reflexionsfähig wird. Daher reicht es nicht, nur die Zweitsprache zu fördern. Der Kindergarten sieht sich allerdings nicht als zuständig für all die verschiedenen Erstsprachen an. Dennoch nachfolgend einige praktikable Vorschläge, wie Kindergarten und Eltern gemeinsam die Erstsprachen fördern können, auch wenn dies nicht überall für alle Sprachen machbar ist.

Vorschläge zur Förderung der nichtdeutschen Erstsprachen

- Die Kita schafft zweisprachige Bilderbücher[2] an und leiht sie an die Familien aus. Die Eltern lernen im Kindergarten das Vorlesen und gemeinsame Anschauen.
- Eltern gestalten in ihren Sprachen Vorlese- und Werknachmittage im Kindergarten.
- In den Kindergarten werden Erzähler oder Puppenspieler für die Sprachgruppen eingeladen.
- Eltern oder große Geschwister vermitteln Lieder ihrer Sprache im Kindergarten.

- Sprachenporträts, die die Kinder zeichnen, machen ihnen bewusst, dass sie mehrere Sprachen sprechen, die in verschiedener Weise für sie wichtig sind. Das Sprachenporträt kann der Anfang eines Portfolios sein, einer Mappe, in die die Kinder ihre Zeichnungen einfügen oder Bilder für neu erforschte Sachen oder Zusammenhänge.

Solche Aktionen machen dem Kind klar, dass seine beiden Sprachen geachtet, wertvoll und interessant sind und dass die Zweisprachigkeit ein Vorzug ist.

Viele Kinder – oft mit Migrationshintergrund (darunter solche, die im deutschen Sprachgebiet geboren sind) und auch manche Kinder mit deutschsprachigem Hintergrund – sprechen die deutsche Sprache nicht altersgemäß, wenn sie in den Kindergarten kommen. Etliche Bundesländer haben deshalb im ersten Jahrzehnt dieses Jahrhunderts damit begonnen, den Sprachstand zwischen dem 4. und 6. Lebensjahr zu überprüfen. Dadurch wollen sie die Sprachentwicklung feststellen und frühzeitig Fördermaßnahmen einleiten. Schnell haben sich isolierte, gestreute Fördermaßnahmen als kaum wirksam erwiesen. Wir wissen, dass die beste Förderung im intensiven handlungsbegleitenden Dialog der Erzieher mit dem Kind besteht, das sich angesprochen, gemeint, aufgefordert fühlt und sich daran aktiv beteiligt – wie oben in dem Beispiel mit der Feder.

Elias Canetti: Die Sprachenlandschaft von Rustschuk

Elias Canetti, Nobelpreisträger für Literatur im Jahre 1981, beschreibt seine mehrsprachige Kindheit in einer sephardisch-jüdischen Familie in Bulgarien so:

Rustschuk, an der unteren Donau, wo ich zur Welt kam, war eine wunderbare Stadt für ein Kind, und wenn ich sage, dass sie in Bulgarien liegt, gebe ich eine unzulängliche Vorstellung von ihr, denn es lebten dort Menschen der verschiedensten Herkunft, an einem Tag konnte man sieben oder acht Sprachen hören. Außer den Bulgaren, die oft vom Land kamen, gab es noch viele Türken, die ein eigenes Viertel bewohnten, und an dieses angrenzend lag das Viertel der Spaniolen, das unsere. Es gab Griechen, Albanesen, Armenier, Zigeuner. Vom gegenüberliegenden Ufer der Donau kamen Rumänen, meine Amme, an die ich mich aber nicht erinnere, war eine Rumänin. Es gab, vereinzelt, auch Russen.

Als Kind hatte ich keinen Überblick über diese Vielfalt, aber ich bekam unaufhörlich ihre Wirkung zu spüren. Manche Figuren sind mir bloß in Erinnerung geblieben, weil sie einer besonderen Stammesgruppe angehörten und sich durch ihre Tracht von den anderen unterschieden. [...]

Die Loyalitäten der Spaniolen waren einigermaßen kompliziert. Sie waren gläubige Juden, denen ihr Gemeindeleben etwas bedeutete. Es stand, ohne Überhitztheit, im Mittelpunkt ihres Daseins. Aber sie hielten sich für Juden besonderer Art, und das hing mit ihrer spanischen Tradition zusammen. Im Lauf der Jahrhunderte seit ihrer Vertreibung hatte sich das Spanisch, das sie untereinander sprachen, sehr wenig verändert. Einige türkische Worte waren in die Sprache aufgenommen worden, aber sie waren als türkisch erkennbar, und man hatte für sie fast immer auch spanische Worte. Die ersten Kinderlieder, die ich hörte, waren spanisch, ich hörte alte spanische „Romances“, was aber am kräftigsten war und für ein Kind unwiderstehlich, war eine spanische Gesinnung. [...]

Von den Märchen, die ich hörte, sind mir nur die über Werwölfe und Vampire in Erinnerung geblieben. Vielleicht wurden keine anderen erzählt. [...] Sie sind mir in allen Einzelheiten gegenwärtig, aber nicht in der Sprache, in der ich sie gehört habe. Ich habe sie auf bulgarisch gehört, aber ich kenne sie deutsch, diese geheimnisvolle Übertragung ist vielleicht das Merkwürdigste, was ich aus meiner Jugend zu berichten habe. [...]

Meine Eltern untereinander sprachen deutsch, wovon ich nichts verstehen durfte. Zu uns Kindern und zu allen Verwandten und Freunden sprachen sie spanisch. Das war die eigentliche Umgangssprache [...]. Die Bauernmädchen zuhause konnten nur Bulgarisch, und hauptsächlich mit ihnen habe ich es wohl auch gelernt. Aber da ich nie in eine bulgarische Schule ging und Rustschuk mit sechs Jahren verließ, habe ich es sehr bald vollkommen vergessen. Alle Ereignisse jener ersten Jahre spielten sich auf spanisch oder bulgarisch ab. Sie haben sich mir später zum größten Teil ins Deutsche übersetzt.

Wichtiges in Kürze

- Kinder lernen Sprache von Erwachsenen: Die wichtigste Arbeit der Erzieherinnen und Erzieher besteht darin, jeden Tag ausgiebig, geduldig und helfend mit jedem Kind im Dialog zu sprechen, auch und besonders mit den Zweitsprach-Kindern.
- Körperliche Zuwendung (Blickkontakt, Hinneigen zum Kind, möglichst gleiche Augenhöhe, kleine Distanz bis körperliche Nähe) und direkte Ansprache (Adressierung) lassen das Kind spüren, dass es gemeint ist. Persönliche Adressierung erreichen Erzieherinnen und Erzieher durch das Ansprechen der ganzen Gruppe oder einer Achter-Teilgruppe nicht wirklich.
- Der Kindergartentag ist gekennzeichnet von arbeitsbegleitendem Reden der Erzieherinnen und Erzieher und Mitmachen wie Mitsprechen der Kinder. Ohne einen Sprachschwall über die Kinder losgehen zu lassen, begleitet und kommentiert man doch die Handlungen sprachlich, man verbalisiert das Alltägliche und das Besondere.
- Die Kommunikation mit dem Kind verläuft von Seiten der Erzieherinnen und Erzieher helfend, erweiternd und mit indirekter Korrektur. Kurzäußerungen greift man erweiternd auf, indem man in guter und korrekter Alltagssprache eine bestätigende Antwort reformuliert (Kind: „Da ist die Hund – guckt um die Ecke." – Erzieherin/Erzieher: „Du siehst da einen Hund, und der Hund guckt um die Ecke, ja."). Wenn das Kind nur ein Wort sagen kann, stellt man dieses in einen Zusammenhang (Kind: „weich" – Erzieherin/Erzieher: „Ja, fühl mal, die Feder ist ganz weich …").
- Sprachliche Routinen dienen als Einstieg und wiederholen sich regelmäßig. Sie bieten den Kindern Orientierung im Kindergartenalltag. Hinzu kommen Lieder mit Bewegung und Spiele mit mehr oder weniger festen Sprachformeln, die alle Kinder mitsprechen, genau und mit allen Endungen. Reim, Rhythmus und Melodie stützen das Behalten der Texte und Textteile.
- Täglich lesen die Erzieherinnen und Erzieher Bilderbücher vor und regen Gespräche dazu an, und zwar in Kleinstgruppen mit möglichst nur drei Kindern in der Leseecke. Für das Verstehen wichtig ist am Anfang das interaktive, dialogische Vorlesen, bei dem die Kinder bekannte Teile mitsprechen. Das dient auch der Wortschatzerweiterung.
- Gemeinsam erzählen die Kinder in Gruppen. Die Erzieherinnen und Erzieher schaffen Erzählanlässe und geben Erzählhilfen (durch Wortangebote oder Fragen oder Ähnliches).
- Mappen oder Portfolios dokumentieren Lernfortschritte der einzelnen Kinder. Die Kinder beteiligen sich an der Dokumentation und lernen so den Umgang mit Papier als Vorläuferfertigkeit der Schriftlichkeit.
- Wo immer möglich, nehmen die Eltern auch der zweisprachigen Kinder am Leben des Kindergartens teil. Darauf ausführlicher einzugehen, würde hier zu weit führen.

Die Liste erscheint lang, die Durchführung schwierig, weil zeitintensiv. Allerdings braucht vieles keine Zeit, sondern kann ein gewohntes Verhalten werden. Einiges wird auch von den Orientierungsplänen und Richtlinien gefordert. Für die intensive Spracharbeit muss Zeit eingerichtet werden. Erzieherinnen nach einer Fortbildungsveranstaltung in Baden: „Heute habe ich verstanden, dass ich meine Organisationsarbeit straffen muss, um viel, viel, viel mehr mit jedem Kind zu sprechen."

Kapitel 8

Nicht alle Kinder lernen Sprache leicht

Gestörter Spracherwerb

Verzögerter Sprachbeginn – oft ein schwerer Weg für die Betroffenen

Die meisten Kinder beginnen im Alter von 2 bis 2 ½ Jahren Mehrwortsätze zu sprechen. Bei ihnen ist der Spracherwerb kaum aufzuhalten. Bei 5 bis 10 % der Kinder gelingt dies jedoch nicht. Oft sind die Bezugspersonen (vornehmlich die Mütter) über das wenige oder späte Sprechen des Kindes beunruhigt. Sie erzählen im Freundes- und Bekanntenkreis von ihren Problemen. Manche nehmen die Sorgen ernst und raten den Müttern, sich professionelle Hilfe zu holen. Viele aber finden ihre Sorgen übertrieben. Die Aussage „Das kommt noch" wird im Familienkreis dann begleitet von Anekdoten über andere Kinder, über Großeltern oder Verwandte, die auch erst spät gesprochen haben. Die Mütter beruhigt das meistens nicht. Sie äußern gegenüber Freunden oder Verwandten nur die Bedenken über das gering ausgeprägte oder späte Sprechen ihres Kindes. Intuitiv merken sie aber, dass das Kind sich auch sonst anders verhält als erwartet – oder anders als die älteren Geschwister.[1]

Wenn das Kind sonst Sprache „versteht" und über altersgemäße Fähigkeiten verfügt, vertrösten auch einige Fachpersonen die Eltern. Manchmal liegt es daran, dass sprachlich auffällige Kinder motorisch zeitig große Fähigkeiten zeigen können: Einige lernen früh Fahrradfahren, Schwimmen oder sie klettern auf hohe Bäume. „Dein Kind ist motorisch so gut – es lernt Sprache eben erst später", ist aber eine Halbwahrheit. Für manche Kinder trifft es zu, die Intuition der Mutter ist allerdings meist aussagekräftiger. Unbewusst beobachtet sie das Kind ständig und nimmt Veränderungen wahr. Wie verhält es sich beim Spielen – allein oder mit anderen –, hält es Regeln ein, kann es schaukeln, kann es rückwärts gehen?

Zum Beispiel Ben:

Im Alter von 2 Jahren spricht Ben weniger, als seine beiden Schwestern in diesem Alter gesprochen haben. Der Kinderarzt vertröstet die beunruhigte Mutter. Ben spreche zwar nicht die „durchschnittlichen" 50 Wörter, ein Grund zur Sorge liege aber nicht vor. Er sei eben ein Junge, und häufig seien diese sprachlich langsamer. Ben fahre doch schon Fahrrad – und wer könne das schon in dem Alter?
Die Mutter bleibt immer noch beunruhigt, wartet aber zunächst ab. Das späte Sprechen sei normal in der Familie des Vaters, argumentiert auch die Schwiegermutter. Bens Vater habe auch erst mit 4 Jahren gesprochen – wie Bens Großvater – und nun sprechen alle beide so gut. Und Sprache zu verstehen, das gelinge Ben schon gut.
Als die nächste Vorsorgeuntersuchung

ansteht, zeigt sich der Arzt zwar weniger optimistisch. Doch erst auf das Drängen der Mutter hin verschreibt er Ben Sprachtherapie. Allerdings zunächst nur 10 Stunden – man könne dann weitersehen.
Radikal verändert sich das Verhalten des Arztes anderthalb Jahre später bei der nächsten Vorsorgeuntersuchung: Ben ist jetzt 4 ½ Jahre alt. Er solle umgehend in einen Sprachheilkindergarten. Die Mutter ist schockiert. Sie holt sich zusätzliche fachliche Beratung bei Ergotherapeuten, Sprachtherapeuten/Logopäden und Osteopathen.
Im Fall Ben hat sich die Initiative der Mutter gelohnt: Mithilfe eben jener *konkreten* sprach- und ergotherapeutischen Unterstützung und Osteopathie bleibt Ben im Regelkindergarten und wird mit 6 Jahren eingeschult.
Offen bleibt, wie Ben gesprochen hätte, wenn er keine oder andere Unterstützung erfahren hätte.

Entwicklung ist komplex – und der Spracherwerb ist ein Teil der gesamten Entwicklung. Beobachtungen zur sprachlichen Entwicklung müssen deshalb über die Sprache hinausgehen.

Ein verspäteter Sprachbeginn kann manchmal auf eine organische Ursache zurückgeführt werden. Häufig ist diese aber nicht erkennbar. In solchen Fällen werden Gründe oft im Elternhaus gesucht, das manchmal unberechtigterweise für bildungsfern oder sonstwie als unzulänglich erklärt wird. Dies trifft die frühzeitig besorgten Eltern, die alleine gelassen werden, besonders hart. Denn sie kommunizieren fast alle mit den Kindern wie andere Eltern auch.[2]

Dennoch kann es einen Unterschied in der Kommunikation geben: Die Eltern wenden sich dem Kind zu – aber wenn die Antwort ausbleibt, verändert sich auch die Kommunikation. Das Kind lächelt die Eltern nicht an, jenes Lächeln, das sagt „Ich höre dir zu" oder „Ich habe es geschafft", bleibt als Antwort aus. Die Imitation, erste Dialoge sind erschwert.

Die Eltern wenden sich dem Kind intensiver zu, aber es kostet erhöhte Kraft, diese Zuwendung aufrechtzuerhalten, wenn das Kind nicht wie erwartet mit dem Lächeln oder Blickkontakt reagiert. Und manchmal nimmt die Zuwendung dann ab: Beim Wickeln wird das Kind zwar versorgt, aber der sprachliche Input wird reduziert. Damit verringern sich auch die sprachlichen An-

reize. Der trianguläre Blickkontakt fehlt – und das Sprachlernen ist erschwert. Die Aussage „Abwarten, die Sprache kommt noch" stimmt nur manchmal. Mit 3 bis 4 Jahren beginnen fast alle Kinder zu sprechen – sofern keine organische Schädigung vorliegt. Diese sind aber schwer nachweisbar

Viele dieser Kinder zeigen im Alter von 4 bis 5 Jahren Sprachentwicklungsstörungen. Manche sprechen sehr undeutlich, ersetzen Sprachlaute (zum Beispiel [k] durch [t]), sodass ihre Sprache schwer verständlich ist. Auffällig kann auch die Grammatik sein.

Sprachprobleme können organische Ursachen haben.

Ein eingeschränkter Wortschatz kann zudem das Verstehen und das Mitteilen weiter erschweren. Selbst wenn diese Kinder zu Schulbeginn weitgehend unauffällig sprechen, sind die sprachlichen Probleme damit nicht unbedingt gelöst. Die Kinder werden häufig wieder auffällig, wenn es um den Schriftspracherwerb geht und insbesondere um das Verfassen von Texten.[3]

Eltern unterstützen Kinder bereits, wenn sie sie beobachten und sich bei Auffälligkeiten Fachleuten anvertrauen. Gegebenenfalls müssen manchmal weitere Fachleute hinzugezogen werden. In Kooperation mit guten Fachkräften werden Eltern Unterstützung erfahren.

Organische und soziale Gründe als Erklärungen für Sprachprobleme

Das Entstehen von Sprachstörungen kann mehrere Ursachen haben. Probleme vor, während oder nach der Geburt, die nicht immer beobachtbar sind, können Einfluss auf die Nervenzellen im Gehirn haben. Messbar sind sie kaum – trotz unserer modernen Technik.

Was wir beobachten und untersuchen können, sind einige organische Funktionen: Kann

das Kind gut hören? Häufig haben Kinder in den ersten Jahren Paukenergüsse, also Ansammlungen von Flüssigkeiten im Mittelohr. Dadurch wird das Hören erschwert. Manchmal fällt das Auftreten von Paukenergüssen einem Arzt erst bei der Behandlung von Mittelohrentzündungen auf. Viele Paukenergüsse bleiben jedoch unerkannt. Das ist auch kein Problem, allerdings kann eine *langanhaltende* Beeinträchtigung des Hörens das Sprachlernen verzögern.

Organische Beeinträchtigungen sind aber kaum direkt nachweisbar. Gründe für einen verzögerten Sprachbeginn lassen sich deshalb anhand von Beobachtungen erkennen.

Selten liegen *ausschließlich* Probleme im sozialen Bereich vor. Zwar kann ein überbesorgter oder überängstlicher Erziehungsstil genauso Einfluss haben wie verwahrloste Situationen, Gewalt oder wenig einfühlsame Erziehungsstile. Auch ein anregungsarmes Elternhaus kann erschwerend für sprachliches Lernen sein. Aber solche Einflüsse werden immer nur ein Teil von

Die folgende Tabelle enthält ungefähre Zeitangaben, die individuell noch variieren können.
Am wichtigsten ist es, dass das Kind die hier genannten Fortschritte macht.[4]

ungefährer Zeitpunkt	**Sprachentwicklung**	**Holen Sie sich Rat, wenn…**
von Geburt bis zum 6. Monat	Das Kind reagiert auf Geräusche, dreht den Kopf in Richtung Geräuschquelle, lacht öfter bei Blickkontakt und Zuwendung, gurrt, lallt, beginnt mit Kehllauten.	… das Kind nicht auf Geräusche reagiert. … es keinen Kontakt aufnimmt. … Laute ausbleiben.
6–14 Monate	Das Kind spielt mit Sprache, es verdoppelt Silben, erste Lallmonologe, erstes *Mama*, *Papa*.	… es keinen Kontakt mit Bezugspersonen aufnimmt. … die ersten Worte, die ersten Silbendialoge fehlen.
12–18 Monate	Das Kind reagiert auf seinen Namen, es befolgt Aufträge, es versteht einfache Geschichten, es äußert Einwortsätze und kann damit Fragen stellen (*Ham-ham?*) und bitten. Es beginnt, erste Laute zur Wortbildung einzusetzen ([p, m, b, n]) und gebraucht erste Vokale.	… das Kind nicht kommuniziert. … das Kind keine Aufträge, Bilderbücher oder Ähnliches versteht. … es keine Einwortsätze benutzt (*Ball*, *wau-wau*).
18–24 Monate	Das Kind gebraucht einfache Verben (*pielen = spielen*), Adjektive (*gutte gutte*) und Nomen (*Roller*). Es spricht weitere Konsonanten [m, n, b, p, v, f, t, d] und kann bereits die Vokale. Es benennt einfache Dinge.	… es sich sprachlich nicht weiterentwickelt. … die Laute nicht oder nur schwer zu verstehen sind. … nur die Bezugspersonen das Kind verstehen.
24–36 Monate	Das Kind gebraucht das Wort *ich*, der Wortschatz nimmt zu, die Laute werden nun weitgehend korrekt gebildet, die Mehrwortsätze nehmen zu. Das Kind versteht seinen Namen, es spricht längere Sätze.	… es Aufträge nicht versteht. … das *ich* ausbleibt. … es bei Einwortsätzen verharrt.
36–48 Monate	Das Kind nähert sich immer mehr der Erwachsensprache an. Es spricht fast alle Laute, kann auch komplizierte Sachverhalte verstehen und teilt sich mit. Es spricht erste Konsonantenverbindungen [bl, kn, kr, gr].	… es viele Laute systematisch auslässt oder durch andere ersetzt. … seine Sprache fast nur von Bezugspersonen verstanden werden kann.
ab 4 Jahren	Das Kind beherrscht alle Laute. Bis zur Einschulung werden viele Kinder auch S-Laut-Verbindungen sprechen können: *Spiel*, *Strahl*, *springen*, *Schlange*. Sein Wortschatz nimmt stark zu und es kann sich differenziert ausdrücken. Es benennt Farben und gebraucht Pronomen (*mir*, *dich*, *er*, *ihr*, *ihn*, *alle*, *jeder*, *jemand*), es bildet längere Sätze. Bei schwierigen Konstruktionen können die Nebensätze teilweise noch nicht korrekt sein (*Der Porsche war heiß, aus dem sie das Kettcar gemacht haben.* [statt *den sie aus dem Kettcar gemacht haben*]).	… die Aussprache oder Grammatik nicht ausreicht, um sich sprachlich zu verständigen. … wenn es bei der Einschulung noch lispelt. … es kein Interesse an Dingen zeigt, es nicht neugierig ist und seine sprachlichen Fähigkeiten nicht erweitern will.

mehreren Aspekten sein, die sich wechselseitig ungünstig beeinflussen.

Viele Kinder mit Sprachentwicklungsproblemen zeigen auf den zweiten Blick aber Auffälligkeiten in der motorischen Entwicklung, selbst wenn sie zum Beispiel „früh" Fahrrad fahren können. Manche sind eher unsicher und ängstlich, andere neigen zu „wildem" Verhalten und müssen erst lernen, ihren Körper spüren.

Die Motorik ist bekanntlich zentral für die Entwicklung. Mittels Bewegung erkunden die Kinder die Welt: Die Bewegung der Augen, der Lippen, des Stimmapparates, aber auch die Bewegungen von Armen und Beinen, des Körpers, zunächst im Liegen, später durch Robben, Krabbeln oder Gehen. Wenn die Bewegungen erschwert sind, werden sie weniger oder anders ausgeführt: Wer die Zunge zum Beispiel aufgrund organischer Probleme nur schwer bewegen kann, wird Auffälligkeiten in der Mundmotorik haben. Manche Kinder, die nicht krabbeln, die keine Überkreuzbewegungen vornehmen können, bauen unter Umständen Verknüpfungen der beiden Gehirnhälften langsamer auf – auch das kann Sprachlernen erschweren. Und wer die Körpermitte nicht überschreiten kann (zum Beispiel Arme verschränken), wird auch Schwierigkeiten beim Schreiben von Buchstaben mit Kreuzungen haben, wie zum Beispiel das „Schreibschrift"-l oder -e.

Spracherwerb setzt eine entwickelte Motorik voraus.

Unökonomische Körperhaltungen, wie eine Überstreckung des Kopfes, können das Sprechen beeinflussen. Wenn Sie Ihren Kopf in den Nacken legen, werden Sie merken, wie Ihre Zungenlage sich verändert. Sie erschwert das Sprechen, die Anstrengung ist größer. Im Liegen zu sprechen fällt Ihnen schwerer als im Stehen zu sprechen. Nach körperlichen Tätigkeiten, nach einem anstrengenden Arbeitstag oder bei einer Krankheit vergeht einem manchmal die Lust, viel zu sprechen. Die Konzentration lässt nach. Der Körper setzt die Energie dort ein, wo er sie benötigt – und das nicht unbedingt beim Sprechen.

Ähnlich geht es auch Kindern beim Sprachbeginn. Bereits kleine Andersartigkeiten in den Bewegungsmustern (wie die Einschränkungen in der Beweglichkeit der Zunge) können das Sprechen erschweren. Die Motorik wird vom Gehirn gesteuert, aber auch im Gehirn verändern sich die Repräsentationen durch neue Bewegungsmuster. Die Gründe des erschwerten Spracherwerbs können – selbst unter Ausschluss von Sinnesschädigungen – vielfältig sein: Probleme bei der Aufnahme und Verarbeitung von Reizen (akustisch, visuell), Probleme bei der Speicherung und beim Abrufen von Lautbildungen oder uneffektive kognitive Vernetzungen sind eng miteinander verbunden.[5]

Aber: Veränderte Hirnpotenziale, Probleme vor, während oder nach der Geburt, starke oder schwache Körperspannungen *müssen nicht* zu sprachlichen Auffälligkeiten führen – sie können aber durchaus Auslöser für eine erschwerte Sprachentwicklung sein. Und Kinder mit Sprachentwicklungsverzögerungen haben weitgehend eines gemeinsam: Bei ihnen ist auch im Alter von 2–3 Jahren kaum der trianguläre Blick beobachtbar. Es fehlt damit jenes Dreieck zwischen Kind, Gegenstand und Bezugsperson, mit dem sie zu fragen scheinen: „Was ist das?"[6]

Eltern unterstützen ihre Kinder, indem sie ihnen Zutrauen schenken. Ein wichtiger Schritt bei Auffälligkeiten wird sicherlich im Aufsuchen von Fachkräften bestehen, um organische Probleme abzuklären.

Spielverhalten bei Kindern mit Sprachauffälligkeiten

Interessante Untersuchungen zu unterschiedlichen Wahrnehmungsstrukturen machten bereits die Psychologen Kurt Lewin und Lew Wygotski.[7] Sie beobachteten die Mittel, mit denen Kinder zum Fortführen einer Handlung bewegt werden konnten, wenn bei der vorausgehenden Handlung eine Sättigung eingetreten war. So gab eine Schülerin einer Regelschule vor, ihre Hand tue vom Zeichnen weh. Als sie aber gebeten wurde, anderen Kindern zu zeigen, wie sie zeichnen sollten, war das Handproblem vergessen. Sie war aufgrund ihrer Kooperationsbereitschaft schnell bereit, die Handlung fortzuführen.

Schüler mit sogenannten Lernschwierigkeiten konnten so nicht motiviert werden. Gab man ihnen aber interessantes neues Material, schöne Stifte etc., dann waren sie zur Weiterarbeit vorübergehend bereit. Die Kooperation stand nicht im Vordergrund, sondern das Material. Anhand vieler Experimente solcher Art kam Wygotski zu folgendem Fazit:

> *Während bei Kindern mit Lernschwierigkeiten der Aufforderungscharakter zum Handeln vorwiegend im Material zu finden war, lag er bei den Regelschulkindern in der Fantasie, genauer: in einer vorgestellten Bedeutung der Handlung.*[8]

Die Untersuchungen decken sich auch mit den Beobachtungen bei Kindern mit Sprachentwicklungsstörungen: Ihnen fällt es schwer, sich Bedeutungen von Handlungen vorzustellen. Und das Spiel ist die Vorform der gedanklich vorgestellten Bedeutung. Die Untersuchungen erklären auch, warum Kinder mit Lernproblemen ständig neues Spielzeug wählen, wenig bei einer Sache bleiben können und andere Verhaltensstrategien entwickeln.

Hier von Aufmerksamkeitsdefizitsyndrom (ADS, ADHS) zu sprechen, wäre für die Kinder fatal. Statt Medikamente zu geben, müssten den Kindern Angebote gemacht werden, anhand derer sie lernen können, Kontakte zu anderen – und auch zu sich – aufzubauen und adäquat handeln zu können.

> Tim nimmt den Bleistift als Symbol für das Flugzeug und gibt Motorengeräusche von sich. Er kommentiert sein Handeln.
> Tim: Da fliedt es, bum, abtürten, weiter hoch und jet tommt dat, bum.
> Er wirft den Stift weg.

In der aktuellen Situation bekommt das Spiel eine Bedeutung: Der Stift ist das Flugzeug. Noch fällt es ihm schwer, das Symbolspiel in einen Handlungsrahmen einzubeziehen und das Spiel aufrecht zu erhalten. Nicht immer kann er das Resultat seines Handelns abschätzen. Dass Schubsen dazu führen kann, dass andere Kinder stürzen und sich letztendlich verletzen können, ist ihm im Moment des Schubsens nicht unbedingt bewusst. Kinder wie Tim wiederholen häufig Handlungen, andere wechseln von einem Gegenstand zum anderen und verweilen nicht lange bei ihnen. Jene Kinder fragen auffallend viel (*Was'n das? Warum? Und das?*). Häufig übersehen wir dabei kindliche Schwierigkeiten, statt das sprachliche Verhalten als Lernchance zu deuten. Kinder wie Tim beschäftigen sich ungern alleine, suchen Kontakt zu anderen – freundschaftliche Kontakte aber werden selten aufgebaut, wenngleich der Wunsch vorhanden ist. Denn manches, was dafür hilfreich ist, ist Tim erschwert: die Beteiligung an komplexen Gesprächen, das Verstehen von Zusammenhängen, das Herstellen von thematischen Beziehungen. Manchmal wird dieses Nicht-Verstehen überspielt. Kinder lenken dann die Aufmerksamkeit auf sich durch Ersatzhandlungen, wie Rückzugsverhalten oder „aggressives" Verhalten. Das Spiel wird dadurch unterbrochen. Die anderen Kinder bezeichnen Tim als Spielverderber. Und das, obwohl er nichts lieber täte, als in das Spiel integriert zu sein. Irgendwann kann es sein, dass Tim zu Unrecht als Kind mit sogenanntem „ADS" (Aufmerksamkeitsdefizitsyndrom) stigmatisiert wird.

Die Aussprache erwerben

Das Spielverhalten wird bei Vorsorgeuntersuchungen selten berücksichtigt. Auch bei den flächendeckenden Sprachuntersuchungen von 4- bis 5-Jährigen bleibt es häufig außer Betracht. Das, was beobachtet wird, ist das „hörbare" Verhalten wie zum Beispiel die Aussprache oder Grammatik.[9]

Alle Kinder ersetzen im frühen Spracherwerb Sprachlaute durch andere. Sie sagen zum Beispiel: *Mama, Tim Toto haben.* Und meinen: „Mama, Tim möchte Schokolade haben." Das [ʃ] und das [k] werden durch das [t] ersetzt. Beim ungestörten Spracherwerb verlieren sich diese Ersetzungen. Manche Kinder ersetzen mehrere Sprachlaute aber auffallend langanhaltend. In der Alltagssprache hält sich noch der Begriff *Stammeln*. Gemeint ist damit, dass Sprachlaute nicht korrekt gebildet werden. Ungenau ist der Begriff des Stammelns, da nicht unterschieden wird, ob das Kind die Laute artikulatorisch (phonetisch) bilden *kann* oder ob andere Probleme vorliegen (phonologisch).

In der Therapie ist dieser Unterschied wichtig. Kann ein Kind die Laute *bilden*, wendet es die korrekte Lautform in der Spontansprache aber nicht an, dann sagt es zum Beispiel *demacht* statt *gemacht* oder *Tuchen* statt *Kuchen*. Diese Ersetzung wird als Vorverlagerung bezeichnet. Ein Sprachlaut, der eigentlich hinten im Artikulationsraum gebildet wird, das [k], wird nun vorne gebildet – als [t] – und die Bedeutung des Wortes kann sich ändern (*Kanne – Tanne, Kasten – Tasten*). Bezugspersonen haben sich in die Sprache des Kindes „eingehört" und können das Gemeinte richtig deuten – manchmal nehmen sie solche Ersetzungen durch das Einhören aber auch nicht wahr.

Durch eine sprachliche Vereinfachung wie zum Beispiel die Vorverlagerung kann die Sprache mitunter sehr unverständlich sein. Wird aber nun die Vorverlagerung aufgegeben, dann können auf einmal viele Wörter richtig gesprochen werden. Aus *demacht* wird nun *gemacht*, aus *Darten* wird *Garten*, der *Tuchen* wird zum *Kuchen* und die *Totolade* zur *Schokolade*.

Interessant ist, dass Menschen, die lesen und schreiben können, nur in wenigen Ausnahmefällen Laute durch andere Laute ersetzen. Bei sogenannten Analphabeten sind die lautlichen Ersetzungen aber häufig noch beobachtbar. Der enge Zusammenhang zwischen Laut und Buchstabe macht die Aussprache bewusster. Kinder mit sprachlichen Auffälligkeiten (und sogar Kinder mit „geistiger Behinderung" wie Trisomie 21/ Down-Syndrom) profitieren durch einen frühzeitigen Schrifterwerb besonders, da er die (sprachliche) Wahrnehmung verändert und Kinder in ihrer Entwicklung beeindruckend fördert.[10]

Eltern unterstützen Kinder, wenn sie ihnen die Bedeutsamkeit von Sprachlauten aufzeigen. Im Alltag ist die präzise Sprache meist nicht wichtig. *Ich möchte die Dabel* wird verstanden. „Meinst du die *Gabel* oder die *Dabel*?", wäre eine Gegenfrage, bei der die Aufmerksamkeit auf die Sprache gelenkt wird. Wortpaare wie *Kanne* und *Tanne* zwingen quasi zur Präzisierung. Wenn Eltern Kinder unterstützen wollen, müssen sie aber sicher sein, dass das Kind den fokussierten Sprachlaut bilden kann – sonst entsteht Überforderung. Die Anbildung von Lauten, sofern sie stark verspätet ist, sollte von Logopäden/Sprachtherapeuten vorgenommen werden. Mundmotorische Übungen (Pusten mit Strohhalmen, Wattepusten) können die Mundmotorik fördern – aber ein Anbilden von Sprachlauten wird dadurch nicht ersetzt.

Grammatische Strukturen erwerben

Kinder lernen die komplexe Struktur der Grammatik der Erstsprache meist mühelos. Doch es gibt Kinder, die mehr Zeit für Grammatik benötigen.

Auslassungen	
Kind: *dei* Erwachsene: Du möchtest drei Kekse?	Zwei (oder mehr) Konsonanten werden (auf einen) reduziert: *drei* → *dei*
Kind: *löffe* Erwachsene: Ja, das ist ein Löffel.	Der finale Konsonant [l] wird ausgelassen.
Vor- und Rückverlagerung	
Kind: *tanne haben* Erwachsene: Du möchtest die Kanne haben?	Das [k] (hinten im Sprachraum gebildet) wird durch das [t] (vorne im Sprachraum gebildet) ersetzt oder andersherum: *Tanne* → *Kanne*
Kind: *Kim Kasse haben* Erwachsene: Ja, Tim hat eine Tasse.	
Lautangleichungen	
Kind: *lölle*	Das [f] wird an das initiale [l] angeglichen: *Löffel* → *Lölle*
Kind: *tatte* Erwachsene: Ja, eine Tasse ist das.	Der [s]-Laut wird an das initiale [t] angeglichen.

Sprachvereinfachung[11]

Spielangebote zur Förderung der Aussprache

Das Rollen- oder Freispiel bietet sich für Förderungen besonders an. Sprachlaute müssen bedeutsam werden. *Am Beispiel des Einkaufspiels:* In einem Regal stehen hinter dem Verkäufer eine Tanne (zum Beispiel eine Legotanne oder die Zeichnung einer Tanne) und eine Kanne – neben mehreren anderen Sachen. Wenn der Einkäufer (das Kind) die Kanne kaufen möchte, ist die korrekte Aussprache wichtig. „Ich möchte die Tanne!", wird es sagen. Der Verkäufer gibt die Tanne. „Nein, die da", wird das Kind erwidern und auf die Kanne zeigen. Auch hierauf muss der Verkäufer spielerisch eingehen, um das Kind zum Sprechen zu animieren. „Oh, wissen Sie, Herr Kunde, meine Augen sind alt und ich kann nicht mehr gut sehen. Sagen Sie es mir bitte nochmal, was Sie möchten?" Reale Gegenstände einzubeziehen, begrenzt aufgrund des Sprachangebotes die Spielhandlungen. Bei der Arbeit mit Fantasienamen sind dem Spiel aber keinen Grenzen gesetzt.

Am Beispiel des Zoospiels: Der Zoowärter ist verreist und der neue Pfleger muss die Tiere füttern. Zur Bezeichnung des Futters werden Fantasienamen gewählt. Der Löwe bekommt täglich 5 Koken (sie werden zum Beispiel durch Holzklötze symbolisiert) und der Affe 5 Toten. Wenn der Löwe mit Toten gefüttert wird, schläft er ein. „Was soll ich dir geben? Toten oder Koken?"

Am Beispiel des Zauberspiels: Ein Zaubertrick funktioniert nur bei dem richtigen Zauberspruch: Tatitu-Kakiku.

Am Beispiel des Kasperlspiels: Minimalpaare werden hier in Fantasienamen bedeutsam. Der Kaspar (oder eine andere Spielfigur) heißt Kata. Tata hingegen heißt der böse Räuber, der den Kaspar immer hauen will. „Kinder, soll ich Tata oder Kaka zu Hilfe holen?"

Neben Freispielsituationen bieten sich aber auch Regelspiele (zum Beispiel leicht zu bastelnde Brettspiele) an, in denen auf besonderen Feldern Karten gelesen werden müssen. So stehen auf den Karten zum Beispiel die Namen Tutu oder Kutu, der Erwachsenen darf beim Lesen natürlich helfen – denn Vorschulkindern gelingt dies alleine meist nicht. Sagt der Sprecher zum Beispiel „Kuku", so darf er 5 Felder vor, bei „Tutu" muss er 5 Felder zurück.[12]

> Marco (7 Jahre) erzählt eine Geschichte: Jagd, da den jetzt Jagd gehen, so wie bei dem Bild da.[13]

Bei Kindern wie Marco ist das Verstehen für den Zuhörer erschwert. Die Äußerungen können durch veränderte Verbstellungen auffallen, durch unvollständige Sätze, durch das Fehlen oder unkorrekte Anwenden von Funktionswörtern wie Artikeln oder Präpositionen. Auch wenn die Sprache nicht regelgeleitet erscheint, sind die grammatischen Strukturen keineswegs bizarr. Vielmehr sind sie nicht richtig ausbalanciert, die entsprechenden Regeln können die Kinder noch nicht anwenden.

Folgende Hauptschwierigkeiten können benannt werden:[14]

- Subjekt und Verb passen nicht zusammen, z.B. *Hund belle, du habt.*
- Artikel werden nicht korrekt gebraucht, z.B. *die Haus, der Auto.*
- Die 4 Fälle werden nicht berücksichtigt, z.B. *auf der Baum, ich sehe der Mann.*
- Pluralmarkierung, z.B. *die Apfeln, die Hunden, die Haaren.*
- Verbstellung im Satz, z.B. *Tim Hause laufen* oder *Damit ich kann nach Hause gehen.*
- Artikel, Funktionswörter oder Präpositionen werden ausgelassen, z.B. *ich fahre mit Fahrrad, Katze sitzt Baum.*

In der ungestörten Eltern-Kind-Interaktion (oder auch in der professionellen sprachlichen Förderung) werden zur sprachlichen Förderung sogenannte *Techniken des Modellierens* angewandt. Sie sind schon in der Interaktion von Baby und Bezugsperson deutlich erkennbar. Die Äußerung des Sprechers wird aufgegriffen und bestätigt, erweitert oder verändert. Entweder handelt es sich um eine bloße Korrektur oder um eine Korrektur mit einer Erweiterung.

Kim (4;8 Jahre): Auto taputt dedangen. – Erwachsener: Ja, das Auto ist kaputt gegangen.
Kim: Da, *eine* Hund. – Erwachsener: Ja, da ist *ein* Hund. Der Hund hat ein schönes Fell.

Durch die sprachliche Interaktion bleibt der Inhalt im Vordergrund, die sprachliche Form wird nicht direkt, sondern verdeckt korrigiert: So werden dem Kind Hilfen gegeben, ohne dass es spürbar korrigiert wird. Durch das wiederholte Anwenden geht auch über die Sprachmelodie dem Kind die Zielstruktur ein, und es übernimmt sie im besten Falle.

Mutter: Lina, sei jetzt endlich leise.
Lina (2;8 Jahre): Nein, ich sei nicht leise.
Mutter: Du bist nicht leise?
Lina: Nein.
Mutter: Aber ich bin auch leise.
Lina: Ja, ich bin nun auch leise.

Eltern unterstützen Kinder, wenn sie ihnen solche korrektiven Rückmeldungen geben. Sie verdeutlichen den Kindern die Zielstruktur, lenken dabei die Aufmerksamkeit aber niemals – und das ist das Bedeutsame – auf die *Sprachform*, sondern bleiben stets beim *Inhalt*. Die Kommunikation bleibt erhalten.

Lispeln

In fast jeder 1. Klasse sind lispelnde Kinder. Sie bilden einige S-Laute (oder *sch*) wie in *Sieger* oder *Schnee*, indem sie die Zunge zum Beispiel an die Zähne drücken oder sie zwischen die Zähne legen. Manchmal entweicht die Atemluft auch an den Zungenrändern. Dieses Lispeln hat in der deutschen Sprache keine Auswirkungen auf die Bedeutungen der Wörter, für das *Verstehen* ist es unerheblich, ob der S-Laut in *Haus* gelispelt wird. Spätestes zu Schuleintritt sollten die Kinder die Sprachlaute gemäß der zielsprachlichen Norm(alität) bilden können – andernfalls kann eine Unterstützung beim Logopäden/Sprachtherapeuten sinnvoll sein. Das Anpassen der S-Lautbildung ist ein schlichtes Training. Wer als Erwachsener noch lispelt, hat kaum Chancen, dies abzubauen. Da das Verstehen des Inhalts durch das Lispeln nicht betroffen ist, sprechen manche im Alltag von einem sprachlichen „Schönheitsfehler". Für andere kann diese Sprachbesonderheit aber berufliche Wege erschweren. Wie auch immer man sich entscheidet – wichtig ist, dass die Entscheidung für oder gegen eine Therapie bewusst und in Kenntnis eventueller Konsequenzen getroffen wird.

Eltern unterstützen Kinder, wenn sie Vorschulkinder oder Kinder im Einschulungsalter, die eine auffällige S-Lautbildung zeigen, bei der Sprachtherapie/Logopädie vorstellen. Schließt eine Förderung an, ist die Mitarbeit der Eltern gefragt. Ständiges Wiederholen und Erinnerungen sind wichtig, sie sollten jedoch nicht das Eltern-Kind-Verhältnis belasten. Gerade wenn es primär um das Üben geht, können spielerische Formen entlastend wirken.

Stottern

Bei vielen Kindern sind im Alter zwischen 2½ und 5 Jahren „Unflüssigkeiten“ des Sprechens zu beobachten. Kinder in diesem Alter entdecken Sprache und stolpern quasi über sie. Bei den meisten Kindern verlieren sich diese Sprechunflüssigkeiten wieder. Nur bei etwa 3 % bleiben sie bis ins Erwachsenenalter bestehen. Kennzeichen ist ein angespanntes Sprechen. Dabei werden entweder Laute wiederholt („P-p-p-papier“) oder Silben („Ka-ka-katze“) oder es werden Laute gedehnt („Komm::::::st du?“) oder es treten stumme Pausen im Sinne eines Stimm- oder Atemstopps auf („A----bend“).[15] Von Stottern spricht man aber erst dann, wenn die Störungen länger als 6 Monate andauern.

Bei entwicklungsbedingten Sprechunflüssigkeiten kann eine Therapie, die den Fokus auf die sprachliche Auffälligkeit legt, das Symptom verstärken. Deshalb kann Abwarten durchaus berechtigt sein. Warum einige Kinder Sprechunflüssigkeiten beibehalten, ist zurzeit noch ungeklärt. Man geht davon aus, dass mehrere Faktoren zur Aufrechterhaltung der sprachlichen Sprechunflüssigkeit beitragen. Manchen Untersuchungen zufolge ist die bedeutendste Ursache eine Vererbung – auch wenn keiner in der Familie dergleichen zeigt. Hier gibt es Zahlen von bis zu 80 %. Andere sehen Druckausübung als ein wesentliches Moment. Möglich ist, dass das Kind an sich selbst zu hohe Anforderungen stellt oder von außen Druck an das Kind herangetragen wird.[16] In keinem Fall darf es aber Schuldzuweisungen geben, denn das, was als Druck erlebt wird, ist subjektiv. Warum einige Kinder besser mit Druck umgehen können und es anderen weniger gelingt, warum sich einige Kinder Sprechunflüssigkeiten als Ventil suchen und andere Kinder andere Wege, das ist derzeit noch nicht geklärt. Körperspannungen und belastende Situationen vor, während oder nach der Geburt können dabei auch eine Rolle spielen.

In therapeutischen Situationen wird daher mit dem Abbau von Anspannungen und Druck gearbeitet – die Wege dazu sind unterschiedlich: von konventionellen Atemübungen bis hin zu unkonventionellen „In-Vivo Trainings“, in denen sich die Betroffenen extremen Alltagssituationen stellen sollen.[17] Schon in der Antike bediente man sich unkonventioneller Methoden: Der große griechische Redner Demosthenes soll sein Stottern in Reden durch das Sprechen mit Kieselsteinen im Mund überwunden haben.[18] Der Kinofilm *The King's Speech* thematisiert das Stottern und zeigt ebenfalls Wege zur Überwindung der Redeflussstörung auf. Sicher ist aber eins: Stottern ist nicht „heilbar“, das heißt, es kann jederzeit erneut auftreten. Es gibt allerdings Kinder und Erwachsene, die lernen, symptomfrei zu sprechen. Man hört nicht, dass sie jemals gestottert haben.

Eltern unterstützen Kinder, wenn sie Verständnis für die Situation und Schwierigkeiten entwickeln. Sie lernen (mit oder ohne professionelle Hilfe), dem Kind offene und direkte Unterstützung anzubieten, mit den Kindern über die Gefühle zu sprechen und die Ängste und Kräfte des Kindes zu verstehen. Das Stottern als Thema sollte dabei aber vermieden werden oder zumindest in den Hintergrund rücken. Es entstehen Situationen, die das Kind die Umwelt als „druckfreier“ erfahren lassen. Eine Umwelt, die die Sprache des Kindes akzeptiert und nicht hohe Erwartungshaltungen aufbaut, ist zentral. Eine professionelle Unterstützung wird das Handeln der Eltern begleiten. Auch Selbsthilfegruppen für Betroffene können eine Hilfe zum symptomfreien Sprechen sein.

Stimmstörungen

„Ich habe dich an der Stimme erkannt." Mittels Stimme geben wir nicht nur Worte wieder. Wir transportieren auch Emotionen, Gefühle, Charakterzüge. Ein schöner Stimmklang lässt uns einer Stimme gut zuhören, ein schriller oder gepresster Klang erschwert dies eher. Zwar ist die Stimme angeboren – wie wir sie aber pflegen und mit ihr umgehen, welche Stimmhöhe wir wählen, welche Sprachmelodie, das bestimmen wir zu einem bestimmten Grad selbst. Und dadurch haben wir in gewisser Weise auch Einfluss auf ihren Klang.

Die Lehrerin ist heute krank – heiser, ohne Stimme. Heiserkeit tritt bei Personen, die vor Gruppen viel sprechen, häufig auf. Stimmstörungen sind auch bei Erwachsenen noch verbreitet. Bei unökonomischem Stimmeinsatz können sich sogenannte Stimmbandknötchen oder Schreiknötchen an den Stimmbändern bilden. Sie gelten als typische Lehrerkrankheit. Der Kraftaufwand des Sprechers war lange Zeit zu hoch, und die Stimme bricht zusammen. Aber auch von Kindern nimmt man an, dass etwa 44 % der Grundschülerinnen und Grundschüler stimmgefährdet sein können. Inwieweit hier die Sitzmöbel, Haltungsmoden und die neuen Medien Anteil haben, weil Kinder krumm sitzen, die Atmung eher flach ist und überwiegend Brust- statt Bauchatmung beobachtbar ist, ist derzeit noch nicht untersucht.

Viele Lieder in Schule und Kindergarten werden zu tief angestimmt – die Stimme wird überanstrengt und es können für Erzieherinnen (und Kinder) Folgeschäden auftreten. Stimmliche Auffälligkeiten zu bagatellisieren, ist gefährlich – hieraus können später organische Probleme hervorgehen.[19]

Die Anzeichen für stimmliche Auffälligkeiten werden häufig mit einer infektionsbedingten Heiserkeit verwechselt. Wenn diese anhält, wenn sich die Stimme rau und brüchig anhört, das Sprechen anstrengt, dann können das Indizien für stimmliche Auffälligkeiten sein. Kaugummikauen ist zwar eine Art, die Stimmbänder zu entspannen und kurzfristig den Genesungsprozess zu unterstützen, ein Therapieersatz ist es jedoch nicht.

Eltern unterstützen Kinder, indem sie ruhige Atmosphären schaffen, sodass die Kinder nicht „schreien" müssen, um gehört zu werden. Die beste Unterstützung bei akuten Problemen ist jedoch das Aufsuchen von Logopäden/Sprachtherapie. Je länger Kinder einen unökonomischen Stimmeinsatz, eine unökonomische Atmung und Haltung benutzen, desto schwerer wird das Verändern der Haltungsmuster sein.

Autismus

Frederik (9. Klasse): Mir kommt langsam die Idee, dass ich vielleicht ein wenig weniger reden sollte, wenn es sich nämlich überhaupt nicht lohnt, jemand anderem etwas zu erzählen, was er vielleicht gar nicht hören kann oder verstehen kann.[20]

Frederik ist ein Junge mit autistischen Zügen. Er verfügt über andere angeborene Wahrnehmungs- und Informationsverarbeitungsstrukturen als andere Kinder und Jugendliche. Kinder und Erwachsene mit autistischen Zügen haben – aus Sicht der Mehrheit – Schwierigkeiten, mit anderen Menschen in Kommunikation zu treten. Sie sehen dem Kommunikationspartner kaum in die Augen, interpretieren Körpersprache, Gestik und Mimik anders und weisen häufig eine eintönige Prosodie auf. Häufig lernen die Kinder das Sprechen erst mit 5 Jahren. Die Annahme, dass sie „Sprachverweigerer" seien, deren Sprache es zu „wecken" gelte, ist lange überholt. Heute weiß man, dass autistische Menschen oft hochentwickelte intellektuelle oder besondere andere Fähigkeiten haben.

Kinder, die unter Autismus leben, weisen Ähnlichkeiten auf: Sie wiederholen stereotyp Handlungen, ordnen und kategorisieren überhäufig viele Dinge, und bei manchen sind auch selbstverletzende Verhaltensweisen zu beobachten. Dabei verfügen sie oft über herausragende Stärken bei der Wahrnehmung. Sie achten auf das Detail und bemerken Dinge, die andere Menschen übersehen, da sie Sinneseindrücke anders verarbeiten. Viele autistische Menschen suchen die Isolation, wollen nicht „integriert" (im Sinne eines aktiven Mitglieds einer Gruppe) werden.

Sozial gelten sie manchmal als schwierig – jedenfalls dann, wenn Menschen ohne dieses Syndrom ihr Verhalten nicht verstehen. Da sie sich wenig in andere Menschen hineinversetzen können (und wir uns kaum in sie), fällt es ihnen schwer, die Gefühle der anderen Menschen zu deuten. Die Spiegelneuronen übernehmen nicht die Funktion, die ihnen die Empathiefähigkeit ermöglicht.[21] Frederik: „Die anderen haben das Talent, eine Geheimsprache namens Mimik zu sprechen, ohne dabei zu sprechen, und genau das ist mein Problem."

Menschen unter Autismus gelten häufig als lernbehindert. Dabei gelingt es manchen autistischen Menschen, fünfstellige Zahlen innerhalb von Sekunden im Kopf zu multiplizieren oder ganze Bücher in kurzen Zeiträumen auswendig zu lernen. Der Film *Rain Man* zeigt die Problematik deutlich auf. Menschen mit geradezu übermenschlichen Behaltensfähigkeiten werden „Savants", die (Insel-)Wissenden, genannt.

Das untenstehende Bild von Rom wurde von dem 36-jährigen Stephen Wiltshire aus London gezeichnet, der als Autist bezeichnet wird. Nach einem 45-minütigen Rundflug über Rom produzierte er innerhalb von 3 Tagen ein 5 Meter breites Panoramabild des historischen Stadtkerns – ohne einen weiteren Blick auf die Stadt zu werfen. Selbst das Kolosseum zeichnete er in jedem Säulenbogen exakt. Er ist ein Genie auf seinem Gebiet. Er kann sprechen und ein wenig schreiben – und er kann sich sprachlich verständigen. Dennoch wird er ständig auf fremde Hilfe angewiesen sein – wie wir alle. Denn keiner kommt ohne diese aus, nur benötigt jeder andere Hilfen.

Eltern unterstützen Kinder, wenn sie offen sind für die Besonderheiten des Kindes und sich bei Problemen an Fachkräfte wenden. Kinder mit autistischen Zügen haben zwar von Geburt an andere Wahrnehmungsstrukturen, aber ihr Anderssein wird zunächst noch nicht als Autismus gedeutet. Die Eltern sind bemüht um ihr Kind, wollen es an ihren kommunikativen und sozialen Werten teilhaben lassen, sie bringen es damit aber unabsichtlich in eine schwierige Situation. Erst wenn Eltern die Diagnose Autismus erhalten haben, ändert sich häufig die Sicht auf das Kind. Sie lernen das kindliche Anderssein zu verstehen – und unterstützen damit das Kind enorm. Eltern, die vermuten, dass ein später Sprachbeginn im Zusammenhang mit Autismus stehen kann, sollten sich frühzeitig fachlichen Rat suchen – auch wenn der Freundeskreis sagt: „Das kommt schon noch …!"

Sprachliche Auffälligkeiten und Schriftspracherwerb

Erfahrungen mit Schrift machen Kinder schon lange vor der Schule. Sie sehen, wie andere Kinder und Erwachsene schreiben, erfreuen sich selbst an Stiften und Papier und sind stolz, wenn sie Schriftzüge wie den von McDonald's oder OBI erkennen.[22] Diese Erfahrungen gelten für (fast) alle Kinder – auch für Kinder mit sprachlichen Auffälligkeiten, für gehörlose Kinder und für Kinder mit sogenannten geistigen Behinderungen. Schrift spiegelt keine gesprochene Sprache wider, und wer „gut" sprechen kann, kann noch lange nicht gut schreiben. Dies ist verständlich, denn Schrift ist eben nicht Lautschrift. Schrift ist, wie die gesprochene Sprache auch, ein Repräsentationssystem – mittels Sprache können Wörter, Gedanken, Wünsche und vieles mehr geäußert

oben: Der Petersdom in Rom – perfekt nachgezeichnet vom autistischen Stephen Wiltshire
unten: Autistische Kinder ordnen gern ihr Spielzeug.

werden. Auch die Gebärdensprache erfüllt diese Anforderungen, und Kinder, denen die Lautsprache nicht zur Verfügung steht, bedienen sich wie selbstverständlich anderer Sprachformen.
Schrift verändert das Denken – und es verändert die Aussprache. Manchmal, wenn wir nicht wissen, wie ein Wort ausgesprochen wird, denken wir an die Schreibung: Heißt es *Reperatur* oder *Reparatur*? Wer *Reparatur* schreiben kann, findet die Lösung. Und oft sind literalisierte Menschen verleitet, die gesprochene Sprache aus der Schrift abzuleiten, indem sie beim *König* das *-ig* nicht als *-ich* [iç], sondern als *-ig* [ik] aussprechen – entgegen der Aussprachenorm. Und mancher, der überdeutlich sprechen will, betont am Ende des Wortes *Blätter* das *-er*, teilweise wird dann sogar ein doppeltes *t* gesprochen.

Ähnlich, wie Lesen und Schreiben sich gegenseitig befördern,[23] befördern sich auch Lesen und eine „richtige" Sprache: Kinder erkunden die Laut-Buchstaben-Zuordnung bewusst, lesen Buchstaben und sprechen sie aus. Haben Sie Kinder mit Aussprachestörungen beobachtet, die ein Alphabet aufsagen? A, B, C, D, E, F, G, H, I, J, K, L… – nur wenige werden hier auf alte Muster zurückfallen und den Buchstaben G als [d] aussprechen – vorausgesetzt, wie gesagt, sie können die Sprachlaute alle bilden. So verhält es sich auch beim Lesen. Wenn Kinder Wörter oder Silben erlesen, lenken sie die Aufmerksamkeit bewusst auf Sprache. Das ist auch der Grund, warum wir in Klasse 2 kaum noch Kinder mit Aussprachestörungen begegnen. Bereits 2-jährigen Kindern kann man Schrift anbieten – natürlich spielerisch oder in anderen interaktiven Situationen. Das oben beschriebene Spiel mit Fantasienamen zur Veränderung der Aussprache kann durch Schrift unterstützt werden. Der Name des Tierfutters wird auf die Tüte geschrieben und das Kind zeigt und liest im Spiel, was der Löwe und was der Affe fressen.

Wichtiges in Kürze

- Die frühkindliche Entwicklung ist zentral für weiteres Lernen. Auffälligkeiten in der kindlichen Entwicklung sind deshalb ernst zu nehmen. Häufig haben Eltern ein gutes Gespür für erschwerte Entwicklung.
- Die Gründe für Sprachentwicklungsstörungen können vielfältig sein. Nachweisbar sind organische Ursachen selten – trotz des technischen Fortschritts.
- Es gibt kaum eine Ursache, die alleine verantwortlich für Sprachentwicklungsstörungen ist. Sicher ist aber, dass das Elternhaus *selten ausschließlich* negative Einflüsse auf den Spracherwerb hat.
- Der Spracherwerb steht in engem Zusammenhang mit der geistigen Entwicklung. Hinweise auf ein eingeschränktes Spielverhalten können daher zum Beispiel wichtige Hinweise auf einen auffälligen Spracherwerb sein.
- Eltern sind keine Therapeuten. Dennoch können sie eng mit ihnen zusammenarbeiten.
- Der Inhalt einer Interaktion (etwa das Spiel) steht immer vor der Form, das heißt, Korrekturen sprachlicher Fehler sollten die Interaktion nicht unterbrechen.
- Aufforderungen zum Nachsprechen sind häufig nicht hilfreich – sie können bei dem Kind ein Störungsbewusstsein aufbauen, aus dem Folgeprobleme resultieren.
- Durch den Schrifterwerb machen die Kinder neue Erfahrungen. Ein frühes Erlernen von Schrift kann deshalb für alle Kinder bedeutsam sein.

Schrift hat hierbei primär die Funktion des visuellen Erkennens und der Bewusstwerdung, nicht die Hauptfunktion des Lesenlernens. Aber auch das ist ein guter Nebeneffekt.
Grammatische Verhältnisse werden sichtbar. Strukturen werden bewusst. Schrift wird visuell erfahrbar gemacht. Und auch Begriffe können anhand der Schrift Gruppen zugeordnet werden. *Leerer* oder *Lehrer* – der Begriff dazu kann durch Lesen erschlossen werden – nicht durch das Hören; zumindest dann nicht, wenn der Kontext fehlt.

Im Bereich der Arbeit mit gehörlosen Menschen oder bei Menschen mit Trisomie 21 (Downsyndrom)[24] sind die Vorurteile, dass solche Menschen nicht lesen und schreiben könnten, längst überholt. Im Gegenteil: Seit einigen Jahren setzt hier die schriftsprachliche Förderung besonders früh an. Der Behindertenpädagoge Klaus B. Günther[25] zeigt an vielfältigen Beispielen, wie Menschen „ohne Sprache" sehr frühe Schreiber sein können – und wie durch die Schriftsprache bei Menschen mit Hörbeeinträchtigungen die Lautsprache bewusster wird. Schon vor vielen Jahrzehnten hat die italienische Ärztin und Reformpädagogin Maria Montessori[26] gezeigt, dass 3-jährige Kinder in einer günstigen Phase für den Schrifterwerb sind. Und Kinder mit sprachlichen Auffälligkeiten sollten von dieser Chance des frühen Zugangs zur Schrift besonders profitieren.

Kapitel 9

Kinder am Schulanfang

Was sie können und wie sie lernen

Kinder haben schon vor der Schule Kompetenzen in vielen Bereichen der Lebenswelt und des allgemeinen Weltwissens, des Sprachkönnens und Sprachwissens. Vom „Weltwissen der Siebenjährigen" handelt ein interessantes Buch der Kindheitforscherin und Kulturwissenschaftlerin Donata Elschenbroich aus dem Jahre 2001.[1] Sie stellt mehrfach die Frage, was ein Kind in seinen ersten 7 Lebensjahren erfahren haben, können, wissen sollte, welcher Raum ihm zugestanden wird und so weiter. Die erste so entstandene Soll-Liste hat Elschenbroich um 1996 ermittelt durch Befragung von Menschen jedes Alters, aller Schichten und Bildungshintergründe. Sie zählt Erfahrungen auf, die Kinder nach Meinung der Befragten gemacht haben sollten, zum Beispiel „Drei Gestalten oder Phänomene in Pantomime darstellen können und Formen der Begrüßung in zwei Kulturen. Ein Gebet kennen. Reimen können in zwei Sprachen. Durch ein Teleskop geschaut haben, zwei Sternbilder erkennen." (S. 20–26). Nach 150 weiteren Befragungen entsteht 1999 eine Soll-Liste folgender Art (S. 30–35):

- *die eigene Anwesenheit als einen positiven Beitrag erlebt haben*
- *gewinnen wollen und verlieren können*
- *die Erfahrung machen können, dass Wasser den Körper trägt*
- *in anderen Familien übernachten*
- *elementare Krankenpflege*
- *ein Buch von Deckel zu Deckel kennen*
- *eine Botschaft geschrieben haben*
- *Flüche, Schimpfwörter kennen (in zwei Sprachen)*
- *eine Ahnung von Stilebenen, Sprachkonventionen haben*
- *in einem Streit vermittelt haben*
- *die eigene Singstimme finden*
- *über Regeln verhandelt haben – „Ausnahme"*
- *Erfahrungen mit einem Experiment und mit Üben*
- *die Farbe der eigenen Augen kennen, ein Selbstporträt gemalt haben*

Viele wichtige Erfahrungen: Welche haben alle Kinder, welche haben nur manche Kinder, welche sollten alle Kinder haben?[2]

Literacy am Schulanfang

Zum Weltwissen der 7-Jährigen gehört natürlich auch der Umgang mit Schrift: „Ein Buch von Deckel zu Deckel kennen", wie Donata Elschenbroich das nennt, bedeutet, dass ein Erwachsener oder ein älteres Kind dem Vorschulkind ein ganzes Buch vorgelesen, mit ihm die Bilder betrachtet und vielleicht auch darüber gesprochen hat. „Eine Botschaft geschrieben haben" bedeutet, dass das Vorschulkind verstanden hat, dass es, was es sagen will, mit Zeichen auf dem Papier oder auf Stein vermitteln kann, als Zeichnung, mit Zeichen wie Pfeilen und Kreisen, vielleicht auch mit wenigen Buchstaben. Auch für diese Erfahrung braucht das Kind vermutlich ein Gegen-

über, nämlich die Beobachtung, dass Erwachsene oder Kinder etwas aufschreiben, was zu lesen für einen anderen oder auch einen selbst wichtig ist. Dazu gehört zum Beispiel der Einkaufszettel, die Unterschrift auf dem Bon an der Kasse; dazu gehören Postkarten oder Einladungen zu Festen, die die Familie erhält und verschickt. Dazu gehören der Wunschzettel und der Gruß, den die Mutter dem Kind in seine Brotdose gelegt hat. Dazu gehören Hinkelspiele auf der Straße wie das uralte Spiel „Himmel und Hölle“. Dazu gehören „Straßenbilder“.

Solche Erfahrungen können vom Säuglingsalter an angebahnt und in Familie und Kindergarten erweitert und vertieft werden, ohne dass man dafür eigens hergestellte Materialien brauchte.

Ein Buch kennen bedeutet auch, sich in eine andere als die augenblickliche Situation versetzen zu können, die dargestellte Handlungsabfolge zu verstehen (wenn es um eine Geschichte geht), sich mit den Figuren zu identifizieren, Freude und Furcht bei einzelnen Situationen zu empfinden. Und es bedeutet, eine andere Sprache als die Alltagssprache kennenzulernen; nicht nur, was den Wortschatz, sondern auch was den Satzbau betrifft. Insofern stellen Bücher ein großes Anregungspotenzial für die Sprachbildung im Vorschulalter dar, insbesondere natürlich, wenn die Erfahrungen durch Wiederholung (zum Beispiel auch durch Hörmedien) und durch Gespräche vertieft werden. Wenn es um Sachbücher geht, die gemeinsam betrachtet oder zum Nachschlagen genutzt werden, können sich Vorschulkinder erste Fachbegriffe aneignen und bereits Zugänge zur Sachsprache finden, die im Schulunterricht eine so wichtige Rolle spielt.

Auf jeden Fall bedeutet „ein Buch kennen“ viel mehr als Fragen dazu beantworten können. In der Schule aber beschränkt sich Unterricht manchmal auf das Beantworten von Fragen zu Büchern (wer?, wann?, wo?) und auch manche Internetprogramme sind bloß auf das Abfragen ausgerichtet – sie lassen wenig Spielraum für individuelle Interpretationen von Text und Bild.

Eine Botschaft schreiben bedeutet auch, dass das Kind, was es meint, auf dem Papier „vergegenständlicht“,[3] wie man sagt. Was zum Beispiel auf dem Wunschzettel steht (ob als Zeichnung oder als geschriebenes Wort), kann man an andere Orte tragen, es immer wieder ansehen und „lesen“. Die gesprochenen Worte dagegen sind flüchtig.

Samuel und Laura erproben am Schulanfang auf einem großen „Leeren Blatt", was sie schon schreiben können,[4] das eine Kind schreibt und malt mit Rot, das andere schreibt mit Blau.

Man sieht, was die beiden Kinder schon wissen von Schrift. Sie kennen ein paar Wörter auswendig, *Mama*, *Papa* und den eigenen Namen, sie kennen Schilder, können einige Buchstaben aufschreiben und sie tauschen sich darüber aus – das erkennt man daran, dass beide *MAMA* und *PAPA* notieren. Für den Schulanfang sind das gute Voraussetzungen, weil die Kinder auf das Phänomen Schrift bereits aufmerksam geworden sind.

Schrift bildet das, was man spricht, nicht ab; ein langes Wort kann etwas Kleines meinen. Schrift folgt einem eigenen System der Zuordnung von Lauten und Buchstaben und berücksichtigt auch die Wortbedeutung – entgegen der Lautung: *Haus – Häuser*; *Fahrrad – Fahrräder – fahren*.

Da können Kinder, die häufig mit Schrift umgehen, schon im Vorschulalter viele Entdeckungen machen. Zum Beispiel, weil ihre Zeichnungen im Kindergarten mit ihrem Namen gekennzeichnet werden, weil sie in ihrer Umgebung Schilder „sammeln", auf dem Nachhauseweg oder beim Autofahren. Dafür zwei Beispiele aus dem letzten Jahr vor Schulbeginn:

Hanna sitzt mit Lena am Tisch, beide malen. Plötzlich sagt Hanna: „Ich kann *Oma* schreiben." Lena sagt: „Ich kann auch *Oma* schreiben." Hanna schreibt in großen Buchstaben *OMA* auf ihr Blatt, prüft alles noch einmal und schaut dann zu ihrer Nachbarin Lena. Sie sieht auf Lenas Blatt das gleiche Wort und fragt: „Wieso weißt du, wie meine Oma geschrieben wird?" Lena sagt: „Ich habe *Oma* geschrieben. So wird *Oma* geschrieben." Hanna denkt nach. Sie wird sogar ein bisschen ärgerlich und sagt zu Lena: „Aber meine Oma sieht doch ganz anders aus als deine Oma."[5]

Hanna erkennt also in dieser Situation, dass es zwischen dem geschriebenen Wort und der gemeinten Person keine „Ähnlichkeit" gibt.

Eine wichtige Erkenntnis für das Schreiben – zum Beispiel für die Frage nach dem Wortanfang: „Womit fängt *Hund* an?" Manche Kinder denken bei einer solchen Frage vielleicht an die Schnauze. Wenn sie aber das Wort geschrieben sehen und eine Erfahrung wie Hanna gemacht haben, verstehen sie leichter, was gemeint ist.

Gelegenheiten, über Schrift und Schreiben Erkenntnisse zu sammeln, gibt es auch beim Sammeln und Abschreiben von Wörtern:

Die Vorschulkinder haben Waffeln gebacken. Ein großes Rezept hängt noch in der Klasse. Bernd ist dabei, auf ein großes leeres Blatt Wörter zu schreiben, die er in der Klasse findet. Auf seinem Blatt steht *Margarine*. Als die Pädagogin bei ihm steht, sagt er: „Da steht *Milch*."
Die Pädagogin fragt noch mal nach und sagt dann: „Nein, da steht nicht *Milch*. Das ist zu lang für *Milch*. Guck mal, da steht ein ganz langes Wort und *Milch* ist nur so kurz. Und da steht *Mar-ga-ri-ne*."
Bernd fragt: „*Margarine*?" Die Pädagogin bestätigt, Bernd wiederholt das Wort, das er geschrieben hat, noch einmal.[6]

Milch
Margarine

Milch und *Margarine* haben denselben Anfangsbuchstaben. Vermutlich hat Bernd sich daran orientiert. Aber sie sind unterschiedlich lang; die Pädagogin macht das für Bernd deutlich, indem sie silbisch spricht: *Mar-ga-ri-ne*.

Die beiden Beispiele lassen uns Erwachsene erahnen, wie viele Erkenntnisse über Schrift notwendig sind, damit Kinder sich unsere Buchstabenschrift aneignen können. Einsichten aber sind besonders wirkungsvoll, wenn sie – wie hier – selbst im Tun erworben sind.

Was die Pädagogin erklärt, gehört zu dem weiten Feld der „phonologischen Bewusstheit". Dazu gehört zum Beispiel die Fähigkeit,

- Wörter im Hinblick auf ihre Länge zu vergleichen und von dem Gemeinten abzusehen;
- Wörter silbisch zu sprechen;
- Wörter im Hinblick auf ihren Anfang zu vergleichen: „Was fängt genauso an wie …";
- Reimwörter zu finden;
- einzelne Laute beim Sprechen zu verändern: „Drei Chinesen mit dem Kontrabass".

Solche Fähigkeiten spielen eine Rolle beim Singen, beim rhythmischen Sprechen von Versen und Reimen und bei Sprachspielen, die sich die Kinder selber ausdenken – gute Lernformen für die Kindergartenzeit. In den letzten Jahren haben Forschungen gezeigt, dass die phonologische Bewusstheit zugleich Voraussetzung und Folge des Schrifterwerbs ist. Wenn phonologische Bewusstheit geübt werden soll, ist wichtig, dass die Kinder verstehen, was gemeint ist. Deshalb sollten die Materialien neben dem Bild auch die Schreibung bringen. Dann können Kinder den Wortanfang oder die Wortlänge auch sehen, sind nicht aufs Hören angewiesen – gerade auch die Kinder, die noch nicht lesen können.

Straßenbilder gehören zu den ersten Zeichen, die Kinder gestalten.

Ein großes Problem dabei ist, dass die Kinder, die damit Schwierigkeiten haben, eigentlich zuallererst solche Erfahrungen brauchen, wie sie die beiden Beispiele zeigen, ehe die Kinder etwas üben können. Bernd hat das geschriebene Wort vor sich und kann sich beim silbischen Sprechen daran orientieren und eben auch bei der Aussage zur Wortlänge (die Pädagogin hätte ihm vielleicht zum Vergleich noch das Wort *Milch* auf dem großen Rezept zeigen können).

Die phonologische Bewusstheit wird wesentlich erleichtert, wenn sich die Kinder am Geschriebenen orientieren – auch wenn sie noch nicht lesen können. Insofern ist sie eng mit Literacy-Erfahrungen und mit dem Schrifterwerb verbunden und sollte damit verknüpft werden. Sonst kann es sein, dass manche Schüler viele Misserfolge erfahren, weil sie nicht verstehen, was von ihnen verlangt wird. Und wir wissen, dass sich in diesem Alter das Selbstbild erheblich entwickelt und gerade sehr verletzlich ist.

Es gibt noch einen zweiten Grund, im Vorschulalter umsichtig und zurückhaltend mit Trainingsaufgaben zur phonologischen Bewusstheit zu sein:

Der Psychologe Markus Hasselhorn hat herausgefunden, dass das „phonologische Arbeitsgedächtnis“, das Voraussetzung ist für ein effektives Üben dieser Fähigkeiten, vor dem 7. Lebensjahr „noch nicht automatisiert“ arbeitet; und er hat festgestellt, dass Kinder zwischen 4 und 6 Jahren eher unbeabsichtigt beiläufig – im Umgang mit Schrift, beim Singen und Klatschen – phonologische Fähigkeiten lernen.[7] Im unbeabsichtigt beiläufigen, also impliziten Lernen aber haben Kinder in diesem Alter ein großes Potenzial. Das sollten Familie und Kindergarten berücksichtigen.

Solange Kinder noch nicht selbst schreiben können, können wir ihnen Gelegenheit geben, uns ihre Schreibidee zu diktieren und auf diese Weise Literacy zu erproben. Dann können sie, obwohl sie ihre Idee ja mündlich formulieren, merken, dass die Sprache beim Schreiben anders ist als beim Sprechen: Man muss ja, was aufs Papier kommt, ohne weitere Erläuterung

Vor den Augen des Kindes entsteht sein Text.

verstehen können. Indem die Kinder sehen, wie die Erwachsenen langsam Großbuchstabe für Großbuchstabe schreiben und dabei mitsprechen, ändern sie häufig ihre Formulierung; auch dazu ein Beispiel (aus der Studie der Erziehungswissenschaftlerin Daniela Merklinger):

Martin hat das Bilderbuch *Die Geschichte vom Löwen, der nicht schreiben konnte* gehört; die Pädagogin sagt zu ihm: „Auf diesem Blatt kannst du aufschreiben, was dir wichtig ist. Ich schreibe es für dich."
Auf dem Blatt ist die Kopie einer Illustration aus dem Buch zu sehen.[8]
Martin diktiert zuerst: *„Mit dem Nilpferd."*
Auf die Frage der Pädagogin, ob sie das aufschreiben soll, überlegt er lange und diktiert dann: *„Das Nilpferd sieht die Frau lesen."*

In solcher Formulierung kann Martin seine Schreibidee auch in der Schule aufs Papier bringen – mündliche Alltagssprache allein reicht hier nicht aus.

Die Diktiersituation eröffnet auch für die phonologische Bewusstheit gute Lernmöglichkeiten, beiläufig, also in einer Form, die dem Lernpotenzial der Kinder am Schulanfang besonders gut zugänglich ist. Die Kinder sehen, wie die Erwachsene ihren Text schreibt und dabei langsam mitspricht, und sie verändern dabei ihre eigene Sprechweise, das heißt, sie sprechen gedehnt, Wort für Wort oder sogar silbisch, tun also das von sich aus, was ihnen bei den Trainingsmaterialien oft schwerfällt: *Ich ma:g di:ch so: ge:r-ne*; *Mistkäfer-par-füm*; *konnte nicht schrei-ben*. Alle 33 Kinder der Studie von Daniela Merklinger werden beim Diktieren auf diesen Aspekt von Sprache, den „Formaspekt", aufmerksam und nutzen ihn.[9]

Insofern ist das Diktieren nicht nur eine wesentliche Form von Literacy, sondern trägt dazu bei, beide Probleme der Aneignung phonologischer Bewusstheit zu bewältigen:

- Die Kinder orientieren sich beim Sprechen ganz unmittelbar an Schrift, am Schreibvorgang der Erwachsenen.
- Sie lernen implizit beiläufig. Es bleibt ihnen überlassen, welches Lernpotenzial der Situation sie nutzen; es gibt keine bestimmte Lösung, die es zu erreichen gilt; es gibt nicht richtig und falsch. Insofern können alle Kinder ihre Tätigkeit als Erfolg erleben!

Zum „Weltwissen der Siebenjährigen" gehören Erfahrungen im Umgang mit Schrift, mit Buch und Stift, dazu gehört auch spezifisches Sprachwissen und -können.

Sprachwissen und Sprachkönnen am Schulbeginn

In diesem Abschnitt geht es um das Sprachkönnen und Sprachwissen der 5-, 6- und 7-Jährigen am Schulanfang.[10] Ihren Sprachstand zu beschreiben fällt nicht leicht, da es – je nach Anregungen der Umgebung und nach Individualität des Kindes – Kinder mit sehr entfalteten Sprachfähigkeiten gibt und Kinder mit weniger entfalteten.

Was können Kinder am Ende der Kindergartenzeit? Das wird gewöhnlich in verschiedenen Bereichen formuliert, die mit dem (nicht sehr genauen) Merkmal „altersgemäß" versehen sind:

- Kinder können sich über Alltägliches in fließendem Alltagsdeutsch verständigen, sie können Aufforderungen und Fragen und Verbote verstehen, sie können alltäglichen Beschreibungen und Erzählungen folgen, sie selbst können entsprechende Äußerungen machen – *altersgemäß*. Dazu müssen sie sich in andere hineinversetzen, die Perspektive des anderen einnehmen – Fähigkeiten, die sie auch zum Schreibenlernen brauchen.
- Kinder können im Dialog verstehend hören und sprechen, entweder im Zweierdialog Kind-Kind oder Kind-Erwachsener, im Dreierdialog oder auch schon in größeren Gruppen – *altersgemäß*. Sie verstehen, dass Sprechen mit Handeln zu tun hat, dass manches verbindlich ist und anderes „nur" informativ. Sie schätzen ihre Sprechpartner und deren Sprachverhalten ein und verstehen oft auch, was indirekt ausgedrückt wird und anders gemeint ist (*Ich komme sofort. – Die Schublade bleibt zu und du gehst mit!*).
- Kinder können sich Abfolgen und kleine literarische Formen merken, zum Beispiel Sprüche aus Märchen, Verse, Abzählreime, Unsinnstexte, Gedichte, Lieder, Zungenbrecher, aber auch von anderen Gesagtes, also vieles von dem, was mit „Literacy" gemeint ist. Sie können das in passenden Situationen reproduzieren.
- Kinder können Texte aus Kinderbüchern und anderen altersgemäßen Kindermedien verstehen und den Inhalt (partiell) wiedergeben.
- Der Wortschatz der Kinder in der Muttersprache/Erstsprache beträgt nach den meisten Zählungen zwischen 3.000 und 5.000 Wörtern für den produktiven Gebrauch (Mitteilungswortschatz); sie verstehen etwa 10.000–15.000 Wörter. Kinder mit geringerem Wortschatz haben in der Schule mehr Probleme, Texte zu verstehen. Aus einfachen Wörtern können Kinder weitere Wörter bilden: *Punkt – pünktlich – Spielpunkt*.
- Die Aufmerksamkeit der Kinder richtet sich vornehmlich auf die Bedeutung der Wörter und auf deren Lautung. Die Kinder können entscheiden, welches Wort lautlich oder von seiner Bedeutung her in einen bekannten Textkontext oder in eine Wortreihe passt und welches nicht, teils können sie auch die Bedeutung eines Wortes durch Umschreibung ausdrücken. Sie können Gleichheit und Verschiedenheit der Lautung erkennen, vor allem an Reimwörtern (*Sahne – Fahne – Banane*) oder an den Vokalen („In welchen Wörtern kommt ein A vor? *Abend*, *Ball*, *Puppe*, *lieb*, *brav*, *Affe*, *Ente* ..."). Manche Kinder können schon bei Schulbeginn weitere Lautunterschiede im Wort oder am Wortende erkennen (*Brötchen – Brettchen*; *rennen – retten*; *Halle – Haare*; *viel – vier*; *Ball – Bahn*), andere lernen dies beim Schrifterwerb.
- Die Kinder können Hauptsätze bilden und einige Nebensätze; sie können fragen, beschreiben und Möglichkeitsformen benutzen. Sie verstehen im Kontext die Fälle, vor allem den 1. und 4. Fall (Nominativ und Akkusativ).
- Die Kinder interessieren sich für Geschichten und hören beim Erzählen und Vorlesen zu. Sie sprechen über diese Geschichten, manche

können sie ganz oder in Teilen nacherzählen. Sie bilden ein Bewusstsein für die stilistische Verschiedenheit der Texte aus.

> Klara sagt, sie wolle der Großmutter ein Märchen erzählen, das sie aus dem Kindergarten kenne. Es folgt eine lange Pause. Die Großmutter fragt: „Hast du es dir anders überlegt?" Klara antwortet: „Ich muss erst gut überlegen, damit es sich schön anhört." Wieder Pause. Dann erzählt sie das Märchen im Märchenstil.

- Die meisten Kinder erkennen die Schrift ihres Vornamens, manche können ihn schreiben und erkennen seine Buchstaben anderswo wieder. Viele kennen einige Buchstaben und Ziffern. Insgesamt haben die Kinder ein breites Symbolverständnis entwickelt (an Schildern, Logos, Emblemen und teils an Akronymen wie BMW).

Was hier positiv beschrieben wurde, trifft nicht für alle Kinder zu; manche haben es schwer. Sie haben keinen Erwachsenen, der sich liebevoll mit ihnen beschäftigt und mit ihnen gemeinsam die Welt entdeckt, der ihnen vorliest und viel mit ihnen bespricht. Nicht in allen Elternhäusern gibt es Bücher, werden Stift und Papier gebraucht. Und manche Kinder befinden sich im Zweitspracherwerb und verfügen noch nicht über eine entwickelte deutsche Sprache, die ihnen das Verstehen von Geschichten und das Verstehen der Sprache in der Schule leicht machte. Die Schrift in Umgebung und Schule orientiert sich nicht an der Sprache, die sie daheim sprechen. Sie erscheint ihnen fremd. Gerade diese Kinder brauchen Gelegenheiten zum Umgang mit Schrift, wie sie in diesem Buch beschrieben werden.

Schulanfang als Übergang

Der Übergang vom Kindergarten zur Grundschule ist für die Kinder ein großer Einschnitt.

Logos und Embleme gehören zu den ersten Symbolen, die Kinder erkennen.

Manchmal wird er vorbereitet durch Besuche in der Schule oder Teilnahme an einer schulischen Darbietung. Schon der Klassenraum unterscheidet sich vom Vertrauten: Tische in Reihen oder Gruppentische, Tafel und Lehrertisch – daneben Arbeits- und Spielbereiche, Regale mit Materialien, Leseecke und „Büro". Gleitende Übergänge wie jahrgangsübergreifende Lerngruppen erleichtern den Kindern die neuen Lernformen – sie können zuschauen und mittun mit den älteren.

Neu für das Kind ist meist auch die Lerngruppe. Manche Freunde sind nicht mehr dabei. Es muss sich also neu orientieren in der Gruppe, in Bezug auf die Lehrperson und vor allem mit den Lernformen, die in der Schule stärker auf die Gesamtgruppe gerichet sind. Es gilt, sich eine Weile auf bestimmte Tätigkeiten zu konzentrieren, mit Stift und Papier, mit Buch und Schere; die eigenen Schulutensilien sowie die anderer sorgsam zu behandeln. Und natürlich das Nötige dabei haben, wozu die Schule auf Elternmitarbeit angewiesen ist. Vollständig können wir diese Erwartungen nicht aufzählen. Die Kinder sollen – neben den zu Anfang des Kapitels genannten Sprachkompetenzen – in der Lage sein, die besondere Sprache der Schule (Bildungssprache) zu lernen. Das ist für Kinder, in deren häuslicher Umgebung diese Sprache nicht auftaucht, häufig eine Herausforderung.

Die Sprache der Schule lässt sich – neben der gewohnten Alltagssprache für die Basisverständigung – in drei Teilbereiche unterteilen: Sprache der Unterrichtsorganisation, Sachsprache/ Fachsprache und – wenn man so will – Sprache des sozialen Verhaltens. Beides, die Sprache der Unterrichtsorganisation und die Sach- und Fachsprache, wird auch „Bildungssprache" genannt. Die Sprache des sozialen Verhaltens unterscheidet sich nicht wesentlich von der Alltagskommunikation der Kinder. Sie kennen sie. Die Sach- und Fachsprache und die Sprache der literarischen Texte, die im Deutschunterricht gelesen werden, unterscheiden sich grundlegend von der Alltagssprache – vereinfacht gesagt – durch reiche Wortwahl, Spezialausdrücke und Dichte der Texte, sie markieren eine zweite Stufe des Sprachgebrauchs. Besonders für Kinder mit schmalem Sprachschatz – für Kinder aus Familien, in denen nicht viel gesprochen und nicht vorgelesen wird, und für Kinder mit Deutsch als Zweitsprache – kann das ein Problem sein, wenn das Umfeld sie nicht unterstützen kann.

Sprache der Unterrichtsorganisation

Am Schulanfang und in der Grundschulzeit sind freie Lernformen recht verbreitet, bei denen Kinder nicht mit Anweisungen überschüttet werden. Dennoch gibt es immer wieder Situationen, in denen die Kinder auf Tipps oder Aufforderungen der Lehrperson reagieren sollen. Lehrpersonen benutzen eine eigene Sprechweise, um Unterricht und Schulalltag zu organisieren. Ob die Kinder sitzen, stehen oder laufen oder einen Stuhlkreis bilden, ob sie ein Buch aufschlagen oder schließen, mit welchem Stift sie in welches Heft schreiben, ob sie Scheren austeilen oder Matten auslegen, in welcher Form sie das Klassenzimmer verlassen oder vom Pausenhof zurückkehren sollen, ob gerade Ruhe geboten ist, ob sie zu zweit oder in größeren Gruppen arbeiten, ob sie sich eine Tätigkeit selbst aussuchen (Freiarbeit) oder im Wochenplan arbeiten – dies und vieles mehr wird organisiert. Dazu benutzen Lehrpersonen in ihren Aufforderungen an die Kinder besondere sprachliche Ausdrücke, die im Alltag der Kinder so kaum vorkommen: *Stellt euch zu zweit auf; Jetzt legen wir alle den Stift ins Mäppchen, klappen das Heft zu und schlagen das Buch auf*; oder sie legen den Finger verschließend an die Lippen. Je freier der Unterricht ist, desto weniger sprachliche Hürden gibt es für die Kinder am Schulanfang.

Der Sprachgebrauch in der Schule kann sich regional unterscheiden: in Dortmund *zeigen* die Kinder *auf*, in Tübingen *strecken* sie (den Finger hoch natürlich). Alternativ malen die Lehrpersonen Symbole für die Unterrichtsorganisation an die Tafel, zum Beispiel

für *Kreis + Stuhl + nicht laut*
→ *Stuhlkreis bilden ohne Lärm*

eine *Viertelstunde* für die *Stillarbeit* oder die *Partnerarbeit* oder die *Gruppenarbeit* und so weiter.

Dass die Symbole zuerst eingeführt werden müssen, versteht sich von selbst. Bei der Sprache der Unterrichtsorganisation, die nahe an der Alltagssprache liegt, bleiben jedoch Missverständnisse leicht unentdeckt:

In einem Kindergarten, dessen Arbeit wir über 5 Jahre beobachtet haben, wurde der Sprachgebrauch der Kinder untersucht. Dabei ergab sich bei den künftigen „Schulkindern" aller Jahre zum Beispiel, dass viele die Aufforderung „Schlag bitte mal das Buch auf!" nicht so verstanden wie gemeint. Vielmehr sahen sie die Gesprächspartnerin überrascht an und schlugen dann entweder mit beiden Händen auf das Buch, oder sie ergriffen das Buch mit beiden Händen und schlugen es auf den Tisch.

Im ersten Schuljahr wurde diese Aufforderung, die zur Sprache der Unterrichtsorganisation gehört und häufig ist, bald gelernt. Kinder, die sie zuerst nicht verstanden, lernten sie durch Mittun oder durch Vor- und Nachmachen: Es wurde gezeigt, was gemeint war.

Bei der Untersuchung von Unterrichtskommunikation stießen wir außerdem auf folgende Besonderheiten (und viele weitere), die Probleme darstellen:[11]

- In der Sprache der Unterrichtsorganisation kommt das Wort *danke* überaus häufig vor. Wofür bedanken sich Lehrpersonen? Wenn man viele Situationen genau anschaut, findet man *danke* meistens am Ende einer Episode, die Lehrperson schließt damit eine Unterrichtsphase oder einen Schülerbeitrag ab: Ein Bewegungslied wird stehend ausgeführt, die Lehrperson sagt *danke*, die Kinder setzen sich an ihren Platz. – Die Kinder lesen aus der Fibel oder einem Lesebuch abwechselnd vor, oder die Kinder lesen Rechenaufgaben vor. Die Lehrperson sagt *danke*, das nächste Kind beginnt zu lesen. – Die Kinder leisten begeis-

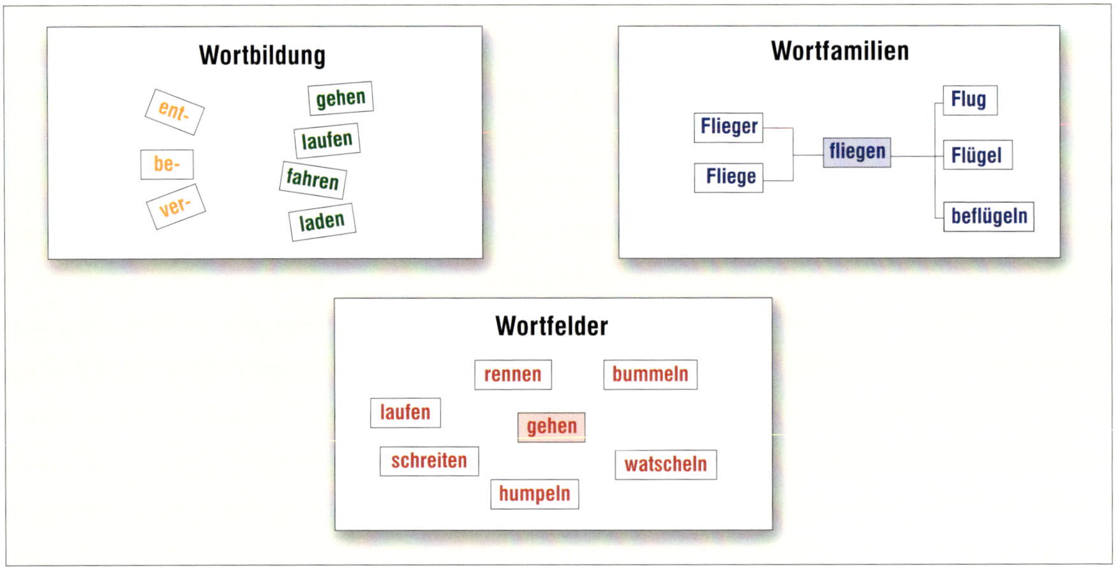

tert Beiträge zu einem Thema, viele Finger sind oben. Die Lehrperson sagt *danke*, alle Finger gehen hinunter. – Die Kinder lernen also, dass *danke* der indirekte Ausdruck für ein von der Lehrperson gesetztes Ende ist. In den letzten Jahren fanden wir auch Lehrpersonen, die statt *danke* eher *okay* sagten.

- Die höfliche Sprache, vor allem von Lehrerinnen, verpackt unterrichtliche Anweisungen mit *bitte* als höfliche Aufforderungen oder Bitten, oder sie schwächt den Anweisungscharakter ab durch Aussage- oder Fragesätze mit *vielleicht mal* oder gar *Würdest du bitte ...*: *Schaut's doch bitte nochmal an! – Ihr bleibt jetzt bitte mal einen Augenblick mit geschlossenen Augen ruhig sitzen. – Wenn ihr vielleicht mal mit eurem Stuhl nach vorn kommt ... – Kannst du mir vielleicht mal das Blatt geben? – Magst du gern mal vorlesen?* – Die freundliche Höflichkeit schafft eine angenehme Klassenatmosphäre, sie macht jedoch manchen Kindern – zum Beispiel Kindern mit Deutsch als Zweitsprache – nicht klar, dass man nicht tun kann, was man will, sondern dass sie verpflichtet sind, die enthaltenen Anweisungen zu befolgen. Das ergaben unsere Interviews mit den Kindern.
- Viele Lehrpersonen bestätigen jeden einigermaßen passenden Beitrag der Kinder durch Lob: *genau, ja, gut, richtig, prima, sehr schön, ganz toll, hervorragend, ausgezeichnet* und so weiter. Oft bedeuten diese Reaktionen nur ein Signal, dass ein Beitrag angekommen ist oder dass er passt.
- Das heißt, dass die Sprache der Unterrichtsorganisation sich alltagssprachlicher Mittel bedient, diese aber in einem anderen Rahmen gebraucht, sodass sie anders gemeint sind. Höflichkeit und positive Verstärkungen sind oft nur Signale, die der kommunikativen Rückkopplung und Gesichtswahrung dienen; die Kinder sollen sich angenommen und respektvoll behandelt fühlen. Höfliche Sprache der Lehrperson verpflichtet die Kinder dennoch, das Verlangte zu tun. Positive Bestätigung entspricht nicht immer einem besonderen Qualitätsurteil.

Sachsprache

Kinder beherrschen die alltägliche Basiskommunikation mit ihren Floskeln, zum Beispiel Gruß, Abschiedsformel und Anrede, *wie geht's, was machst du hier?, wann bist du fertig?*. Über Sachen spricht man präziser, dazu brauchen Kinder einen Sachwortschatz, der später in den Fachwortschatz übergeht, zum Beispiel genaue Körperbezeichnungen (*Mund* beim Menschen, *Maul* oder *Schnabel* oder *Schnauze* bei bestimmten Tieren, *Huf* statt *Fuß* bei Rindern und so weiter) und Verben für Tätigkeiten (*schlachten* statt *beim Tier den Kopf schneiden*).[12] Sachsprache lernen Kinder mit der Zeit durch Wissen und Sprechen über die Sachen, durch Vorlesen und Selbstlesen. Es ist eine Aufgabe der Schule, sprachliche Ausdrucksmittel für die Kommunikation über die Sachen in der Welt zur Verfügung zu stellen. Die Sachsprache wird in der Schule ausgebaut. Nicht ohne Grund sind Wortbildung und Wortfamilie ein wichtiger Teil des Sprachunterrichts. Hinzu kommen Fach- und Fremdwörter und fachliche Redewendungen.

Manche Kinder kennen schon vor der Schulzeit in bestimmten Bereichen viel Sachwortschatz, zum Beispiel wenn Lesen oder bestimmte Sachen im Elternhaus eine Rolle spielen (in einem Fall Echsen in einem Terrarium; in einem anderen Fall Medizinisches, weil die Mutter Altenpflegerin ist). Wissen und Sachsprache entstehen auch, wenn im Kindergarten entsprechende Projekte durchgeführt werden (Pflanzen mit ihren Zuständen und Teilen und ihrem Wachstum im Wortfeld/Bedeutungsfeld: *Saatgut, Keimling, Knolle, Spross, Stiel, Blatt, Blüte, Fruchtansatz, Vermehrung, keimen, wachsen, austreiben, blühen; gießen, wässern, ausdünnen, ernten.* – Wortbildung, bei der aus einem Grundwort weitere Wörter abgeleitet werden, am Beispiel einer Wortfamilie: *die Pflanze – das Pflänzchen – die Kohlpflanze – das Pflanzholz – pflanzlich – pflanzen – bepflanzen – auspflanzen – verpflanzen – unterpflanzen*, die in den entsprechenden Sachtexten vorkommen und der genauen Darstellung von Sachverhalten dienen).

An den Beispielen erkennen wir, dass der Sachwortschatz nicht scharf vom Alltagswortschatz abzugrenzen ist; *blühen, gießen, pflanzen* gehören wohl zum Alltagswortschatz, *Keimling* weniger. Im schulischen Sachunterricht und beim Lesen lernen sie weiteren Sachwortschatz.[13] Dabei geht es nicht nur um Wörter, sondern auch um Wendungen und erwartbare Wortverbindungen (*den Schulranzen/die Schultasche packen, den Bleistift anspitzen, das Papier falten, Nadel und Faden einfädeln*, und aus der Unterrichtssprache der Fächer *Dreieck, Viereck, Kreis, plus, minus, das ergibt x*, und im Deutschunterricht die *Namenwörter groß oder klein geschrieben, langes I, scharfes S/Dreierles-S/ß/* und so weiter). Kinder, die einen reichen Sprachschatz in die Schule mitbringen, schaffen die Erweiterung des Wortschatzes meist leicht. Kinder mit geringem Wortschatz sind davon oft überfordert, und es

Alle Kinder gehen zur Schule! Illustration von Barbara von Johnson.

besteht die Gefahr, dass sie resignieren. Das ist fatal, weil schwer aufholbar. Diese Kinder brauchen viel Ansprache und Zuwendung, aber auch Möglichkeiten, die Sachen und die Sprache(n) – auch im Medium von Schrift – zu entdecken. Und sie müssen dabei Unterstützung erfahren.

Relevant ist die Sachsprache samt dem dahinterstehenden Sachgebiet überwiegend im außerschulischen Leben, aber auch in den Schulfächern, etwa später bei den mathematischen Textaufgaben oder Rechengeschichten.[14] Die Sachsprache geht allmählich, zunächst vielleicht unmerklich, über in die *Fachsprache*, die für Kinder mit geringem Wortschatz eine große Schwierigkeit darstellt. Aus diesem Grunde ist es so wichtig, früh mit dem Sprachausbau anzufangen und sachgerecht und differenziert zu sprechen.

Wichtiges in Kürze

- Kinder bringen viele alltagssprachliche Kompetenzen in die Schule mit: Sie wissen und können schon viel, sprechen im Dialog, verstehen Texte, kennen und gebrauchen viele Wörter.
- Eine gut entwickelte Sprache mit vielen Ausdrucksmöglichkeiten erleichtert ihnen das Lernen in der Schule.
- Vielfältige Erfahrungen im Umgang mit Buch, mit Stift und Papier erweitern die sprachlichen Möglichkeiten der Kinder. Beim Zuhören, wenn ihnen ein Erwachsener ein Buch vorliest und mit ihnen darüber ins Gespräch kommt, wenn sie selbst merken, was geschieht, wenn sie Zeichen und Buchstaben aufschreiben oder wenn sie einem Erwachsenen ihre Schreibidee diktieren, gewinnen sie Erkenntnisse über Schrift, die ihre Sprechweise und ihre Sprache verändern.
- Dabei schulen Kinder beiläufig auch Fähigkeiten zur phonologischen Bewusstheit. Im Alter von 4–6 Jahren haben sie ein großes Potenzial für unbeabsichtigtes beiläufiges Lernen, aber erst ein geringes für ausdrücklich angeleitetes Lernen. Ein Training der phonologischen Bewusstheit mit speziellen Materialien übersieht das oft.
- Schrift erleichtert die Ausbildung der phonologischen Bewusstheit. Auch diesen Gesichtspunkt berücksichtigen Trainingsmaterialien häufig viel zu wenig.
- Schule ist ein anderer Rahmen als Familie und Kindergarten, hier erfahren Kinder in der Klasse – vor allem im lehrerzentrierten Unterricht – neue Handlungen und neue Ausdrucksweisen und eine neue Verbindlichkeit, auch wenn Lehrpersonen freundlich-offen formulieren.
- Sprache in der Schule bereitet die Kinder von Anfang an darauf vor, die Sprache der Literatur und der Sachfächer zu verstehen, sich in der Welt zurechtzufinden und sich sowohl fachlich als auch in der Schriftkultur orientieren und ausdrücken zu können. Deswegen kommt der Sprache große Bedeutung zu.
- Kinder, in deren Umwelt wenig gesprochen wird oder die Deutsch als Zweitsprache lernen, haben manchmal nur geringe Gelegenheit, die deutsche Sprache zu erweitern. Damit ist die Aneignung des Sachwortschatzes für sie erschwert.

Kapitel 10

Sprechen in der Schule

Warum das Schreiben für das Sprechen wichtig ist

„Sie redet wie gedruckt": Wenn wir das von einer Person sagen, meinen wir, dass sie in alltäglichen Situationen, zum Beispiel im Beruf, wie bei einem Vortrag spricht: Wortschatz und Satzformen der Schriftsprache verwendet – mit der Artikulation eines Nachrichtensprechers. Meistens verbinden wir mit solcher Kennzeichnung Wertschätzung; wenn jemand allerdings beim Stammtisch, beim Gespräch überm Gartenzaun oder bei Unterhaltungen auf einer persönlichen Geburtstagsfeier „wie gedruckt" spricht, befremdet uns das.

Wie verhält es sich mit dem Reden und Schreiben in der Schule? Die Frage eröffnet ein weites Feld von Begriffen.

Wenn Kinder in die Schule kommen, sind die meisten in ihrer Sprache versiert. Sie können sich in alltäglichen Situationen gut verständigen: Sie verstehen, was ihre Gesprächspartner ihnen sagen wollen, und sie können sich verständlich machen mit dem, was sie mitteilen, was sie erreichen und zum Ausdruck bringen wollen. Meistens ist das Sprechen unmittelbar mit Handlungen verbunden, auf diesen Zusammenhang bezogen; es ist begleitet von Gestik und Mimik. Oft genügen ein, zwei Worte, damit der Partner weiß, um was es geht. Die Kinder reden, „wie ihnen der Schnabel gewachsen ist", manchmal im Dialekt (so zum Beispiel unter Kindern in Stuttgart: *Bredle hemma kois meh* – „Brötchen haben wir keines mehr" oder in Baden: *Nei hemma gseit!* – „Nein haben wir gesagt" oder in Frankfurt: *Sitzt ä Wermsche uffm Termsche …* – „Sitzt ein Würmchen auf'm Türmchen …") oder umgangssprachlich – nicht nur in der Wortwahl, auch in der Artikulation: so zum Beispiel mit dem breiten *a* für *er* oder *r* in Hamburg oder Hannover: *Motta* für *Mutter* oder *Toa* für *Tor*; oder dem *ü* für *i*: *Kürche* für *Kirche*. Gerade so, wie sie es aus ihrer Familiensprache, aus ihrer Umgebung gewohnt sind. Mehrsprachige Kinder haben sich – im besten Fall – in der Zeit vor der Schule, im Kindergarten, auf dem Spielplatz diese alltagssprachliche Verständigung angeeignet.

„Schriftförmige Rede“

In der Schule wird diese Sprachwelt des kindlichen Alltags aufgenommen, in vielen mündlichen Formen zu Sachthemen oder zu Geschichten und Büchern, bei Gesprächsgelegenheiten in kleinen Lerngruppen. Aber sie muss erweitert werden auf die spezifische Sprache des Unterrichts. (Allzu) oft geschieht das unmerklich und führt zu Verständnisproblemen. Da heißt es dann plötzlich:

- *Schlagt eure Bücher auf* – aber die Bücher sollen gar nicht geschlagen werden, auch nicht auf den Tisch.
- *Dazu kannst du dich gleich äußern* – aber was heißt denn *sich äußern* – Martin wollte doch nur etwas sagen, ganz schnell.
- *Lest die erste Aufgabe auf Seite …* – um das zu verstehen, muss das Kind die knapp zusammengefasste Äußerung für sich entschlüsseln:
  - *auf* der Seite stehen Aufgaben,
  - die *erste* Aufgabe steht oben,
  - die soll ich *lesen* (und wahrscheinlich anschließend lösen).

Diese Beispiele für die Sprache der Unterrichtsorganisation, für unterrichtspraktische „Sach-“ oder „Fachsprache“ erscheinen uns Erwachsenen selbstverständlich, ganz einfach zu verstehen. Für Schulanfänger, die nicht im Umgang mit Stift und Papier und nicht mit „schriftförmiger Rede“[1] vertraut sind, können sie eine Hürde sein. Das gilt für die, denen solcher Sprachgebrauch fremd ist, weil Deutsch nicht ihre Herkunftssprache ist. Aber es ist schwierig auch für Kinder, die zwar Deutsch als Familiensprache sprechen, die im Elternhaus aber ausschließlich mündliche Alltagssprache kennengelernt haben; es ist schwierig für Kinder, die nicht beim Vorlesen zugehört haben, nicht mit Hörmedien und mit Stift und Papier vertraut sind, also wenig Erfahrungen mit Literacy haben, und die nicht beobachtet haben, wie Erwachsene bei manchen Gelegenheiten schriftförmig reden.

Die Pädagogen aber sollten wissen, was Schulanfänger verstehen und womit sie Schwierigkeiten haben können – ein hoher Anspruch an ihre Achtsamkeit, nämlich aufmerksam auf Verständnisschwierigkeiten zu sein und behutsam Erläuterungen zu geben. Zugleich wird die Bedeutung des Schrifterwerbs für die mündliche Verständigung in der Schule deutlich.

Bedeutung des Lesen- und Schreibenlernens

Wenn Schulanfänger Lesen und Schreiben lernen, lernen sie zugleich ein neues Verhältnis

Ein Buch aufschlagen?

zur Sprache: Schreiben und Lesen sieht ab von der augenblicklichen Situation. Es „vergegenständlicht Sprache".[2] Worte „verfliegen", das Schriftstück aber kann man an andere Orte tragen, man kann es jetzt und später lesen. Es ist also unabhängig von Raum und Zeit, hat Distanz zur aktuellen Situation. Alles das, was bei der mündlichen Verständigung durch den Handlungs- und Situationskontext, durch Gestik und Mimik erleichtert ist, muss bei der schriftlichen Verständigung ausdrücklich formuliert sein.

Die Art, wie ich auf Personen, auf Ort und Zeit beim alltäglichen Sprechen verweise, unterscheidet sich grundlegend von der beim Schreiben. In mündlicher Rede kann ich auf Personen und Gegenstände, auch auf Ort und Zeit direkt verweisen, zum Teil sogar mit der Hand zeigen: *Ich, du, er; die da; das Haus, da; gestern.* Beim Schreiben muss ich die Beziehung der Personen und Gegenstände zueinander im Text selbst erzeugen, ebenso die von Orten und Zeitverläufen: *Die kleine Katze links neben der großen; am Tag zuvor; bald darauf.* Solche in der Schrift notwendige Art des Verweisens stellt einerseits eine hohe kognitive Leistung dar. Sie eröffnet andererseits die Möglichkeit, sich in der Vorstellung andere Welten zu erschließen, beim Schreiben und Lesen oder durch Zuhören beim Vorlesen. Schulanfänger, die mit „schriftförmiger Rede" auf diese Weise bereits vertraut sind, denen viele Geschichten vorgelesen worden sind, haben mit der Unterrichtssprache weniger Schwierigkeiten.

Schreiben „vergegenständlicht Sprache" noch in einem weiteren Sinn: Der Lautstrom der Wörter als Ablauf in der Zeit wird auf das Papier gebracht als räumliche Anordnung der Buchstaben von links nach rechts, von oben nach unten. Beim Schreibenlernen machen Kinder die Erfahrung, dass die Zeichen selbst nicht die Bedeutung abbilden; zum Beispiel hat die Wortlänge nichts zu tun mit der Wortbedeutung. So ist *Stecknadel* ein längeres Wort als *Kleid* – das Kleid aber ist viel größer als eine Stecknadel. Und manche Schulanfänger denken auch bei der Frage nach dem Wortanfang eher an das Gemeinte, und es leuchtet ihnen nicht sogleich ein, dass *Löwe* mit *L* anfängt und nicht mit der Schnauze.[3] Das können sie leichter verstehen, wenn sie das geschriebene Wort sehen.

Die Rechtschreibung macht erforderlich, dass die Kinder lernen abzusehen von ihrer dialektal oder umgangssprachlich bezogenen Artikulation, denn die Schreibung ist an der Standardsprache orientiert. Geschrieben wird: *Mutter, Tor, Kirche.* Zugleich gibt die Rechtschreibung auch Orientierung für die Struktur, den inhaltlichen Zusammenhang, die Bedeutung der Wörter: So kann man am geschriebenen Wort sehen, dass zum Beispiel der *Verkäufer* im Laden etwas *verkauft*; dass die eine *Hand* eine von zwei *Händen* ist. Erwachsene meinen das auch hören zu können, das aber liegt daran, dass sie die Schreibung verinnerlicht haben und bei solchen Fragen die Wörter vor dem inneren Auge „sehen".

Sich äußern, ein Buch aufschlagen gehört nicht zum alltäglichen Wortschatz der Schulanfänger, sondern zum Vokabular „schriftförmiger Rede". Wir nennen das im Alltag auch eine „gehobene" Sprechweise; in der Schule gehört dazu im Verlauf der Zeit vor allem die Begrifflichkeit der Fächer. *Frage – Rechnung – Antwort* ist zum Beispiel die normierte Kennzeichnung von Arbeitsschritten im Mathematikunterricht. *Buchstabe – Wort – Satz* sind oft für selbstverständlich gehaltene Begriffe im sprachlichen Anfangsunterricht. Schulanfänger aus schriftfremder Lebenswelt haben damit allerdings große Schwierigkeiten. Am besten können sie sich diese Begriffe durch Umgang mit Schrift, nicht bloß durch Erläuterungen aneignen.

„Schriftförmige Rede" unterscheidet sich von der Alltagssprache aber nicht nur durch das Vokabular, sondern auch durch die Satzformen. Sie sind komplexer, markieren Beziehungen, erläutern Zweck und Begründung, kennzeichnen Abläufe. Dafür zwei Beispiele aus dem Unterricht:

- Damit ihr die Aufgabe versteht, gebe ich euch ein Beispiel.
- Wenn du zwei Zeilen rausnehmen könntest (aus dem Gedicht), um jemanden, der das Gedicht nicht kennt, neugierig zu machen, sodass er das ganze Gedicht lesen möchte, welche würdest du dann nehmen?[4]

Inhaltlich sind die Ankündigung eines Beispiels und die Aufgabe nicht zu kritisieren, aber für Grundschüler sind sie umso besser zu verstehen, je vertrauter sie mit Schrift, mit Schriftsprache, mit geschriebenen Texten sind.

Die Fähigkeit, absehen zu können von der augenblicklichen Situation, in Distanz zu ihr treten und abstrahieren zu können von dem, was man beim Sprechen hört, und es als Buchstabenfolge notieren zu können nach bestimmten Regeln, verändert das Denken – und das Sprechen. Und deshalb kann das Schreiben und das Lesen des Geschriebenen eine Unterstützung sein für das Sprechen in der Schule:

- Wer sich notiert hat, was er – in der Runde zu einem neuen Thema – sagen will, ist sich seiner Gedanken sicherer, als wenn er in diesem Unterrichtsgespräch nur auf das reagiert, was er von den anderen hört. Die Notizen können auch nur ein, zwei Wörter sein.
- Wer geübt ist im Verständnis von Geschriebenem, hat es leichter, die Ausführungen der Lehrperson zu verstehen, auf Fragen zu antworten und sich produktiv am Unterricht zu beteiligen.
- Wer sich mit der Unterrichtssprache zugleich auch die Zweitsprache aneignet, hat mit dem Geschriebenen eine Orientierung mehr: neben dem Akustischen das Visuelle. Die Rechtschreibung repräsentiert nicht nur die Standardsprache, sondern auch die Wortverwandtschaften. Das kann für den Lesenden also einen Zugang zur Wortbedeutung eröffnen. Und das gilt auch für den, der Schwierigkeiten mit dem Spracherwerb und mit der Aussprache hat.

Bildungssprache

Die spezifische Form des Sprechens im Unterricht unterscheidet sich von den Verständigungsformen alltäglicher Kommunikation vor allem darin, dass sie, wie man sagt, „dekontextualisiert" ist: Die Wörter sind nicht aus dem Kontext von Situation und Handlung verständlich, auf diesen Kontext bezogen, sondern sie erzeugen ihren Zusammenhang selbst, so wie das in der Schrift beim Schreiben notwendig ist. Das betrifft also die Art, wie Beziehungen hergestellt, wie auf Personen, Ort und Zeit verwiesen wird. Das betrifft vor allem den Satzbau: Komplexe Satzformen kennzeichnen Zweck, Grund, Ursache, zeitliche Abfolgen. Und es betrifft den Wortschatz; in der Schule gehören vor allem Fachbegriffe dazu und das Vokabular der Standardsprache.

Zu Gegenständen Geschichten erzählen

Diese Art des Sprechens wird neuerdings auch „Bildungssprache" genannt.[5] Das ist aber nicht nur die Sprachform des Unterrichts, sondern auch die der Öffentlichkeit, der Rede und Diskussion im Beruf. Insofern bereitet die Sprache des Unterrichts auf die Teilhabe daran vor. Und: Der Schulerfolg ist an das Beherrschen der Bildungssprache gebunden. Gerade im Hinblick auf mehrsprachige Kinder war die Aufmerksamkeit (zu) lange darauf gerichtet, dass sie lernen, sich im Alltag angemessen zu verständigen. Für den Schulerfolg aber reicht das nicht aus. Hier ist das Aneignen „schriftförmiger Rede" notwendig. In der Internationalen Grundschul-Leseuntersuchung (IGLU 2006) hat sich gezeigt, dass Kinder, die in einem „leseaffinen Elternhaus" aufwachsen, einen deutlichen Vorteil haben. Wer als Vorschulkind andere lesen sieht, wem vorgelesen wird, kann sich im Unterricht besser orientieren, seine Kompetenzen leichter erweitern.

„Er redet wie gedruckt" könnte man auch Teilhabe an „schriftförmiger Rede" oder an „Bildungssprache" nennen. Wichtig ist, dass Kinder dazu Zugänge finden und zugleich ihre Fähigkeit behalten zu reden, „wie ihnen der Schnabel gewachsen ist", also assoziativ, mit starker Emotionalität. Dass sie also nicht eine Sprachform durch eine andere ablösen, sondern entsprechend der Situation auswählen und variieren können. – Der Dialekt hat neben der Bildungssprache seine Berechtigung und ist in der Europäischen Charta der Regional- und Minderheitensprachen geschützt, in Deutschland seit 1998.[6]

Im Folgenden stellen wir anhand von Beispielen zwei Sprachformen vor, die besonders geeignet sind, „schriftförmige Rede" vorzubereiten: das Erzählen und das Klären von Begriffen.

Erzählen

Das Erzählen ist ein Bindeglied zwischen Alltags- und Bildungssprache. Erzählen hat mit Vorstellungskraft und Gedächtnis zu tun. Man sagt, dass sich das autobiografische Gedächtnis ab dem 4. Lebensjahr ausbildet. Aber wir wissen, dass sich auch jüngere Kinder bereits, zumeist allerdings eher kurzfristig, an Erlebtes erinnern und es zur Sprache bringen. Wie Kinder erzählen, ist davon abhängig, wie Eltern erzählen, wie sie sich auf Vergangenes oder Erdachtes, Vorgestelltes beziehen.

Wer etwas erzählt, muss seine Vorstellung oder Erinnerung organisieren und strukturieren und in eine sprachliche Form bringen. Wer etwas erzählt, geht aus der augenblicklichen Situation heraus – darin ist das Erzählen dem Schreiben verwandt – und nimmt seine Zuhörer mit in eine andere Welt, eine andere Situation, die allein im Wort erzeugt wird. Darin ist das Zuhören dem Lesen verwandt. Manchmal ist, was Kinder erzählen, auch erst die Annäherung an den Kern einer Erzählung:

In einer Erzählsituation in Klasse 1 sagt Anna: Ich geh' morgen früh zur Schule alleine.

Anna sagt nicht ausdrücklich, dass das etwas Besonderes für sie ist. Aber man kann es erschließen. *Bis jetzt geh' ich immer mit Mama zur Schule. Aber ich habe ihr gesagt, dass ich auch mal alleine gehen will. Schließlich war Mama einverstanden.* Das muss sich der Zuhörer ergänzen, damit er die Bedeutung des Erzählkerns versteht: *Ich geh' morgen früh zur Schule alleine.*

Ganz unvermittelt sagt Benno, ein Bauernkind, in einer Erzählsituation (Klasse 3): Vier Junge hat sie, drei schwarze und ein weißes. Das ziehen wir auf.[7]

Auch dies ist erst der Kern einer Erzählung. Aber es sind bereits zwei Schritte. Die Katze hat vier Junge. Eines davon will die Familie aufziehen. Was aus den anderen wird, bleibt offen. Offen bleibt auch, ob sich Benno freut auf die Aufzucht des einen oder ob er um die anderen bangt. Vermutlich wissen Mitschüler und Lehrerin, dass er eine Katze hat.

Die beiden Beispiele von Kindererzählungen sind in der Art, wie sie auf Figuren, Ort und Zeit verweisen, mündlich geprägt, sie sind in hohem Maße eingebettet in den Erlebenskontext der Erzähler und ihrer Adressaten.

Bei dem folgenden Beispiel ist das anders. Diese Erzählung ist nicht wie die beiden anderen spontan entstanden, sondern als Aufgabe im Unterricht initiiert: Lehrerin und Kinder haben allerlei Kostbarkeiten mitgebracht (September Klasse 1). Beim Erzählen können sich die Kinder etwas davon aussuchen. Amelie hat den kleinen Stoffhund gewählt und hält ihn beim Erzählen in der Hand.

Es war einmal ein Hund, der wohnte hoch oben auf einem Berg, hatte keine Freunde. Eines Tages ging er den Berg hinab und wollte sich was zu fressen (?) und genau an der gleichen Zeit war ein Nilpferd und … und war auch auf einem Berg und war auch (?) und hatte keine Freunde und ging auch dahinten lang (?); gingen sie immer um einen Baum und die merkten nicht, dass sie sich hinterhergingen. Und wenn man im Kreis geht, dann geht man … (Amelie zeichnet mit dem Finger in der Luft einen Kreis). Und dann ging der Hund schneller und das Nilpferd langsamer; und dann entdeckte der Hund das Nilpferd. Und sie wurden dicke, fette Freunde und waren und blieben lange zusammen.

Amelie (September Klasse 1)[8]

Die Geschichte von Amelie kennen wir nicht, aber sie kommt uns bekannt vor. Einer zieht aus, einem anderen geht es genauso. Beide haben keinen Freund. Das ist für den Anfang einer Geschichte eine gute Konstellation. Aber dann gibt es ein Hindernis, die beiden treffen sich, vom Berg kommend, nicht etwa im Tal, sondern sie gehen *sich hinterher*. Ohne es zu merken, laufen sie um einen Baum. Und erst die Veränderung der Geschwindigkeit – der Hund geht schneller, das Nilpferd langsamer – führt dazu, dass sie sich treffen und – sehr plastisch, wenn wir an das Nilpferd denken – *dicke, fette Freunde* werden.

Amelie kennt Geschichten, sie übernimmt ein Muster und kann eine Struktur gestalten. Ob sie genauso eine Geschichte selbst schon einmal gehört hat, also hier nacherzählt, ist nicht wichtig. Vermutlich kombiniert sie bekannte Elemente zu etwas Neuem. Und dabei gelingt ihr auch „schriftförmige Rede": Die Bezugnahme geschieht vornehmlich durch Wörter (*hoch oben auf einem Berg*, *eines Tages*, *wenn man im Kreis geht*), weniger durch direktes Zeigen (*dahinten lang*). Im letzten Satz korrigiert sich Amelie: die beiden *waren lange zusammen*, ist von einem Standpunkt „danach" gesagt; sie *blieben lange zusammen* – das könnte immer noch so sein!

Alle drei Kinder erzählen etwas, allerdings in ganz unterschiedlich differenzierter Sprachform. Es liegt auf der Hand, dass die eine, Amelie, kaum Schwierigkeiten mit der „schriftförmigen Rede" des Unterrichts hat, die beiden anderen vermutlich schon.

Wir können annehmen, dass Kinder wie Anna und Benno lernen, selbst differenzierter zu erzählen, wenn sie solche Geschichten wie die von Amelie hören, insbesondere, wenn die Geschichten ihnen gefallen und sie berühren. Aber solches Erzählen bedarf häufiger Gelegenheiten.

Der Gedanke, dass Kinder, wenn sie beim Erzählen zuhören, ihre Sprach- und Sprechfähigkeiten erweitern, ist grundlegend für das Projekt von Kristin Wardetzky.[9] Sie berichtet, wie Kinder aus sozialen Brennpunkten in Berlin, vor allem Kinder mit Migrationshintergrund, die laut Testbefund kaum deutsche Sprachkenntnisse haben, nach einer längeren Zeit, in der sie regelmäßig wöchentlich ein Märchen von einer professionellen Erzählerin hören, selbst mit dem Erzählen beginnen, zuerst mündlich erzählen und schließlich auch eigene Geschichten schreiben. Die Erzählerinnen verwenden deutsche Märchen und Märchen aus den Herkunftsländern der Kinder. Es wird großer Wert darauf gelegt, dass die Erzählsprache nicht vereinfacht wird; und es zeigt sich, dass die Einbettung in Mimik, Gestik, Stimmmodulation und Körperhaltung, wie sie die professionellen Erzählerinnen praktizieren, den Kindern hilft, sich innerhalb von zwei Jahren die deutsche Sprache in erstaunlichem Maße anzueignen. Wenn man sie zu Beginn nach einzelnen Wörtern der Märchen befragt hätte, hätten sie die meisten nicht erklären können!

Warum entfalten gerade Märchen eine so große Attraktion für diese Kinder? Vielleicht ist es die Härte und Unbedingtheit, mit denen in vielen Märchen Konflikte zugespitzt und ausgetragen werden – mit gutem Ende. Die Kinder sehen sich ermutigt, beim Erfinden eigener Märchen in Konfliktfelder vorzustoßen, die sie real bedrängen – häufige Themen ihrer Märchen sind Hunger und Armut:

> Es war einmal ein reicher Mann. Eines Tages ist der Mann nach draußen gegangen. Da waren arme Menschen. Sie haben um Geld gebittet. Aber der Mann gibt nichts, er war böse. Am Morgen hat er eine Kette gestohlen. Die Kette war von mächtigen Anubis, dem Schakal. Sein Geist war in der Kette noch drin. Der Mann hat die Kette angezogen, und es hat gedonnert und gehagelt. Dann – bumm – eine Bombe ist geplatzt, und der Mann war arm, und die armen Menschen sind reich. Aber die Menschen haben 500 Euro gegeben. Der Mann hat gelernt, dass man auch was spenden soll. Ende
>
> Melis (Berlin-Wedding, Klasse 3)[10]

Melis erzählt mündlich ein Märchen von Arm und Reich und davon, dass der, der etwas hat, davon etwas abgeben soll. Das lernt der hartherzige Reiche erst, als er selbst arm ist und die zuvor Armen ihm etwas spenden. Den Wandel der Verhältnisse bewirkt der *mächtige Anubis*. *Anubis, der Schakal* mit der Kette, ist eine altägyptische Figur, die derzeit auf dem Spielzeugmarkt präsent ist. So hat Melis die Erfahrungen aus seiner Lebenswelt hier eingefügt.

Melis kann Inhalt und Struktur eines Märchens erfinden und formulieren und erprobt damit „schriftförmige Rede": mit der Beifügung, *von Anubis, dem Schakal*, mit der zweimaligen Entgegensetzung von *aber* (*aber der Mann gibt nichts – aber die Menschen haben 500 Euro gegeben*); diese Entgegensetzung strukturiert den Text als ganzen. Die Beziehungen der Figuren, die von Ort und Zeit stellt er – noch holzschnittartig – im Text selbst her. Grammatisch ist er mit der

Die Erzählerin Sabine Kolbe erzählt ein Märchen. Die Klasse hört gespannt und fasziniert zu.

Verbform von *bitten* unsicher (*sie haben gebittet*) und mit der Dativform *von* (statt *vom*) *mächtigen Anubis*.

Melis kannte zu Beginn des Projekts zwei Jahre zuvor im Sprachstandstest nur etwa ein Drittel der deutschen Wörter; er wusste nicht, was ein Märchen ist. Nach zwei Jahren ist er zum „Märchenexperten" geworden – wie viele andere Kinder aus diesem Projekt auch, das eine wesentliche Vertiefung des Sprachunterrichts bedeutet.

Wie hat Melis die vielen Wörter gelernt, wie eignen sich Kinder die Wörter der Unterrichtssprache an?

Wörter als Werkzeuge

Die Vorstellung, Wörter bildeten einen Schatz, der additiv gesammelt wird – und gelehrt werden kann und dann unbegrenzt zur Verfügung steht, trifft nicht zu. Wörter sind Werkzeuge, die zu bestimmten Handlungs- und Erwerbskontexten gehören. Manchmal sind es einzelne Wörter, manchmal Wortverbindungen (wie *von Anubis, dem Schakal*) oder halbe Sätze. Der Wortschatz ist eigentlich ein „Formulierungsschatz".[11] So verfügt der junge Experte für Dinosaurier über einen großen Wortschatz, mit dem er sich dieses Gebiet erschließen kann und allmählich erschlossen hat. Wörter stehen also in enger Beziehung zu Interessen und Gefühlen. Ein schönes Beispiel, wie Wörter als Werkzeuge auch ganz praktisch wirken, ist das von der 11-jährigen Alena:

> Mein Lieblingswort ist NOCHMAL. Wenn man NOCHMAL sagt, dann kann einem der Papa NOCHMAL eine Geschichte vorlesen, oder man geht NOCHMAL ins Kino, oder man darf NOCHMAL an den Computer, oder man guckt NOCHMAL einen Film. Deswegen ist NOCHMAL mein Lieblingswort.[12]

Natürlich ist ein wichtiges Kriterium dafür, wie viel ein Kind im Unterricht versteht und wie es selbst dazu beitragen kann, die Größe seines Wortschatzes. Durchschnittlich kann ein Schulanfänger 14.000 Wörter verstehen, und sich mit etwa 5.000 Wörtern verständlich machen. Zum Vergleich: Der *Verstehenswortschatz* von Erwachsenen umfasst zwischen 50.000 und 250.000 Wörter, der *Mitteilungswortschatz* etwa 15.000 Wörter. (Man spricht inzwischen nicht mehr von passivem, also Verstehenswortschatz, und aktivem, also Mitteilungswortschatz, weil auch das Wortverstehen ein aktiver Vorgang ist, bei dem Hirnareale in ähnlicher Weise agieren wie beim Sprechen.) Im Grundschulalter erweitern Kinder ihren Verstehenswortschatz pro Jahr um etwa 3.000 Wörter, und beim Textschreiben verfügen sie am Ende der Grundschule über etwa 12.000 Wörter. Das zeigt – bei einem Ausgang von 5.000 Wörtern des mündlichen Mitteilungswortschatzes bei Schulbeginn –, welche Bedeutung das Schreiben (und natürlich auch das Lesen) für die Erweiterung des Wortschatzes hat.[13] (Gemeint ist hier der Gebrauch der Wörter beim Schreiben, nicht das Beherrschen der orthografisch korrekten Schreibung.)

Solche Zahlen geben uns eine allgemeine Orientierung; allzu leicht allerdings verdecken sie, dass die Unterscheidung zwischen „bekannten" und „unbekannten" Wörtern ungenau ist. Weil neue Wörter nicht als feststehendes

Element einem „Schatz" hinzugefügt werden, sondern als Werkzeuge erst ihren Nutzen im Gebrauch erweisen müssen, sind immer mehrere Erwerbskontexte notwendig. Man eignet sich nicht ein Wort an, indem es einem einmal erklärt worden ist; sondern erst wenn man es mehrfach gehört und selbst mehrfach gebraucht hat, ist die Bedeutung verinnerlicht. Für Eltern und Pädagogen ein wichtiger Hinweis, nicht nach einer ersten Worterklärung bei nächster Gelegenheit zu sagen: „Das habe ich dir doch gerade erklärt!"

Begriffe klären und erklären

Die ersten beiden Beispiele zeigen solche Situationen für Wortgebrauch und -erklärung.

Lehrerin (liest vor): „Vor der Stadt an der großen Müllhalde wirft er ihn zu den alten Fahrrädern, Ölfässern und Autowracks."
Kind: Bäh.
Murat: Was sind alte Autowracks?
Lehrerin: Was sind alt-, kann das jemand Murat beantworten?
Zoe: Das sind kaputtes (!) Autos.
Lehrerin: Ja. (Liest weiter vor.)
(September Klasse 2)[14]

Indem Murat fragt, zeigt er Unsicherheit und Wissbegierde. Seine Nachfrage zeigt zugleich, dass er bereits auf dem Weg zum Wortverständnis ist: *alte Autowracks* – das erklärt sich fast aus sich selbst. Murat hat die Kennzeichnung der Fahrräder gleich auf die der Autos übertragen. Und Zoes Erläuterung setzt für Murat *alt* und *kaputt* im Zusammenhang mit *Müllhalde* gleich. Und das ist auch korrekt. Die Lehrerin hätte vielleicht unmittelbar an Murats Vorverständnis bei ihm selbst anknüpfen können, er hätte die Antwort auch selbst gefunden; aber: er hat gefragt – und bekommt eine Antwort.

Die Lehrerin (Ute Andresen) bereitet ein Gespräch mit einer kleinen Lerngruppe vor, mit 5 Kindern am Ende der Grundschulzeit spricht sie über ein Gedicht von Ringelnatz.

Ute (A.): Joachim Ringelnatz. Sagt euch der Name etwas?
Mehrere: Nee.
Julie: Den Namen hab' ich noch nie gehört.
Ute (A.): Das war auch nicht sein bürgerlicher Name, sondern sein Pseudonym.
Olli: Rufname, kann man sagen.
Jan: Spitzname.
Katharina: Künstlername.
Ute (A.): Richtig. – Eigentlich hieß er Hans Böttcher. Er hat sich Ringelnatz genannt.[15]

Hier wird die Klärung des Begriffs gemeinsam gefunden. Auch hier gibt es einen Kontext dafür – über ein Gedicht sprechen. Die Kinder sind gewohnt, ihr Verständnis selbständig aus dem Zusammenhang herzuleiten. *Rufname, Spitzname, Künstlername* – in einem weiten Sinn kann man alle diese Begriffe als Erklärung für *Pseudonym* gelten lassen. Die Lehrerin regt die Kinder an, ein ganzes fachsprachliches Begriffsfeld zu eröffnen, und man kann, da sich mehrere Kinder der Lerngruppe beteiligen, annehmen, dass das ein produktiver Kontext für sie ist und sie den Begriff behalten. Meistens ergeben sich solche Situationen – ungeplant – aus dem Unterrichtszusammenhang.

Gedicht		bürgerlicher Name
Rufname	**Pseudonym**	Name
Künstlername		Spitzname

Aber man kann sie auch provozieren. Das geschieht beim *Tabu-Spiel*. Das Spiel taugt nicht nur für Übungen zum Erklären und Finden von Begriffen in der Schule; auch zu Hause kann man es gut spielen.

Beim Tabu-Spiel geht es darum, dass ein Wort erraten werden soll. Es steht auf einer Karte. Die Gruppe erklärt den Begriff, und zwar ohne den Begriff selbst und die Wörter zu gebrauchen, die auf der Karte darunter stehen. Sie sind „tabu". Die folgenden Beispiele sind aus Klasse 4.[16]

Beispiel 1:

Fußball
spielen
die wilden Kerle
Tor

Schüler 1: Also – des machen wir immer in der Pause ... und wir sind im Verein.
Schüler 2: Fußball spielen.
Schüler 1: Ja.

Beispiel 2:

Zahnarzt
Loch
bohren
Schmerzen

Schüler 1: Ähm, da geh ich hin ... und der kontrolliert was bei mir.
Schüler 2: Lehrer, Hausaufgaben kontrollieren.
Schüler 1: Ähm, da geh ich öfters hin ... weil es wichtig ist, sonst krieg ich Beläge drauf.
Schüler 3: Was?
Schüler 1: Sonst krieg ich, sonst wird's gelb, sonst wird's gelb; und es wird, es wird manchmal gelb, wenn ich net oft des putzen tu.
Schüler 2: Zähne putzen.
Schüler 1: Ja. Und des untersucht der ... ?
Schüler 2: Zahnarzt.

In beiden Beispielen gibt es so etwas wie Schlüsselwörter, die das Erraten leiten (Beispiel 1: *Pause*, *Verein*; Beispiel 2: *Beläge drauf*, *putzen*) oder fehlleiten, weil sie für mehrere Zusammenhänge taugen (in Beispiel 2: *hingehen*, *kontrollieren*).

Auch bei diesem Spiel, dieser Übung ist die Einbettung des Wortes in einen Kontext des Gebrauchs und der Erfahrung gewährleistet. Insofern kann es zur Sicherung und Erweiterung des Wortschatzes beitragen. Die Sprechweise ist zwar mündlich, aber die Auflage, bestimmte Wörter zu meiden, ist kognitiv eine hohe Anforderung, weil sie verlangt, die Formulierung zu kontrollieren, bevor sie ausgesprochen wird. Das ist auch ein Merkmal „schriftförmiger Rede".

Eine andere Möglichkeit ist, Wörter, deren Bedeutung nicht vertraut ist, im *Wörterbuch* nachzuschlagen und sich mit der Begriffserklärung dort auseinanderzusetzen. Das ist eine Aufgabenstellung insbesondere für die zweite Hälfte der Grundschulzeit. Die Kinder müssen mit dem Verfahren des Nachschlagens vertraut sein und über fortgeschrittene Lesefähigkeiten verfügen. Die meisten Wörterbücher für die Grundschule geben Beispiele nur für die Verwendung des Wortes, erklären das Wort nicht im Hinblick auf den Oberbegriff; das aber leistet ein Universalwörterbuch.

Zum Beispiel der Begriff *Waage*: „Wenn du etwas auf eine Waage legst, dann möchtest du etwas wiegen …" – „Gerät, mit dem das Gewicht von etw. bestimmt wird …"[17] Aufgabe der Kinder ist, am besten zu zweit, sich um das Verständnis der Worterklärung zu bemühen und ihr Verständnis für sich zu formulieren und aufzuschreiben. Das setzt voraus, dass sie aushalten können, auch etwas nicht zu verstehen, und sich auf das, was sie verstehen, zu konzentrieren. Zum Beispiel hatte sich im Unterricht die Frage nach der Bedeutung von *plärren* ergeben. Die Kinder haben die Erklärung für *plärren* aus dem Universalwörterbuch („in unangenehm u. unschön empfundener Weise laut u. breit gezogen-gequetscht reden") für sich verkürzt zu „unschön reden" und haben das auch so für sich aufgeschrieben. In Wörterbüchern für die Grundschule ist ein Wort wie dieses meistens nicht enthalten. Wenn die Kinder sich zu zweit darüber verständigen, wie sie die Worterklärung verstehen, üben sie sich darin, über Sprache nachzudenken und über Sprache zu sprechen. Eine solche Aufgabe hat das Ziel, „Kinder in die Lage zu versetzen, die Komplexität und den Anspruch, den Sprache beinhaltet, zu erkennen, zu akzeptieren und darauf hinzuarbeiten, den Teil, den sie (noch) nicht verstehen, zu reduzieren."[18] Ein solcher Umgang mit dem Universalwörterbuch kann die Arbeit mit Wörterbüchern für die Grundschule zwar nicht ersetzen, sie aber sinnvoll ergänzen.

Das letzte Beispiel aus dem *Mathematikunterricht* am Ende der Grundschule zeigt, dass das allmähliche Verfügen über schriftförmige Rede nicht nur im Deutschunterricht wichtig ist. Hier geht es um die Bedeutung dieser Sprach- und Denkform für das Verstehen der Aufgabe und das Finden der Lösung:

> Im Salzbergwerk Bad Friedrichshall wird Steinsalz abgebaut. Das Salz lagert 40 m unter Meereshöhe, während Bad Friedrichshall 155 m über Meereshöhe liegt. Welche Strecke legt der Förderkorb zurück?

Eine Schülerin geht die Aufgabe so an:

> Es steht also mmh – die wollen Steinsalz abbauen und das ist zwar in Salzbergwerk Bad Frieshalle – oder wie das hier steht – Friedrichshall – ja und mmh das das liegt aber vier/vierzig Millimeter unter des Meeres – ja vierzig Meter unter Meereshöhe – und aber die wollen während ähm aber die wollen bei Fried/Friedrichshall 155 Meter über das Meereshöhe Meereshöhe liegt – obwohl das da ober liegt und jetzt wissen sie nicht welche Strecke sie nehmen sollen und jetzt wollen sie wissen – wie viel Strecken Strecken es eigentlich ist – mmh weil so ein För/Förderkorb bis zur Erdoberfläche zurück.

Ein Mitschüler kann sich viel kürzer fassen:

> Also – ähm (überlegend) – da das/der/das Bergwerk Bergwerk 40 Meter unter der Meereshöhe liegt und Friedrichshall 155

Zum Beispiel: Einzahl – Mehrzahl: Was Kinder beim Sprechenlernen leisten

Wenn wir uns eine Vorstellung davon machen wollen, was Kinder beim Sprechenlernen in den ersten Lebensjahren leisten, können wir versuchen, uns Strukturen unserer Sprache, die wir als Erwachsene sicher beherrschen, an einem kleinen Ausschnitt zu vergegenwärtigen, zum Beispiel an der Bildung der Mehrzahl. Die Mehrzahl hat im Deutschen viele verschiedene Formen. Das Türkische etwa unterscheidet zwischen zwei Pluralformen: *-ler* und *-lar*.[19] Im Englischen dominiert eine einzige Pluralform, das *-s* (mit einigen Variationen wie *baby – babies, bus – buses, life – lives, hero – heroes* und wenigen Ausnahmen wie *sheep – sheep, child – children, man – men, woman – women*).

Welche Pluralformen gibt es im Deutschen? Auf den 18 Kärtchen unten haben wir verschiedene Wörter zusammengestellt. Jeweils 2 bilden den Plural auf gleiche Weise. Welche beiden gehören jeweils zusammen?

Eins oder viele: Wie viele Pluralformen müssen Kinder lernen? Haben Sie bei Ihrer Suche auch Regeln gefunden?[20] Zum Beispiel die, dass männliche und sächliche Nomen auf *-er* oder *-el* fast immer gleich sind in der Singular- und Pluralform. Den Unterschied macht der Artikel: *der Löffel – die Löffel; das Ufer – die Ufer*. Bei den weiblichen Nomen aber muss der Plural markiert werden, denn der Artikel für Einzahl und Mehrzahl ist ja gleich: *die Kiste – die Kisten*; *die Lampe – die Lampen*; *die Hand – die Hände*. Bei *Vater* und *Bruder* aber wird die Pluralbildung durch Umlaut markiert: *Väter* und *Brüder* – ähnlich wie *Mütter* und *Töchter*. Der Sprachdidaktiker Heiko Balhorn denkt darüber nach, warum diese vier Pluralformen alle auf die gleiche Weise gebildet sind – vielleicht wegen der „Familienharmonie"?![21] Die *Schwestern* aber gehören nicht dazu!

Wenn wir auf diese Weise über die uns so geläufige Bildung der Mehrzahl nachdenken, können wir vielleicht die enorme Leistung des Kindes beim Spracherwerb ermessen. All diese Pluralformen erwirbt das Kind in den ersten Lebensjahren und wendet sie fast immer richtig an. Und wenn einmal nicht, wie zum Beispiel bei *die Häusern sind gelb*, kann man – wie wenn man durch ein Fenster in den Kopf des Kindes sähe – nachvollziehen, wie das Kind auf diese Form gekommen sein kann: *Viele Bauern leben im Dorf – Häusern* als Analogie zu *Bauern*.

Und: In der Schule können wir den Kindern Gelegenheit geben, Strukturen der Sprache selbst zu erkunden. Für die Bildung der Mehrzahl zum Beispiel anhand einer solchen Abbildung. Für Kinder, die Deutsch als Zweitsprache lernen, sind solche Erkundungen und Erkenntnisse besonders hilfreich.

> über der Meereshöhe … muss man 155 plus 40 machen – weil – dieser – ähmähm (überlegend) Förderkorb muss ja von 40 Meter 40 Meter unter Meeres/unter der Meereshöhe noch oben – das alles transportieren.[22]

Während die Schülerin versucht, sich einen Handlungszusammenhang konkret vorzustellen (*die wollen*; *die wissen nicht, welche Strecke sie nehmen sollen*), und nicht weiß, was sie damit im Hinblick auf eine Berechnung anfangen kann, erkennt der Schüler die mathematisch gedachten Sachverhalte und die Struktur der Rechenaufgabe. Vor allem aber kennt er den – ziemlich abstrakten – Fachbegriff *Meereshöhe*. Der ermöglicht ja erst eine solche Frage, denn von oben, von Friedrichshall, und von unten, vom Salzbergwerk, aus betrachtet, stellt sich die Frage nach der Höhe des Meeresspiegels konkret eigentlich nicht. Die Linie der Meereshöhe ist imaginär. Sie erlaubt Angaben über Höhen und Tiefen – eben immer in Bezug auf das Meer, das die Orientierungslinie dafür bildet, auch wenn es von der Örtlichkeit, um die es geht, sehr weit entfernt ist. Das Beispiel zeigt, welche Bedeutung begriffliches Wissen für die schriftförmige Rede hat, für das Einnehmen einer angemessenen Perspektive.

Wichtiges in Kürze

- Eltern und Pädagogen sollten aufmerksam sein auf Verständnisschwierigkeiten, auch wo sie banal zu sein scheinen.
- In der Schule wird die Alltagssprache erweitert durch „schriftförmige Rede".
- Sprache und Sprechen in der Schule ist von der Schrift bestimmt: Das gilt für den fachsprachlichen Wortschatz, für komplexe Satzformen und für die Artikulation.
- Es kommt darauf an, Distanz zur augenblicklichen Situation sprachlich herstellen und das Gemeinte – ohne direkten Handlungs- und Interaktionskontext – präzise formulieren zu können.
- Das Schreiben kann das Sprechen unterstützen und befördern.
- Erzählen und Erklären sind zwei Sprachformen, die „schriftförmige Rede" schulen können.
- Eltern sollten ihren Kindern Geschichten erzählen, auch mit ihnen gemeinsam: Erlebtes und Fantasiertes.
- Wörter sind Werkzeuge, sie werden nicht wie ein „Schatz" additiv gesammelt, sondern im mehrfachen Gebrauch gelernt.
- Der Wortschatzerwerb steht in engem Verhältnis zu Interessen und Gefühlen.
- Schreiben und Lesen befördert wesentlich die Erweiterung des Wortschatzes.
- Es kommt darauf an, nicht die eine Sprachform durch eine andere abzulösen, also die Alltagssprache durch „schriftförmige Rede", sondern sie je nach der Situation wählen zu können.

Kapitel 11

Deutsch als Zweitsprache

Mehrsprachigkeit in der Grundschule

Kinder in der Vorbereitungsklasse DaZ

In einer Vorbereitungsklasse für das 2./3. Schuljahr finden wir zu Schuljahresbeginn 15 Kinder mit nichtdeutscher Erstsprache; sie stehen hier als echte Individuen und sind nicht unbedingt als typisch für ihre Herkunftsregion anzusehen:

Rocco ist in Stuttgart geboren und hat ein Jahr lang eine deutsche Klasse besucht, aber nichts verstanden. Er ist den Nachmittag allein zu Haus, weil beide Eltern arbeiten und er bisher keine Freunde hat. Den Kindergarten hat er nicht besucht.
Giovanni und *Rita* kommen neu aus Italien, wo sie schon ein Jahr in die Schule gegangen sind, nach Deutschland; sie kennen die lateinische Schrift.
Charles, der schon etwas Deutsch kann, kommt aus Kamerun; sein Vater hat ihn zu seiner Mutter geschickt, die hier lebt.
Ramón, *Jesús*, *Pedro* sowie *Cris* sprechen Spanisch und kommen aus Lateinamerika: Heirat der Mutter mit einem Deutschen, Auswanderung der Familie aus beruflichen Gründen, Engagement der Mutter am örtlichen Theater. Cris ist mit 7;6 Jahren noch nicht alphabetisiert. Pedro mag nicht sprechen, denn Deutschland ist schon das vierte Land in fünf Jahren, in das er kommt und dessen Sprache er lernen soll.
Anton, *Olga* und *Vladimir* kommen aus verschiedenen russischsprachigen Ländern, teils als Aussiedler. Die Familie fühlt sich als Deutsche, spricht aber die deutsche Sprache nicht mehr.
Botans Vater ist Fußballer beim örtlichen Verein.
Sebata, *Sadije* und *Driton* kommen als Flüchtlinge aus dem Kosovo, wobei Driton betont, kein Roma zu sein.
Kim kommt aus China, *Pramod* aus Indien; ihre Väter arbeiten in Forschungseinrichtungen.
Zwei Wochen nach Schuljahresbeginn stehen zwei Jungen im Klassenzimmer: *Ahmed* und *Osman* sind noch nie zur Schule gegangen und können nicht lesen und schreiben; sie weinen oft. Etwas später erscheint *Helal* aus Afghanistan, der in Dari und Paschtu schreiben kann und schnell Deutsch lernt.

Diese Kinder haben keine oder geringe Deutschkenntnisse, als sie in diese Grundschule kommen, deswegen sollen sie zuerst in der Vorbereitungsklasse die deutsche Sprache lernen und dann nach ein bis zwei Jahren, selten früher, in die entsprechende Altersklasse übergehen. Seit den 1970er Jahren werden für Kinder ohne ausreichende Deutschkenntnisse vielfach sogenannte Vorbereitungs- oder Auffangklassen beziehungsweise Sprachlern- oder Intensivklassen eingerichtet. Die Zeiten, in denen Kinder wegen unzureichender Deutschkenntnisse in die Förderschule überwiesen wurden, sind vorbei, hoffentlich überall! Im Verlauf von ein bis zwei Jahren sollen die Kinder in solchen Klassen so viel Deutsch lernen, dass sie den Übergang in die Regelklasse des entsprechenden Altersjahrgangs erreichen. Diese Klassen können bei Bedarf, meist ab 10 Kindern am Schuljahresbeginn, eingerichtet werden, parallel zur Grundschule oder Sekundarstufe. Bis zum Schuljahresende haben sie oft 25 Schülerinnen und Schüler, weil Immigration sich nicht an Schuljahresgrenzen hält. Genaue Regelungen sind im Rahmen der EU-Richtlinien Aufgabe der Bundesländer.[1]

Der Unterricht soll die Kinder auf die Fächer der Grundschule vorbereiten, teils können Kinder in Sport und Kunst bald in der Regelklasse mitmachen, man braucht allerdings kollegiale Absprachen für diese *flexible Integration*.

Der Deutschkurs der Vorbereitungsklasse beginnt mit Wörtern und Routineformeln wie dem Begrüßen und verbindet dann meist sachunterrichtliches Lernen mit sprachlichem Lernen: An alltagsbezogenen Themen werden nach und nach ein Verstehens- und ein Mitteilungswortschatz aufgebaut, verbunden mit elementaren Grammatikkenntnissen. Hierfür kann im Grundschulalter die Schrift genutzt werden, wodurch viele methodische Möglichkeiten entstehen: Tafelbilder, Schreibaufgaben; Schiebe- und Drehmodelle, mit denen Sätze variiert werden können; Schriftlegespiele und so weiter.[2]

Sprachlehrmaterialien sind aber nicht nur in Papierform einsetzbar. Viele Lieder und Sprüche helfen durch Reim und Rhythmus sowie Melodie, auch die Sprachstrukturen besser zu behalten. Eigens für den Grammatikunterricht haben Gerlind Belke und Martin Geck 1996 Lieder herausgebracht.[3] Vielfach benutzt werden auch die Lieder von Fredrik Vahle, die auf Tonkassetten, CD und als Textbuch zu haben sind.[4]

Schwierig wird es für die Lehrperson insbesondere, wenn Kinder noch nicht in die Schrift eingeführt sind oder wenn Kinder aus Osteuropa oder anderen Erdteilen andere Schriftsysteme kennen: Kyrillisch, Griechisch, Paschtu, eine der

indischen Schriften, Japanisch oder Chinesisch, Eritreisch. Dann müssen sie einen eigenen Lese-Schreiblehrgang mitmachen.

Olga hat den Übergang in die Regelklasse in einem halben Jahr geschafft, Pramod hat wenig länger gebraucht. Die zwei Mädchen aus Kosovo haben große Mühe, ebenso Driton, der sagt, er spreche schon drei Sprachen: Albanisch, Bosnisch und Deutsch. Die Kinder aus schriftnahem Milieu gehen meist nach einem Jahr in die Regelklasse über. Länger zu warten wäre nicht von Vorteil, weil sich dann der Abstand zu den anderen Kindern der Aufnahmeklasse weiter vergrößert und die gemeinsame Lernzeit zu kurz wird. Denn im Grundschulalter profitieren die Kinder viel von der Peer-Kommunikation.

Es bedarf allerdings einer behütend begleitenden Aufnahme in die neue Klasse, damit die Kinder nicht verstummen, damit sie sich angenommen fühlen und lernen können.[5] Wir befürworten eine intensive Verständigung zwischen den Lehrpersonen der Vorbereitungs- und der Regelklasse. Die aufnehmenden Lehrpersonen sollten den Kindern vom ersten Kontakt an Verständnis und Zuwendung entgegenbringen, damit die Kinder sich willkommen fühlen (Resonanz mittels Spiegelneuronen). Wenn sie nur die „Defizite" der Kinder mit Deutsch als Zweitsprache gegenüber dem Durchschnitt der Regelklasse im Blick haben, kann deren Lernmotivation schnell wieder sinken.

In Regelklassen wird erwartet, dass die Kinder altersgemäß Deutsch können. Förderstunden für DaZ-Kinder sind möglich, werden jedoch nicht allerorts eingerichtet. Schulen entscheiden sich häufig dafür, die zusätzlichen Stunden, die wegen der DaZ-Kinder zur Verfügung stehen, für Klassenteilungen zu nutzen, damit *alle* Kinder bessere Bedingungen haben. Es soll allerdings betont werden, dass die Sprachförderung aufgrund des Bedarfs (vgl. dazu die großen nationalen und internationalen Tests) wieder ernster genommen wird.

Mehrsprachigkeit und Sprachenprestige in Regelklassen

Kinder brauchen emotionale Zuwendung, einen Vertrauensvor- und -überschuss, Anerkennung und Respekt. Sie wollen sich willkommen fühlen und merken, dass die unterrichtlichen Aktivitäten in der Schule auch an sie gerichtet sind und dass sie dazu etwas beitragen können, das für sie und andere bedeutsam ist und nicht wirkungslos oder gar gleichgültig. Es reicht nicht, dass Lehrpersonen die Kinder irgendwie gern mögen. Die Kinder wollen auch erfahren, dass sie etwas zustande bringen, das geachtet wird. Wie können Kinder mit Deutsch als Zweitsprache, auch wenn sie ihre Zweitsprache noch ausbilden müssen, in der Regelklasse Anerkennung und Respekt erfahren?

Wir wollen hier zwei Möglichkeiten nennen, die sich gut verbinden lassen: Achtsamkeit und Arbeit mit Sprachenvielfalt.

Achtsamkeit auf die Kinder

Lehrpersonen, die dieses Prinzip befolgen, achten unaufdringlich, aber beständig auf die einzelnen Kinder, lassen ihnen Zeit für Antworten, sie erkennen das Potenzial in den kindlichen Mitteilungen, auch wenn diese sachlich schräg formuliert sind. Ein kleines Beispiel für den Umgang mit einer zweifelhaften Formulierung zu einer guten Überlegung:

> Im Anschluss an die Bichsel-Geschichte *Ein Tisch ist ein Tisch* spricht die 4. Klasse darüber, ob man „die Wörter einfach vertauschen kann“: „Dem Tisch sagte er Bett.“
> Ruben: Können kann man alles, aber ob es sinnvoll ist!
> Mihail: Also irgendwann hat man den *Wörtern einen Namen gegeben* … und jetzt gilt es! (kursiv gedruckte Wörter waren stark betont)

Die Lehrerin könnte hier antworten: „Wörter sind Namen für Sachen, wir haben ja ‚Namenwort‘ gelernt, also den Wörtern muss man keine Namen geben.“ Das tut sie aber nicht. Sie erkennt, dass Mihail ein wichtiges Prinzip der Sprache formulieren will, nämlich wie durch Konvention/Übereinkunft der Menschen eine bestimmte Bezeichnung für eine Sache festgelegt wird. Mihail kann das noch nicht passend ausdrücken, aber gemeinsam finden Kinder und Lehrerin eine gute Formulierung. Mit ihrem Verhalten zeigt die Lehrerin den Kindern, dass sie mit ihnen gemeinsam weiterüberlegt, dass sie die Beiträge ernst nimmt:

> Frau Sauer: Ihr sagt: Man kann, aber es ist nicht sinnvoll. Jetzt gilt es. Hm … den *Wörtern Namen* gegeben, ja, also *wem genau* hat man einmal *Namen* gegeben?
> Pia: Dem Tisch, dem Bett, den Sachen halt.
> Mihail: Den *Sachen Namen* gegeben, das gibt's heute auch noch, wenn was Neues erfunden wird …

Durch das gemeinsame Überlegen und die Rückspiegelung der Lehrerin finden die Kinder kooperativ eine genaue Formulierung: Pia antwortet mit Einzelheiten (*dem Tisch, dem Bett*), die sie dann zusammenfasst (*den Sachen*); dadurch kann Mihail seine Formulierung verbessern (*den Sachen Namen gegeben*) und die Idee weiterführen. Durch Achtsamsein, Aufnehmen und Anregen von Weiterführung zeigt die Lehrperson den Kindern, dass es sich lohnt, sich am Unterricht zu beteiligen, weil man gemeinsam etwas klären kann und nachher mehr weiß.

Das Prinzip gilt auch für die Muttersprachen (Erstsprachen) der zwei- und mehrsprachigen Kinder. Wenn man ihren Sprachen Beachtung entgegenbringt, gewinnen diese und mit ihnen die Sprecher der Sprachen Prestige. Die Beachtung der Sprachen ist ein nachhaltiger Prozess, der nicht mit dem – übrigens schönen und ausbaubaren – Lied *Paule Puhmanns Paddelboot*[6] erledigt ist. Wenn sie es dürfen, liefern die Kinder selbst den Stoff dafür, indem sie aus ihren eigenen Überlegungen und Beobachtungen sprachvergleichende Mitteilungen in den Unterricht einbringen, die meist mit der Lautung oder der Bedeutung zu tun haben. Hier einige Beispiele aus dem 2. Schuljahr, Sachunterricht zu verschiedenen Themen (Zahnpflege, Haustiere und anderes) in verschiedenen Klassen:

Anastasia: Russisch *rot* heißt ja „Mund"!
Lena: *Bär* das heißt kasachisch „gib mir"!
Juan: Und Spanisch „gib mir" heißt *dame*.
Irini: *Pasta,* das ist griechisch ein Kuchen.
Aneta: Zahnpasta, Zahnpasta!
Giovanni: Bei uns Nudeln.

Vasiliki: Wenn ich griechisch *katze* sage, dann heißt das „setz dich".
Daniel: Und was heißt dann „Katze"?
Kristina: *Gata.*
Patrizia: Jaja, und Italienisch auch *gatta.*
Montse: *El gato, el gato!*
Pierangelo: *Gatto* gibt's italienisch auch.
Saadet: Türkisch ist *kedi* und *sıçan* heißt „Maus".

Zunächst einmal ist es wichtig, dass Kinder mit ihren Überlegungen nicht alleinbleiben, sondern dass sie sie vortragen dürfen und dass die Mitteilungen beachtet werden. Durch Nachfragen der Lehrperson oder von Kindern wird Beachtung leicht erreicht, wie man im Katzenbeispiel bei Daniels Frage sieht. Offenbar ist es vielen Kindern ein Bedürfnis, etwas aus ihrer Erstsprache beizutragen – auch das zeigt unser Beispiel – und sie vergleichen den Klang. Daniels Frage macht klar, dass er aus Vasilikis Bemerkung einen Denkanstoß aufgegriffen hat: Wenn die Lautform *Katze* eine andere Bedeutung hat, dann muss es für die Bedeutung „Katze" eine andere Lautform und damit ein anderes Wort geben. Eine wichtige Überlegung von Daniel, die beweist, dass alle Kinder durch den Sprachvergleich angeregt werden.

In einer Klasse wandte sich ein Kind mit Erstsprache Russisch während des Rechtschreibunterrichts, als ihm von der Lehrerin das Wort erteilt war, direkt an einen anwesenden Gast: „Sie müssen wissen, im Russischen gibt es unwesentlich mehr Buchstaben als im Deutschen, aber das wissen hier in der Klasse schon alle." Bei dieser Lehrerin dürfen die Kinder ihr Sprachwissen und wichtige Sprachbeobachtungen mitteilen, auch aus ihren nichtdeutschen Sprachen. So einen Unterricht, in dem sie Bedeutsamkeit und Selbstwirksamkeit erfahren, möchte man allen Kindern wünschen.

Sprachenvielfalt: Kinder vergleichen Sprachen

Das Prinzip, die Mitteilungen über Sprachbeobachtungen und Vergleiche mit Achtsamkeit aufzunehmen, birgt viele Redeanlässe, viele Sprachfragen, und es bringt intensive Beteiligung gerade der Kinder, die sonst als wenig teilnehmend angesehen werden. Es muss nicht auf die Herkunfts- oder Familiensprachen beschränkt bleiben, sondern kann Schulfremdsprachen ebenso einbeziehen.

Aufgabe von Lehrpersonen ist es, in manchen solcher spontanen Bemerkungen das Potenzial für den Sprachunterricht zu entdecken. Die Umsetzung der Anregung in Unterricht muss nicht sofort erfolgen, eher mit Verzögerung einiger Tage. Zum Katzenbeispiel sagte die Lehrerin drei Tage später etwa: „Ich habe mir zu Hause noch mal überlegt, dass ihr in so vielen Sprachen das Wort für ‚Katze' wisst. Wollen wir uns das mal gemeinsam ansehen, was da zusammenkommt?" Die Wörter für „Katze" wurden gesammelt und verglichen, danach wurde Saadets Vorschlag, „Maus" einzubeziehen, realisiert. Durch wiederholte Fragen der Lehrerin: „Wie machen wir weiter? Was tun wir jetzt?", nannten und verwarfen und entwickelten die Kinder gemeinsam ihre Methode. Sie ordneten die Wörter in eine Tabelle, mit den Sprachen als einer und den Tieren als anderer Koordinate, und markierten gemeinsame Teile der Wörter in verschiedenen Sprachen.

Deutsch	die Katze	der Kater	die Maus	die Ratte
Italienisch	la gatta	il gatto	il topolino	il topo, la rata
Spanisch	la gata	el gato	el ratón	la rata
Türkisch	kedi		sıçan, fare	sıçan, fare
Griechisch	γάτα (gata)		ποντίκι (pontíki) ποντικός (pontikós)	μεγάλος ποντικός (megálos pontikós)
…				
Englisch	the cat		the mouse	the rat

Was die Kinder dabei selbsttätig erkannten:

- Es gibt Wörter, die ähnlich in mehreren Sprachen vorkommen.
- Aus einem Wort kann man ein anderes mit ein bisschen anderer Bedeutung machen, wenn man es verändert. Beispiele sind einmal die männlichen und weiblichen Formen bei *Katze/gato* etc., zum anderen Tiere aus derselben Tierfamilie in manchen Sprachen wie *rata/ratón* oder *topo/topolino*.
- Mit solchen Endungen kann man aus wenigen Wörtern viele Wörter machen (ein wichtiges Prinzip der Sprachökonomie).
- Das geht aber auch, wenn man *groß* oder *klein* dazusetzt wie im Griechischen *megálos* („groß").
- Wenn man sich genau ausdrücken will, muss man das genaue Wort kennen.
- In manchen Sprachen gibt es Artikel, in anderen nicht.

Kinder nehmen die Artikel beim Deutschlernen bewusst wahr, auch wenn sie sie noch nicht korrekt gebrauchen. Dazu das folgende Beispiel aus dem Sachunterricht im 2. Schuljahr:

Es werden Dias aus der Türkei gezeigt.
Frau Kohl: Und was sieht man noch auf dem Bild, das habt ihr vorhin auch schon gesagt?
Serkan: Moschee. Hier ist die Moschee.
Emel: Ohne Artikel muss man das schreiben!
Frau Kohl: Warum ohne Artikel?
Murat: Ohne Artikel.
Erdoğan: Mit Artikel, bei Deutsche mit Artikel.
Frau Kohl: Nein, das muss dort bleiben, das ist halt das deutsche Wort.
Osman: Wir schreiben dann türkisch.
Caner: Aber auf Türkisch Moschee schreibt man ohne Artikel!

Hier thematisieren die Kinder den Gebrauch des Artikels im Deutschen und die Artikellosigkeit im Türkischen. Die Diskussion entzündet sich am Wort *Moschee*, das offenbar als der türkischen Kultur zugehörig empfunden wird (türkisch *cami* oder *mescit*). Im Türkischen ist das Wort artikellos, weil die türkische Sprache keine Artikel hat. Solche Konflikte, etwas aus einer eigenen Lebenswelt in einer anderen Sprache auszudrücken und es dabei nicht zu entfremden, ordnen wir der „Sprachloyalität" zu. Man sieht, dass die Kinder den Loyalitätskonflikt verschieden lösen wollen.

Bei solchem Arbeiten wird die Mehrsprachigkeit der Klasse fraglos als produktiv anerkannt, die Kinder leisten ihre bedeutsamen Beiträge und erleben sich als wirksam und ihre Sprachen als wichtig. In der Grundschule gibt es zahlreiche Möglichkeiten für die Arbeit mit mehreren Sprachen, der Anstoß muss nicht einseitig von den Kindern kommen, sondern kann ein Vorschlag der Lehrperson sein. Zum Beispiel:

- das Vergleichen der Geburtstagswünsche oder Gruß- und Abschiedsformeln und so weiter: was genau ausgedrückt wird (verschieden) und was damit gemeint ist (etwa dasselbe);
- die Namen der Kinder, ihre Herkunft, Verbreitung und Bedeutung, Namensverwandtschaft;
- internationale Wörter wie *Mathematik, Toilette, Auto, Balkon*, woher sie kommen, in welchen Sprachen sie existieren und so weiter;[7]
- schließlich auch kleine Sätze und Texte aus dem Unterricht, mehrsprachig betextete Bilderbücher.[8]

Mehrsprachige Kinderbücher

Viele schöne Vorschläge für die Arbeit mit den vielen Sprachen der Kinder, nämlich für Deutsch als Zweitsprache, Herkunftssprachen, Begegnungssprachen und frühe Fremdsprachen, enthält die von 2001 bis 2003 erschienene Zeitschrift *Grundschule Sprachen*, teils fortgesetzt durch *Grundschule Deutsch*.[9] Auch dort zeigen die Artikel, dass es möglich ist, *mit* den Sprachen zu arbeiten statt *gegen* sie.

Was bringt die Sprachenvielfalt als Unterrichtsgegenstand den Kindern? Folgendes:[10]

- mehr Beteiligung am Unterricht
- Interesse am Unvertrauten und das Zutrauen, es erforschen zu können
- neue Sichten auf Eigenes und Fremdes
- Fragen und Neugier eher als Abwertung und Zurückweisung
- selbständigeres Arbeiten im Team und in der Klasse und Methodenkompetenz
- Prestige für alle Sprachen und ihre Sprecher
- Aufmerksamkeit auf sprachliche Phänomene

Wichtiges in Kürze

- Kinder im Schulalter, die nicht ausreichend Deutsch verstehen und sprechen, um am Regelunterricht teilzunehmen, erhalten im Allgemeinen Sprachförderung in Vorbereitungsklassen oder Kursen.
- Diese Kinder sollten danach bei der Integration in eine Regelklasse begleitet und mit Zuwendung aufgenommen werden, damit sie sich trauen, sich zu beteiligen. Eventuell sind weitere Förderstunden oder ein Förderkurs nötig.
- Kinder möchten anerkannt werden und ihre Sprachen geschätzt wissen. Das ist sehr wichtig für Kinder mit Migrationshintergrund. Wenn die Kinder beständig Achtung erfahren, wollen sie im Allgemeinen sehr bereitwillig und fruchtbar mitarbeiten, wie die Beispiele zeigen.
- Die Sprachbeobachtungen der Kinder können von Zeit zu Zeit Ausgangspunkt für das Untersuchen von Sprache und Sprachgebrauch sein. Sprachen zu vergleichen und dabei die Familiensprachen einzubeziehen erhöht das Prestige dieser Sprachen und macht den Unterricht selbsttätig und lebendig.[11]

Kapitel 12

In Grundschule und Kindergarten

Fremdsprachen von klein an?

Seit 1996/97 führen wir in gewissen Abständen in Deutschland und anderen europäischen Ländern Befragungen (Gruppeninterviews) mit jeweils 3 bis 4 Kindern oder Jugendlichen zu verschiedenen Sprachbereichen durch: Dialekt, Ähnlichkeit von Sprachen, Sprachen ohne Wörter und so weiter.[1] Zum Abschluss stellen wir die Frage: „Was würdet ihr untersuchen, wenn ihr Sprachforscher wäret?" Neben „Tiersprachen" und „Sprachentstehung" (Wer hat die Sprache erfunden? Wie haben die ersten Menschen gesprochen?) interessieren sich gerade auch Kinder im Grundschulalter für Fremdsprachen, sie geben häufig als ihr Interesse an: „andere Sprachen erforschen", „wie man Sprachen lernt", „warum die Sprachen so verschieden sind" und so weiter. Zu diesem Thema haben sie sich auch schon im vorausgegangenen Gruppeninterview so oder ähnlich geäußert:

> Alina, 10 Jahre, aus Bosnien: Also ich bin hierhergekommen und konnte gar kein Deutsch – und ich bin in die Schule gegangen und habe *nichts – gar nichts* verstanden – und dann haben sie immer alle mit mir geredet und ich hab zugehört und hab ein oder zwei Wörter gelernt – und am nächsten Tag zwei andere – und immer so weiter – und so hab ich Deutsch gelernt – [...] Nein, das (Bosnisch im Gegensatz zum Deutschen) hab ich von meinen Eltern gelernt – das konnt ich von Geburt an – Nein, das (Grundschul-Französisch lernen in der Schule) geht ganz anders! Also – da sagt die Lehrerin was und wir müssen es aufschreiben [...] – bis wir es können – und so lernen wir das.

Alina stellt verschiedene Typen des Sprachenlernens nebeneinander: das erst- beziehungsweise muttersprachliche Lernen in der Familie, quasi „von Geburt an", das zweitsprachliche Deutschlernen in der Schule durch Teilnahme und Interaktion, das Fremdsprachenlernen si-

Fremdsprachen

sind Sprachen, die hauptsächlich durch Unterricht gelernt werden, oft außerhalb des Landes dieser Zielsprache. Fremdsprachen lernt man meist als Teil der (Schul- oder Hochschul-)Bildung oder als Fachsprache (für den Beruf). Nach intensivem Lernen und eventuell Übersiedlung ins Zielsprachenland kann eine Fremdsprache zur Zweitsprache werden.[3]

cher stark typisierend durch Belehrung. Mit ihren 10 Jahren hat sie klare Vorstellungen davon, wie Sprachenlernen jeweils klappt.

Frühes Fremdsprachenlernen ist in Deutschland und Europa verbreitet; die Fremdsprache, die Eltern am häufigsten wählen, ist Englisch, auch in Deutschland. Die Europäische Union und der Europarat, die eine „europäische Identität" erreichen möchten, unterstützen das Fremdsprachenlernen ideell und durch Partnerschafts- und Austauschprogramme, sie stellen sich den Europabürger mindestens dreisprachig vor, damit viele Menschen miteinander kommunizieren können.[2] Die Umsetzung dieses Ziels findet in den Ländern und Kommunen statt.

Fremdsprachen im Kindergarten

Schon für die Kleinen bieten einige Kindergärten Fremdsprachen an, meist Englisch, an den Grenzen auch Nachbarsprachen: am Oberrhein Französisch, am Niederrhein auch Niederländisch, an der Ostgrenze auch Polnisch, an der Nordgrenze auch Dänisch. Dabei gibt es verschiedene Grundmodelle:[4]

- Das *Modell des fremdsprachigen Kindergartens* verwendet nur die Fremdsprache, die so zur Zweitsprache oder gar dominanten Sprache werden soll, indem die Kinder ein fremdsprachiges „Sprachbad" erhalten.
- Das *Zweisprachigkeitsmodell* orientiert sich am Prinzip der funktionalen Sprachentrennung: *eine Person – eine Sprache*; das bedeutet, dass zwei Erzieherinnen mit verschiedenen Sprachen die Kindergartengruppe im Wechsel betreuen und jeweils nur die eine Sprache sprechen. Es ist oft nach Halbtagen organisiert: Montag vormittags Englisch, nachmittags Deutsch; Dienstag vormittags Deutsch, nachmittags Englisch und so weiter. Das Lernen soll, so die Hoffnung, wie in zweisprachigen Familien vor sich gehen.
- Das *Raummodell* besteht darin, einen Raum im Kindergarten mit Attributen des Zielsprachenlandes zu bestücken: Flagge, Poster mit

Lernspiel im Kindergarten

Bauten und Straßenszenen. Dieser Raum ist zu bestimmten Zeiten geöffnet, in denen die Kinder die Zielsprache hören und eventuell mitsprechen. Oft werden im Sitzkreis Spiele in der Fremdsprache gemacht, Bewegungslieder gelernt und so weiter.

- Das *Angebotsmodell* bietet den Kindern die Fremdsprache zu bestimmten Zeiten an, gruppenintern oder gruppenübergreifend. Dazu kommen gegebenenfalls Gäste, die die Sprache als Muttersprache haben, in die Kita. Das Vorgehen ähnelt dem des Raummodells.

Die zwei ersten Modelle brauchen unbedingt zielsprachliches Personal; für die beiden letzten übernimmt oft auch eine außenstehende Person die Aufgabe des Sprachangebots, etwa eine Mutter oder eine Lehrerin oder ein Lehrer. Der Erfolg der Angebote – dass die Kinder sich gern mit der Fremdsprache beschäftigen, Alltägliches verstehen und kleine Äußerungen machen können – scheint neben der Zeitmenge (Größe des fremdsprachlichen Inputs) vom Geschick, Engagement und Spaß der erwachsenen Sprachmittler abhängig zu sein, die auf die Kinder überspringen. Nach ersten Wörtern (Bezeichnungen für Gegenstände, aber auch Floskeln) werden Sätze verstanden, Floskeln selbständig gebraucht, dann Wortgruppen.

Erzieherin spricht über das Wetter.[5]
Erzieherin: Il y a du brouillard?
(Gibt es Nebel → Ist es neblig?)
K1: Was ist das?
K2: Nebel.

Erzieherin: M., pourquoi tu veux jouer seul? *(M., warum willst du allein spielen?)*
M.: Ich will nicht alleine spielen (...)

Erzieherin: Alors tu peux encore aller manger, hein? *(Dann kannst du ja/noch essen gehen, nicht?)*
S: Okay, ich geh dann essen.

K1 gibt den Würfel weiter und sagt spontan: Voilà *(da/bitte schön)*.
K2: Merci *(danke)*.
K1: De rien *(keine Ursache/gern geschehen)*.

Gespräch über den Garten.
Erzieherin: Quoi comme arbre?
(Pause 7 sec).
J: Avec les pommes *(mit den Äpfeln)*.
Erzieherin: Donc un pommier? *(also ein Apfelbaum?)*

Der Lernprozess geht im Französischen und anderen Sprachen langsamer voran als im Englischen; manche Eltern sind enttäuscht, dass die Kinder bei der nächsten Urlaubsfahrt noch nicht die Fremdsprache sprechen. Ähnliches gilt für die Grundschulfremdsprachen später. Wir raten, die Freude an der Sprache, den Stolz der Kinder auf ihre neuen Wörter, die positiven Emotionen und die Haltung der Wissbegier und des Lernenwollens als Positiva zu vermerken und auf höhere Leistungserwartungen vorerst lieber zu verzichten.

Fremdsprachen in der Grundschule

Alle Kinder können in der Grundschulzeit mit dem Lernen von Fremdsprachen beginnen, meist wird Englisch angeboten oder eine Nachbarsprache der betreffenden Region. Frühe Modelle des

Grundschulenglisch und Grundschulfranzösisch in den 1970er Jahren wurden bald wieder aufgegeben, weil sich für das Fremdsprachenlernen in der Sekundarstufe kein Vorteil nachweisen ließ. Lehrpersonen am Gymnasium stellen oft fest, dass Kinder ohne Grundschulfremdsprache innerhalb eines Monats aufholen können, was die anderen im frühen Fremdsprachenunterricht erworben haben. Dennoch wünschen Eltern, dass ihre Kinder das frühe Fremdsprachenlernen nicht verpassen.

Was spricht dafür? Zuerst die gute Lautbildung und Intonation, falls die Lehrperson diese vermittelt; dann die Merkfähigkeit, die hilft, Strukturen als Ganze zu speichern, die sonst später als Grammatik gepaukt werden müssten; schließlich die Neugier auf das Leben und die Sprache anderswo, die Offenheit und divergentes Denken fördert. Jedenfalls nehmen die Vertreter des frühen Fremdsprachenlernens das an; einfach zu beweisen ist es nicht.

Fremdsprachen gehören in der Grundschule mittlerweile zum Regelangebot ab Klasse 3/4, in manchen Regionen des deutschen Sprachgebiets schon ab Klasse 1/2.[6] Eine neue Phase der schulischen Fremdsprachen begann seit Ende der 1980er Jahre

- mit dem Begegnungssprachenkonzept,[7] nach dem die Kinder in Erwartung nachbarschaftlicher Kontakte eine Nachbarsprache lernen und Klassen von diesseits und jenseits der Grenze sich gegenseitig besuchen und ihre Fremdsprache anzuwenden versuchen,
- und mit dem Sensibilisierungskonzept, nach dem die Kinder andere Sprachen, zum Beispiel Muttersprachen der mehrsprachigen Kinder[8] oder auch andere Sprachen der Welt[9], punktuell untersuchen und daran Sprachaufmerksamkeit (éveil aux langues, Language Awareness) entwickeln.

Mittlerweile wird jedoch regulär Englisch,[10] regional auch eine andere Sprache angeboten, und zweisprachige Grundschulen gibt es auch. Der Unterricht ist zwar curricular nach einem Plan aufgebaut, wird jedoch meist spielerisch-kindgerecht und multimodal gestaltet; es gibt Lehrbücher und unterstützende Medien vieler Verlage.[11] Die Kinder unserer Befragung nennen folgende Unterrichtsmethoden: Vokabeln, Schule, Lehrer, Schreiben, Lesen, Sprechen, Nachsprechen, Filme, Bücher, Spiele, Test, Lieder, Auswendiglernen, Bilder, Zuhören, Raten, Texte, also 17 Typen des Fremdsprachenlernens.

Als Prinzipien des Fremdsprachenunterrichts wurde in der zweiten Hälfte des 20. Jahrhunderts die Reihenfolge der vier Fertigkeiten *Hören – Sprechen – Lesen – Schreiben* festgelegt; Ausgangspunkt ist also die Mündlichkeit. Dafür spricht eine gewisse Logik, denn ein Kind muss die Fremdsprache erst aufnehmen, bevor es sie benutzen kann. In der Grundschule bleibt der

Fremdsprachenunterricht oft lange im mündlichen Bereich bei *Hören – Sprechen*, schon um nicht durch die Fremdsprache den Orthografieerwerb des Deutschen zu stören. Besonders wichtig ist der Lauterwerb der Fremdsprache: Es werden Lieder gesungen, kleine Szenen gespielt, Videokassetten angeschaut, Tonkassetten gehört, wie die Kinder selbst erzählen, und gegebenenfalls werden Modellgespräche für den Besuch bei der Partnerklasse eingeübt. Vielfach zeigt sich jedoch, dass Kinder, die schon schreiben können, gern auch in der Fremdsprache schreiben wollen. Das kann ihnen nicht vorenthalten werden, zumal Kinder die stützende Funktion der Schrift für das Lernen schon erfahren haben.

Im heutigen Fremdsprachenunterricht haben alle Methoden und Medien Platz, die für Kinder geeignet erscheinen. Der Fremdsprachendidaktiker Leupold[12] nennt dies „Abschied von der großen Methode". Heute wird breit dafür plädiert, die Zugänge, Methoden und Fertigkeiten zu mischen und viel Variation zuzulassen. Dennoch ist Fremdsprachenlernen nicht beliebig; es lassen sich wichtige fremdsprachliche Kompetenzen nennen, die Grundschulkinder sich aneignen können:

- das situative Verstehen und
- das Hörverstehen in einfachen Situationen;
- einige Höflichkeitsausdrücke und
- die Formulierung von Bedürfnissen,
- alltägliche Bezeichnungen und
- bedeutsame Äußerungen, damit die Kinder etwas ausdrücken oder mitteilen können;
- kleine Lieder, Reime und Späße, die für Kinder wirklich spaßig sind.

Wenn Kinder in der Fremdsprache nicht ausdrücken können, was sie möchten, verlieren sie die Lust an der Sprache. Wenn sie nichts über Land und Leute, also über die Sprecher dieser Sprache erfahren, können sie die sprachlichen Situationen nicht situieren und lernen „blutleer", und dann geht auch die Motivation verloren. Dagegen stärkt die Aussicht, die Sprache bald einmal anwenden zu können, die Motivation.

Das Hörverstehen ist eine basale, aber keine primitive Kompetenz. Um Gehörtes zu verstehen, muss ein Kind aus dem flüchtigen Fluss der gesprochenen Sprache Elemente isolieren und im Geiste festhalten, um sie wiederzuerkennen. Dazu bedarf es hoher Aufmerksamkeit und vorheriger Festigung einiger Sprachelemente. Wie kommt ein Kind dahin?

Genauer am Beispiel eines möglichen Anfangs: Kinder wollen erfahren, was für eine Sprache das ist, die sie nun lernen, und was für Menschen sie sprechen. Land und Leute werden ihnen durch Bilder, vielleicht in Klasse 3/4 durch eine Landkarte, durch Musik oder Video oder auch durch die Rückseiten der Euromünze vorgestellt, jedenfalls ohne dass dies zu kinder-

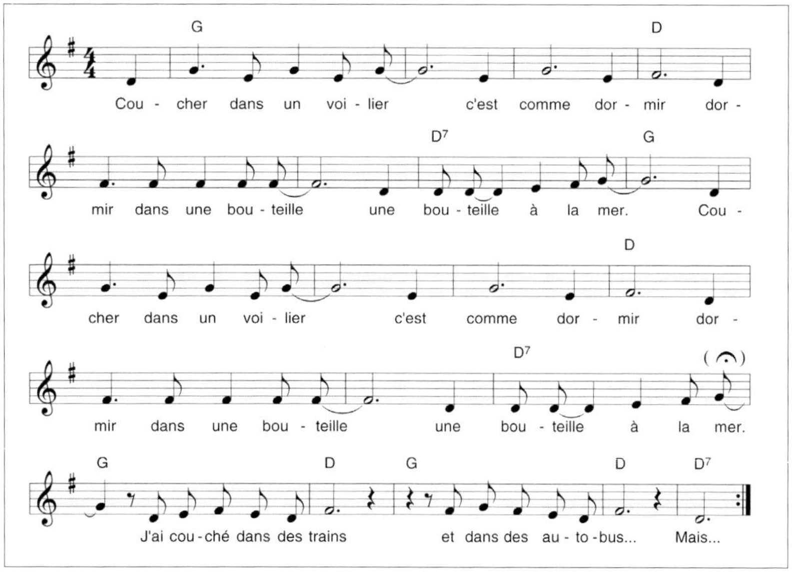

tümelnd sein sollte. Postkartenansichten aus dem Zielsprachenland, die von der Lehrperson, von Angehörigen und Freunden der Kinder gesammelt werden, und Zeitungsfotos oder Ähnliches vermitteln erste Eindrücke. Ein kleines Lied kann am Anfang stehen, sie lernen es zu singen.

Im zweiten Schritt können die Kinder involviert werden durch eine kleine Szene, die sie verstehen und in der sie erste Höflichkeitsformen erwerben:

> Salut! – Ça va? – Tu veux une glace? – Oui, merci!
> Hello/Hi! – How are you? – Do you want an ice cream? – Yes, thank you.
> Hallo! – Wie geht's? – Willst du ein Eis? – Ja, danke!
>
> Salut! – Ça va? – Tu veux une orange? – Oui, merci!
> Hello/Hi! – How are you? – Do you want an orange? – Yes, thank you.
> Hallo! – Wie geht's? – Willst du eine Apfelsine/Orange? – Ja, danke!
>
> Salut! – Ça va? – Tu veux un ananas? – Non, merci!
> Hello/Hi! – How are you? – Do you want a pineapple? – No, thank you.
> Hallo! – Wie geht's? – Willst du eine Ananas? – Nein, danke!

Dazu wird in kleinen Situationen erzählt, zum Beispiel dass man zu *danke* unbedingt *ja* oder *nein* sagen muss, weil das erwartet wird und weil man ohne das nicht verstanden wird. Ein vielleicht bevorstehender Besuch bei einer Partnerklasse gibt diesen Spielchen neue Motivation und ist Anlass für neues Sprachmaterial. Was sagt man, wenn man etwas nicht essen möchte?

> Pardon, c'est trop.
> Sorry, that's too much.
> Danke, das ist zu viel.

Weiter geht es damit, dass die Kinder auf die Frage nach dem eigenen Namen antworten können, weil sie die Situation und die Sprachwendung verstehen:

> Tu t'appelles comment?/Comment t'appelles-tu?
> What's your name?

und dass sie ihrerseits nach dem Namen anderer fragen können, dass sie Orte erfragen können:

> Où est X? – Where is X?

An diesen Stand schließt zum Beispiel ein Vorschlag von Leupold[13] an. Ein Besucher in der Klasse ist Anlass, dass Schüler und der Gast sich gegenseitig vorstellen, hier auf Französisch. Der Gast spricht von sich und seiner Herkunft (im Sinne der aufgeklärten Einsprachigkeit nicht nur in der Fremdsprache). Er lenkt das Gespräch auf das Meer, vermittelt einige Basiswörter einschließlich *Flaschenpost*, die durch spielerische Methoden (Kreuzworträtsel, Lückentext) gesichert werden. Dann hören die Kinder das Lied *Dormir dans une bouteille*, das sie gemeinsam verstehend nachvollziehen und auch mehrfach singen.

Fremdsprachenlernen muss nicht als lästige Arbeit gesehen werden ...

Inzwischen ist eine Reihe von Lehrbüchern für das frühe Fremdsprachenlernen erschienen, jeweils mit Zusatzmaterial wie Kassetten/CDs im Paket. Die Bücher versuchen, so wenig „verschult" wie möglich auszusehen, sie enthalten viele Bilder von Situationen und teils keine, teils wenig Schrift. Trotzdem wird sich das Fremdsprachenlernen in der Grundschule nicht hauptsächlich auf Lehrgangsmaterial stützen, sondern situativ arbeiten und sich an Interesse und Bedürfnissen der Kinder orientieren.

Wie viel Wortschatz und wie viele Wendungen in jeder Situation ein Kind lernt, sollte es möglichst selbst steuern können. Nicht alle müssen in der Grundschule alles behalten, einen Grundbestand allerdings schon. Langsam baut sich Sprachkönnen auf, das beim realen Partnergespräch viel herzliches Lachen auslösen kann. Denn die Gegenseitigkeit, der Dialog ist letztlich das Ziel. Bei interessierten Kindern gibt es bald oder später noch den anderen Effekt, dass sie bei Begegnungen anfangen, in der Rede bekannter oder fremder Zielsprachensprecher, auch wenn sie nicht an das Kind gerichtet ist, kleine Elemente der neuen Sprache wiederzuerkennen: zuerst vielleicht nur *oui*, dann *dix*, dann *maison*, *c'est trop* oder *you*, *when*, *let me* und so weiter. Sie gehen das Analyseproblem an und merken, dass sie Fortschritte machen. Wenn das gelingt, strahlen die Kinder vor Stolz. Sie bewegen sich in Richtung des Hörverstehens. Und im Urlaub lesen sie dann vielleicht schon ein paar Sätze in einem Buch.

Wichtige Elternfragen

Viele Eltern befinden sich auf mehreren Ebenen im Zwiespalt: Wird mein Kind durch frühes Fremdsprachenlernen überfordert? – Verpasst mein Kind seine Chance, wenn es nicht am frühen Fremdsprachenlernen teilnimmt?

Kinder greifen das Lernangebot unterschiedlich auf: Viele freuen sich an der Fremdsprache und lernen sie gern, andere weniger. Solange die Fremdsprache in spielerischen Situationen vermittelt wird, ist Überforderung unwahrscheinlich. Allerdings verlören auch motivierte Kinder die Lust daran, wenn über Jahre „nur gespielt" würde; viele Kinder wollen auch systematischer lernen und schreiben, sagen Lehrpersonen. Darauf könnten sie mit differenzierenden Arbeitsformen und Arbeitsmaterialien reagieren, sodass Kinder nach ihrem Rhythmus stärker selbstbestimmt lernen können und die einen nicht überfordert, die andern nicht gelangweilt sind. Früher Fremdsprachenunterricht zusammen mit außerschulischem Fremdsprachenkon-

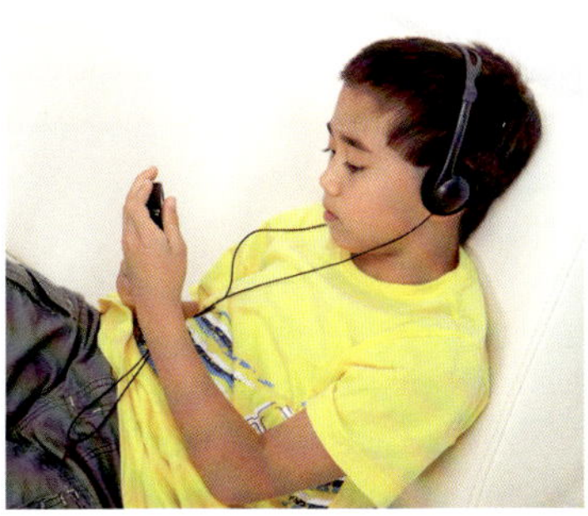

… sondern kann als schönes Erlebnis gestaltet werden.

takt kann manche Kinder weit bringen. Dass im Gegenteil der Fremdsprachenunterricht Kinder in der Grundschule am Mithalten in Fächern wie Deutsch oder Mathematik hinderte, haben wir nie erfahren. Es wäre jedoch denkbar, dass ein insgesamt starker Leistungsdruck in mehreren Fächern oder durch andere Gegebenheiten und Personen sich auf ein Kind negativ auswirkt.

Das Fremdsprachenangebot in der Grundschule ist eine Chance; vielleicht wäre es schade, sie nicht zu nutzen. Unwiederbringlich verloren ist diese Chance aber nicht, wenn ein Kind nicht teilnimmt. Das Sprachlernen kann später beginnen und ebenso erfolgreich sein. Was aber für den Frühbeginn spricht: Sehr viele Kinder sind willig und motiviert, eine Fremdsprache zu lernen, und renommieren zum Beispiel damit, in einer anderen Sprache bis 10 zählen zu können. Es wird angenommen, dass sie durch das Fremdsprachenlernen schon früh Offenheit gegenüber anderen Sprachen und Menschen und eine Haltung des Sprachinteresses entwickeln. Zu bedenken ist hingegen, dass dieselbe Schulfremdsprache nach immer mehr Jahren stagnieren und lustlos machen kann: Wir haben von Kindern erfahren, die nach der frühen Fremdsprache in der höheren Sekundarstufe einfach keine Lust mehr auf diese Sprache hatten.[14]

Welche Sprache(n) soll mein Kind in der Grundschule lernen?

Die Waldorfschulen sind ein Beispiel dafür, dass frühes Fremdsprachenlernen mit mehreren Sprachen gleichzeitig beginnen kann: zwei Fremdsprachen von der 1. Klasse an und eine dritte Fremdsprache ab Klasse 5.

Lina (10 Jahre) besucht eine Waldorfschule. Eine Tante unterhält sich mit ihr darüber.
Tante: Welche Fremdsprache lernst du denn?
Lina: Alle!

Viele Sprachpädagogen empfehlen, als Sprache des Frühbeginns nicht Englisch zu wählen. Englisch besticht zwar als Weltsprache und als Sprache der Jugendkultur, und es hat wegen seiner reduzierten Grammatik am Anfang den Vorteil einer großen Sprechbereitschaft (man kann bald etwas Verständliches sagen; Schwierigkeiten stellen sich erst bei Fortgeschrittenen ein). Dem steht der Nachteil gegenüber, dass es das Lernen anderer Sprachen, die stärker die Beachtung grammatischer Formen erfordern,

Ene, mene, miste,
es rappelt in der Kiste.
Ene mene muh,
und raus bist du!

deutscher Abzählreim

Ені – бені,
люки – паки,
тюль – буль – буль,
каляки – смаки,
еус – деус,
кісла – деус,
еус – деус – бац.

Eni – beni,
ljuki – paki,
tjul′ – bul′ – bul′,
kaljaky – smaky,
eus – deus,
kisla – deus,
eus – deus – baz.

ukrainischer Nonsens-Abzählreim

Passa Paperino
Con la pipa in bocca
Guai a chi la tocca
L'hai toccata proprio tu!

italienischer Abzählreim

Eeny, meeny, miny, moe,
Catch the tiger by the toe.
If it hollers, let him go,
Eeny, meeny, miny, moe,
You are it!

englischer Abzählreim

Ams, tram, gram,
Pic et pic et colégram,
Bour et bour et ratatam,
Ams, tram, gram.

französischer Nonsens-Abzählreim

Ooooo … eveleme develeme
Deve kuşu kovalama
Çengi çember
Mis gibi amber
Lep be a çocuk
Sana dedim sen çık.

türkischer Abzählreim

Abzählreime in verschiedenen Sprachen

erschweren kann. Wenn Eltern glauben, eine einzige Fremdsprache reiche, wäre Englisch die Sprache der Wahl. Im Blick auf den mehrsprachigen Europäer und einen höheren Bildungsgang würde die Empfehlung allerdings lauten, mit Französisch, Spanisch oder Russisch (einer anderen romanischen oder slawischen Sprache, je nach Gelegenheit auch mit einer asiatischen Sprache) anzufangen; danach würde Englischlernen ein „Spaziergang", zumindest bis zum mittleren Niveau.[15]

Wie soll ich mein Kind beim frühen Fremdsprachenlernen unterstützen?

Vor allem ist wichtig, dass die Unterstützung sanft und möglichst unbemerkt vonstatten geht. Ihr Kind möchte von Ihnen wahrscheinlich weder Kontrolle noch Leistungsdruck noch Zusatzunterricht. Es möchte aber Ihr Interesse spüren, vielleicht erzählt es Ihnen dann, was im Unterricht lustig war, was wer gesagt hat oder sogar, welche Texte und Spiele eingeführt wurden und was es dabei gelernt hat.

Wenn Sie die Sprache kennen und Ihr Kind gern singt, singen Sie mit ihm Kinderlieder in der Zielsprache. Vielleicht kann es in der Schule oder in der Stadtbücherei Tonkassetten oder CDs in der Zielsprache ausleihen, die Sie mit ihm zusammen hören. Hübsch sind auch Kinderhörspiele mit zielsprachlichen Einschüben, zum Beispiel nach den Büchern von Otfried Preußler: *Englisch/Französisch lernen mit dem kleinen Gespenst/dem kleinen Wassermann.*[16] Darin werden immer wieder zielsprachliche Ausdrücke eingeflochten, die nicht alle behalten werden müssen, die aber die Zielsprache attraktiv machen. Mehrere Kinder können es auch zusammen anhören. Es ist das schöne Erlebnis im Rahmen des Fremdsprachenlernens, das die Kinder motiviert.

Wichtiges in Kürze

- Der frühe Fremdsprachenunterricht ist keine Überforderung, wenn er ohne Druck angeboten wird und die Kinder das Sprachenlernen als „schön" erleben lässt.
- Einsprachigkeit ist im frühen Fremdsprachenunterricht nicht oberstes Gebot. Wichtiger ist, dass die Kinder Interessantes über Land und Leute der Zielsprache erfahren und verstehen, was sie lernen. Das Fremdsprachenangebot soll reich sein, es erfolgt an alltäglichen Situationen und kleinen Texten, Szenen und Geschichten nach dem Prinzip der „aufgeklärten Einsprachigkeit".
- Die Vielfalt der Lehr-Lern-Methoden ist besonders für Kinder anregend.
- Wenn Kinder noch nicht bereit sind, Fremdsprachen zu lernen, können sie auch später mit dem Fremdsprachenlernen beginnen.

Kapitel 13

Sprechen und Zuhören – über Sprache(n) nachdenken

Was Kinder am Ende der Grundschule können sollten

Sprechen und Zuhören, so kann man das große Spektrum des „Mündlichen" in der Schule umreißen. Wenn die Kinder in der Schule nicht schreiben (und lesen), sprechen sie oder sie hören zu. Das gilt für die meisten Fächer. In den Fächern, in denen vornehmlich gesprochen und zugehört, gelesen und geschrieben wird, wird das „Mündliche" zumeist bei der Beurteilung der Leistung stärker gewichtet als das „Schriftliche". Es gibt den Ausschlag. Stille Schüler werden hierbei manchmal benachteiligt.

Das Nachdenken über Sprechen und Sprache vollzieht sich vorwiegend in den sprachlichen Fächern. Dazu gehört es, sprachliche Verständigung zu untersuchen, an Wörtern, Sätzen, Texten zu arbeiten, Gemeinsamkeiten und Unterschiede von Sprachen zu entdecken und grundlegende sprachliche Strukturen zu kennen und damit arbeiten zu können. Zu beiden Bereichen hat die Kultusministerkonferenz 2004 für das Ende von Klasse 4 Bildungsstandards formuliert. Zum Lernbereich „Nachdenken über Sprache(n)" gibt es auch standardisierte Aufgaben, für den Lernbereich „Sprechen und Zuhören" nicht.[1] Ein gewichtiges Problem besteht darin, anzuknüpfen an die Art und Weise, wie Kinder von sich aus über Sprechen und Sprache nachdenken; eine Gefahr besteht darin, Begriffe zu vermitteln, die die Kinder nur als „totes Wissen" lernen. Dann kennen sie zwar die Wörter, haben aber kein Verständnis davon, was sie bedeuten.

Das Sprechen im Unterricht unterscheidet sich vom alltäglichen Austausch in der Familie, auf dem Schulhof, dem Spielplatz, dem Heimweg. Die Grundschulkinder müssen bis zum Ende der Grundschulzeit lernen, sich als Sprecher und Zuhörer stärker sach- und fachbezogen zu orientieren, als sie es in familiären und anderen außerschulischen Situationen tun. Perspektive und Satzbau sind tendenziell eher schriftsprachlich formuliert, die Artikulation ist an der Standardsprache ausgerichtet. Im Allgemeinen *wollen* die Kinder das auch, zum Beispiel möchten sie sich auf diese Weise von Kleineren unterscheiden. Man kann das oft beobachten, wenn Viertklässler mit Vorschulkindern sprechen: Sie verändern ihre Sprechweise, sprechen kindlicher und sehr zugewandt. Daran sieht man, dass sie ein partnerschaftliches Empfinden und Wissen ausgebildet haben.

Daher: Sprechen und Zuhören in der Schule ist nicht nur sach- und fachbezogen orientiert. Mündlicher Austausch in der Schule dient auch der Selbstverständigung und der Entwicklung und Formulierung von Vorstellungen und Deutungen für sich selbst und gemeinsam mit anderen. Das setzt eine entspannte Atmosphäre, Anerkennung jedes Einzelnen voraus.

Gespräch: zum Beispiel über ein Gedicht

Wie dicht, entspannt und zugleich auf den Gegenstand konzentriert Sprechen und Zuhören im Unterricht sein können, zeigt das folgende Beispiel, der Ausschnitt aus einem Gespräch zwischen der Lehrerin, Ute Andresen, und einer altersgemischten Gruppe von fünf Kindern über ein Gedicht von Ringelnatz. Es ist kennzeichnend für das pädagogische Verständnis von Heterogenität bei Ute Andresen, dass man nach der Altersangabe eigens suchen muss: 8 – 14 Jahre.[2] Haltung und Anspruch sind an dem Verständnis orientiert, das die Kinder zu dem Gedicht formulieren. Es gibt keine Messlatte für richtig und falsch. Der Ausschnitt umfasst etwa ein Sechstel des ganzen Gesprächs.[3]

Joachim Ringelnatz: Liedchen

Die Zeit vergeht.
Das Gras verwelkt.
Die Milch entsteht.
Die Kuhmagd melkt.

Die Milch verdirbt.
Die Wahrheit schweigt.
Die Kuhmagd stirbt.
Ein Geiger geigt.

Julia: Es ist nicht so verständlich.
Olli: Es hat keinen Zusammenhang. Es erzählt immer von was anderem: Zuerst von der Zeit, dann vom Gras, dann von der Milch, dann von der Kuhmagd.
Robert: Das reimt sich auch nicht, find' ich.
Jan: Verwelkt melkt, vergeht und steht… Das ist immer so gemacht, dass der zweite Satz dann…
Robert: Ach ja: Verwelkt, melkt…
Olli: Aber wenn du dann schaust: „Die Kuhmagd melkt" und „Die Kuhmagd stirbt" – das passt wieder zusammen. – Ich glaub', der erzählt da vom ganzen Jahr, was da alles schon passiert.
Jan: „Die Zeit vergeht." Das könnte ein Jahr sein.
Katharina: Vielleicht weil die Zeit schon so lange vergangen ist, da lebt keiner mehr auf dem Hof und dann verdirbt eben alles und die Kuhmagd stirbt auch noch.
Julia: Wenn alle tot sind, dann kann keiner mehr eine Wahrheit sagen oder eine Lüge sagen.
Lehrerin: Dann schweigt die Wahrheit.
Jan: Und niemand kann mehr die Kuh melken und niemand auf die Milch aufpassen.
Katharina: Oder vielleicht ist das Leben die

Wahrheit und der Tod eben nicht so wahr, sondern eher Fantasie.
Olli: Oder dass es immer wieder von vorn anfängt, sie sterben und dann geht das Gedicht wieder von vorne an.
Julia: Aber wieso „Liedchen"? Da oben steht ja „Liedchen"?
Olli: Vielleicht ist es ein Lied.
Jan: Sing's halt mal!
Olli: Ich weiß ja nicht, wie die Melodie dazu geht.
Lehrerin: Mach dir eine.
Olli singt.

Die Kinder nähern sich dem Gedicht, indem sie zunächst auch ihr Befremden ausdrücken (*es ist nicht so verständlich; es hat keinen Zusammenhang; das reimt sich auch nicht…*). Dabei gehen sie sehr genau aufeinander ein. Auf Roberts Frage nach dem Reim erläutert Jan, was es damit auf sich hat. Robert korrigiert sich; Olli bemerkt die inhaltlichen Zusammenhänge im zweiten Schritt selbst. Die Kinder hören einander zu und geben sich wechselseitig Impulse für das Gespräch über „letzte Dinge", über Sterben und Tod, über Leben und Wahrheit, über Fantasie. Dabei verbinden sie Gedanken zu den Bildern, die das Gedicht bei ihnen hervorruft, und zu seiner Form (*geht das Gedicht wieder von vorne an, aber wieso „Liedchen"?*). Die Lehrerin stimmt mit ein, gibt auch mal einen Anstoß: *Mach dir eine* (Melodie).

Alle sind gleichermaßen um die Sache bemüht und aufeinander gerichtet. Und: Sie denken über Sprache nach, die Sprache dieses Gedichts, und sprechen darüber. Was in dieser Szene gelingt, beruht auf Interesse an Gedichten und aneinander. Die Erfahrungen von Schulkindern mit Gesprächen sind oft andere:

- Ich finde Gespräche doof, weil ich doch nie drankomme.
- Ich finde gut, dass man seine Meinung sagen kann.
- Der … und der …, die machen immer Quatsch, da hab ich auch keine Lust mehr zuzuhören.
- Den Klassenrat finde ich gut, da war ich mal die Präsidentin.
- Ich habe Angst, mich zu melden, weil ich nichts Falsches sagen will.
- Anna und Carmen haben uns viel über Pferde erzählt. Das war interessant und ich hab mir danach gleich ein Buch von ihnen ausgeliehen.[4]

Diese Äußerungen machen deutlich, dass die Anerkennung, die das Kind im Gespräch erfährt, sein Erleben bestimmt (*nie drankomme, nichts Falsches sagen, war mal Präsidentin, seine Meinung sagen*). In der Wissenschaft ist die Bedeutung des Selbstkonzepts für die mündliche Sprachkompetenz unstrittig.[5] Die Art, wie Kinder Gespräche führen, offenbart viel über das Lernklima und die Wertschätzung des Einzelnen. Die Äußerungen der Kinder zeigen, wie das Interesse an der Sache trägt (*das war interessant*).

> *Je entschiedener „nur" die Sache im Vordergrund steht, je flexibler die von ihr ausgehenden Anforderungen und die unterschiedlichen Fähigkeiten genutzt werden, umso besser können alle Schülerinnen und Schüler die Lerngelegenheiten nutzen und damit auch ihr individuelles Kompetenzniveau verbessern.*[6]

Das Gespräch über das Gedicht ist ein Beleg für diese Ansicht der Erziehungswissenschaftlerin Annemarie von der Groeben.

Sprechen und Zuhören im Wechsel

Das Interesse an der Sache und die Wertschätzung des Einzelnen sollte die Pädagogin immer im Blick behalten. Aber: Sprechen und Zuhören als mündliche Technik kann auch eigens thematisiert, geschult und geübt werden. Wir führen einige Übungen an, bei denen es auf Genauigkeit und Angemessenheit des Sprechens, auf Sach- und Adressatenbezug ankommt und auf gutes Zuhören.

Instruieren und Verstehen. Zwei Kinder sitzen nebeneinander mit einem Sichtschutz dazwischen. Jedes Kind hat einen Stapel Legosteine vor sich. Ein Kind beginnt, eine Figur zu bauen, und benennt für das andere die einzelnen Schritte. Weil der Partner nicht sieht, was der Sprecher tut, reicht es nicht aus, wenn der sagt: *Und jetzt steck ich den da drauf.* Sofort würde der Partner fragen: *Welchen wo drauf?* Aber bei dieser Aufgabe darf er gerade nicht fragen! Die Bezugspunkte für die räumliche Orientierung müssen also sprachlich gefasst werden: *Auf den gelben Stein stecke ich einen blauen und neben den gelben noch einen gelben.* Insofern ist dies eine einfache Übung für „schriftförmige Rede", die für die Teilhabe am schulischen Sprechen so wichtig ist. Wenn die Kinder den Sichtschutz wegnehmen und ihre „Bauten" vergleichen, ist das eine sichtbare Kontrolle für genaues Sprechen und aufmerksames Zuhören.

Danach wechseln sie die Rollen von Sprecher und Zuhörer.[7]

Varianten dieser Übung sind:

- Spielsteine über Spielfelder ziehen und dabei die Positionen beschreibend angeben (Labyrinthspielfeld, Dschungelspielfeld, Krimispielfeld und so weiter; der Partner hat hinter dem Sichtschutz dasselbe Spielfeld vor sich)
- Personen beschreiben und erraten
- Orte und Räume beschreiben und erraten

Vortragen und Präsentieren. Zwei oder drei Kinder suchen sich ein Thema aus, zu dem sie bereits vieles wissen oder noch mehr wissen möchten, zum Beispiel das Thema „Ritter" oder „Pferde" oder „Mobilfunk". Aus Sachbüchern sammeln sie Informationen und wählen gemeinsam aus, was sie vortragen möchten und wie sie es aufbauen wollen. Für die Präsentation suchen sie auch Bilder aus oder bringen Gegenstände mit. Zu den Sachinformationen schreiben sie Karteikarten mit Stichwörtern, die sie beim Vortrag in der Hand halten, um frei zu sprechen und die Zuhörer anzusehen. Auf diese Weise kann auch die Reihenfolge der einzelnen Punkte bis zum Schluss verändert werden; und es kann, wenn zwei oder drei Partner vortragen, auf einfache Weise festgelegt werden, wer zu den einzelnen

Genaues Sprechen und Zuhören kann geübt werden.

Abschnitten etwas sagt. Das freie Sprechen üben sie vorher in ihrer Gruppe. Vielleicht erzählen sie beim Vortrag noch eine kleine Geschichte zum Thema und jedes Kind stellt heraus, was für es selbst das Wichtigste an diesem Thema ist.

Die zuhörenden Kinder geben Rückmeldung, was ihnen am Vortrag gefallen hat, was sie behalten haben und was sie noch wissen möchten – das Gleiche erfahren sie, wenn sie selbst vortragen.[8] Sprechen und Zuhören sind zentral für Unterricht. Insbesondere das Zuhören wird oft als selbstverständlich vorausgesetzt. Aber man kann darauf eigens aufmerksam machen und es sogar sichtbar werden lassen.

„Stille" hören. Auch wenn man die Augen schließt und nicht spricht, hört man Geräusche. Sie sind immer da. Man kann sie nicht ausblenden, wie das bei sichtbaren Eindrücken möglich ist, indem man die Augen schließt. Achtsamkeit auf das Hören bildet sich aus, wenn man zum Beispiel versucht, ein Blatt Papier möglichst geräuschlos im Kreis herumzugeben: einfaches Schreibpapier oder Pergamentpapier oder Alufolie.[9]

Genau zuhören, Details behalten. Manchmal ist es wichtig, das Gehörte genau mitzubekommen und die Details zu behalten. Auch dazu können Übungen sinnvoll sein. Eine Möglichkeit ist, einen Sachtext vorzulesen und die Kinder danach möglichst viele Details aufschreiben zu lassen; eine andere Möglichkeit ist, ein Blatt mit richtigen Details und mit solchen, die im Text nicht vorkommen, auszuteilen und nur die Details des vorgelesenen Textes ankreuzen zu lassen. Das gelingt besonders gut, wenn die Kinder die Aufgabe in Partnerarbeit lösen.

Solche Übungsaufgaben akzentuieren das Textverstehen anders als ein Gespräch über einen literarischen Text – wie zum Beispiel bei dem Gedicht. Aber beide Fähigkeiten sind wichtig: die Aufmerksamkeit auf Details und das Erproben von Deutungen.

Man kann sehen, wer zuhört und wer nicht. Blickkontakt halten, sich dem Sprecher zuwenden, Interesse zeigen, sich konzentrieren, das sind Anzeichen für gutes Zuhören. Die Konzentration auf den Gesprächspartner drückt sich meist auch in der eigenen Körperhaltung aus, sagt der Neurobiologe Joachim Bauer.

Auch das Zuhören kann in der Schule zum Thema werden. Neben Körperhaltung und Blickkontakt geht es bei gutem Zuhören darum, den Sprecher nicht zu unterbrechen, nicht einfach von sich zu sprechen, aber vielleicht nachzufragen. Schülerinnen und Schüler proben pantomimisch gutes und schlechtes Zuhören und führen es in der Klasse vor.[10]

Die beiden Jungen auf dem Foto sind ganz bei der Sache. Der linke bemüht sich, mit Hand und Zunge in Worte zu fassen, was er sagen will. Der rechte wendet sich seinem Gesprächspartner zu, sieht ihn an – und unterbricht wie er das Essen. Er hört durchaus nicht nur „mit halbem Ohr" zu.

Die beiden Bilder unten zeigen das Ergebnis von Unterricht: Die Kinder stellen szenisch-pantomimisch gutes und schlechtes Sprechen und Zuhören dar und erhalten so Kriterien für Beobachtungen an sich selbst und anderen bei Gesprächen im Unterricht – oder bei Partner- und Gruppenarbeit.

Szenisches Spiel: Streitgespräch

Gutes Sprechen und Zuhören kann auch als szenisches Spiel geübt werden, zum Beispiel als Streitgespräch zwischen Mutter und Kind über die Anschaffung eines Haustiers, zwischen Geschwistern über die Nutzung des gemeinsamen Zimmers, zwischen Gruppen in der Klasse über einen Beitrag zum Schulfest, zwischen Schwimmern und Kletterern in der Klasse vor dem Ausflug. Dabei geht es nicht nur – wie beim Zuhören – um Körperhaltung und Blickkontakt, sondern vor allem auch darum, gute Argumente zu finden und sie überzeugend vorzubringen. Zuerst also müssen beide Parteien Argumente zusammentragen. Dazu gehört vor allem auch Wissen. In den Standards, die die Kultusministerkonferenz für das Ende der Grundschule formuliert hat, sind diese Verfahren ausdrücklich genannt: „Anliegen und Konflikte gemeinsam mit anderen diskutieren und klären; szenisch spielen: Perspektiven einnehmen, sich in eine Rolle hineinversetzen und sie gestalten, Situationen in verschiedenen Spielformen szenisch entfalten."[11]

Beim szenischen Spiel kommt es darauf an, die Rolle wirklich anzunehmen, auf den Partner einzugehen und die Argumente „ernst, sachlich, höflich" vorzutragen, das „Zuhören durch

Szenische Darstellung von gutem und schlechtem Sprechen und Zuhören

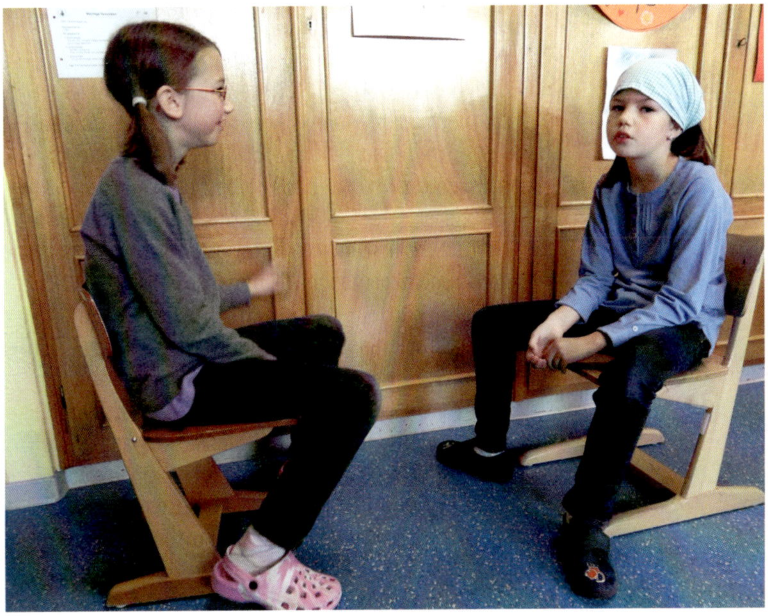

Blickkontakt bzw. Mimik und Gestik" und auch „eigene Redebeiträge durch Körpersprache sinnvoll" zu unterstützen, so die Formulierungen in den „Leistungserwartungen" der Kultusministerkonferenz.[12] Sprechen und Zuhören wird vor allem daraufhin beurteilt, ob es angemessen ist: im Hinblick auf die Situation, im Hinblick darauf, was der Sprecher erreichen möchte, im Hinblick auf das Thema, das verhandelt wird.

Das Streitgespräch kann nacheinander von mehreren Gruppen inszeniert werden, zum Beispiel zwei gegen zwei. Die Hauptaufgabe der Beobachter ist nicht in erster Linie zu entscheiden, welche Gruppe es am besten gemacht hat, sondern aus dem Spiel Kriterien für gutes Argumentieren zu entwickeln und festzuhalten, was die Gruppen verschieden machen und ob sie vorher Erkanntes anwenden. Eine weitere Übung mit Perspektivwechsel ist, wenn die Parteien in einem neuen Durchgang die Gegenmeinung vertreten. Das ist nicht einfach, nun die entgegengesetzte Perspektive einzunehmen. Beide Ansprüche, die Unterschiedlichkeit der Darstellung zu beobachten, ohne gleich zu werten, und die Fähigkeit, auch von der jeweiligen „Gegenseite" aus zu argumentieren, sind für sprachliche Bildung außerordentlich wichtig.

Eine andere Möglichkeit zur Übung der Perspektivübernahme sind Argumentationen mit Rollenkarten:[13] Die Schüler versetzen sich in die Lage und erschließen die Sicht einer Person, die auf einer Karte abgebildet und situiert ist („Ich bin Ute Schneider, ich gehe ins 4. Schuljahr. Natürlich interessiere ich mich für Fußball ..." – „Mein Name ist Hanna Stolpe. Nächsten Monat werde ich 16 Jahre alt. Mein Freund ist ein Fußballfanatiker ..."). Sie argumentieren zu einem strittigen Fall, etwa zu Rüpeleien bei Fußballspielen. Andere Themen sind zum Beispiel „Handyverbot in der Grundschule" oder „Soll unsere Schule Ganztagsschule werden?" (also aus Sicht verschiedener Schüler, Eltern, Lehrpersonen und so weiter).

Sprachgebrauch untersuchen, über Sprache(n) nachdenken

Traditionell wurde der Lernbereich „Sprachgebrauch untersuchen – über Sprache(n) nachdenken" als Grammatikunterricht verstanden; die Vermittlung grammatischer Begriffe (Wortarten, Satzglieder, Satzformen zum Beispiel) stand im Vordergrund. Was Kinder heute im Sprachunterricht lernen, soll sich davon grundlegend unterscheiden. Das formale Erkennen der Wortarten und Satzglieder soll nicht mehr im Zentrum stehen. Seit den 1970er Jahren geht es darum, Sprachgebrauch und Sprache umfassend zu betrachten:[14]

- Dazu gehört, sprachliche Verständigung zu untersuchen, also zum Beispiel die Absichten der Sprecher in einem Gespräch herauszustellen und zu beurteilen, wie effektiv sie unter welchen Bedingungen und mit welchen Mitteln verwirklicht werden und ob und wie man den Erfolg oder Misserfolg beurteilen kann. Gegenstand kann ein Streitgespräch in der Klasse oder auch eines aus der Kinderliteratur sein. Anders als beim Sprechen und Zuhören geht es beim Nachdenken über Sprache nicht um das Üben des Sprechens selbst, sondern um die Betrachtung der sprachlichen Verständigung aus einer gewissen Distanz. Diesen Abstand zu konkreten Situationen können schon Kinder gewinnen, sie sind in der Lage, Sprachgebrauch nachdenkend zu erfassen und Sprachmittel zu beschreiben.
- Dazu gehört, dass Kinder sich mit Wörtern, Sätzen, Texten beschäftigen, den Sinn sprach-

licher Ausdrücke herausfinden und sie ordnen:

- nach ihrer inhaltlichen Zusammengehörigkeit *(Katzen miauen, Pferde wiehern – einen Flug buchen, ein Flugzeug chartern, ein turbulenter Flug)* oder
- zu Wortfeldern *(Flugzeug, Flieger, Düsenjäger, Propellermaschine)* oder
- zu Wortfamilien ergänzen *(fliegen, abfliegen, Flug, Flugzeug, Atlantikflug, flugtauglich, Fliege)*.

Das Ordnen geschieht nicht vornehmlich durch Aufzählen isolierter Wörter, sondern indem die Ausdrücke in sinnvolle Zusammenhänge (Sätze und Texte) gebracht und unter stilistischem Aspekt betrachtet werden. Die Strukturwörter des Deutschen (Artikel, Pronomen, Präpositionen, Konjunktionen) kommen ausdrücklich noch wenig in den Blick, werden aber manchmal mit betrachtet, zum Beispiel wenn Sätze verbunden werden (*und, während, weil*). Durch Hantieren mit „Sprache" als Material können die Kinder Sensibilität für sprachliche Strukturen gewinnen, werden aufmerksam auf solche Strukturen, das heißt sprachbewusst, und erwerben Wissen über das Werkzeug, das wir alle meist unreflektiert benutzen. Sie untersuchen und sprechen darüber, und dabei entstehen neue Fragen zur Sprache. Ein Beispiel für dieses „Hantieren" mit Sprache ist das Erkunden der sprachlichen Formen für die Bildung der Mehrzahl, das wir auf S. 126 vorstellen.

- Ein Gegenstand starken kindlichen Interesses ist die Sprachenvielfalt in der Welt: Welche Sprachen gibt es, und warum sind sie verschieden? Dieser Bereich gehört – das ist neu – auch in die Bildungsstandards. Weiter gehören dazu die Dialekte im deutschsprachigen Gebiet, die Schulfremdsprachen und die Familiensprachen der zwei- und mehrsprachigen Familien. Denn das alles passt zur Lebenswelt vieler Kinder, und die Kinder können dazu ihr Wissen teilen und neues Wissen erwerben, indem sie über Sprachen sprechen und sie untersuchen. – Darauf geht dieses Buch an anderen Stellen ausführlich ein.
- Bei der Beschäftigung mit Sprache ist es öfter nützlich, ein Fachwort zu wissen für eine Wortart (wie *Nomen, Verb*) oder ein Satzglied (wie *Subjekt, Prädikat*). Kein Fach kommt ohne Fachsprache aus, auch Deutsch nicht. Im Verlauf der Grundschule haben sich die Kinder viele fachspezifische Begriffe angeeignet, nicht nur solche zur Kennzeichnung grammatischer Formen. *Buchstabe*, *Wort*, *Satz* zum Beispiel sind bei Schulanfang wohl als Wörter bekannt; was sie genau bedeuten, erfahren die Kinder häufig erst im Umgang mit Schrift. *Überschrift* und *Absatz*; *Geschichte*, *Lied*, *Märchen*, *Rätsel*, *Reim* und *Vers*; *Erzählung*, *Anleitung*, *Bericht*, *Beschreibung*, *Argumentation* und *Kommentar*: diese und viele andere Begriffe gehören zur fachspezifischen Begrifflichkeit des Deutschunterrichts, die sich die Kinder im Verlauf der Grundschule angeeignet haben. Im Zentrum des Lernbereichs „Nachdenken über Sprache(n)" stehen die Termini für Wortart, Satzglied und Satzform. Wenn die Kinder auch diese Begrifflichkeit beim Umgang mit Sprache, bei der Analyse sprachlicher Situationen, beim Hantieren, Umstellen und Weglassen von Wörtern und Wortgruppen erprobt und sie sich auf diese Weise angeeignet haben, können sie über sie verfügen. Der Abstraktion, die hinter einer solchen Terminologie steckt, können die meisten Kinder am Ende der Grundschulzeit folgen. Im Fremdsprachenunterricht der weiterführenden Schule wird dann deutlich, ob

und wie sie dieses Wissen tatsächlich anwenden können.

Die Kultusministerkonferenz hat für das Ende der Grundschule auch für den Lernbereich „Sprachgebrauch untersuchen – über Sprache(n) nachdenken" Bildungsstandards formuliert:

> *In altersgemäßen, lebensnahen Sprach- und Kommunikationssituationen erfahren und untersuchen die Kinder die Sprache in ihren Verwendungszusammenhängen und gehen dabei auf die inhaltliche Dimension und die Leistung von Wörtern, Sätzen und Texten ein. Sie sprechen auch über Erfahrungen mit anderen Sprachen. Sie verfügen über ein Grundwissen an grammatischen Strukturen, einen Grundbestand an Begriffen und Verfahren zum Untersuchen von Sprache.*[15]

Die Standards betreffen vor allem das Entwickeln des Sprachgefühls und den bewussteren Umgang mit Sprache, aber sie verlangen auch ein „Grundwissen an grammatischen Strukturen".[16] Das ist leicht überprüfbar, aber schwer zu lehren und zu lernen.

Für viele Erwachsene erscheint das Nachdenken über grammatische Strukturen nur als ein lästiges Übel. Nachdenken über Sprache ist aber zum Beispiel auch eine wichtige Grundlage für das Rechtschreiben, vor allem für die Groß- und Kleinschreibung (und für die Zeichensetzung). Dafür ein Beispiel:[17]

> Es geht um das Verteilen von Werbung mit der Post. Inken meint: „Auf die ganze Briefkasten-Reklame von den Firmen gebe ich gar nichts. Die Versprechen in ihren Prospekten …
> ☐ … alles Mögliche, halten es aber nicht."
> ☐ … stimmen ja doch meistens nicht."

Weil *Versprechen* im ersten Teil des Satzes großgeschrieben ist, ist nur die zweite Fortsetzung richtig. Die Aufgabe verlangt also die Unterscheidung von Nomen und Verb beziehungsweise die von Subjekt und Prädikat. Wenn *versprechen* im ersten Teil des Satzes kleingeschrieben wäre, passte dagegen nur die erste Fortsetzung. Für den, der die Aufgabe nur hört und vom Hören her entscheiden soll, sind beide Fortsetzungen richtig, aber sie haben je einen etwas anderen Sinn.

Wir vergegenwärtigen noch einmal, wie Kinder sich lange vor der Schulzeit allmählich Wissen von sprachlichen Strukturen aneignen, und stellen den Aneignungsprozessen der Kinder den Aufgaben gegenüber, die im Unterricht und in Vergleichsarbeiten gebräuchlich sind.

Kinder untersuchen Sprachgebrauch schon früh im Kleinkindalter:

> Johanna zum Beispiel entdeckt schon mit knapp 2 Jahren, als sie beobachtet, wie die Mutter mit dem Großvater spricht, einen zentralen Aspekt des Personalpronomens *ich*: Ich is Mami!

Das ist eine wichtige Hypothese für Erkundungen über die Funktion der Personalpronomen.

> Tristan fragt mit 3 ½ Jahren: Was ist ein Bandit?
> Die Erwachsene antwortet: Ein Räuber.
> Tristan: Nein, ich meine ein Bandit.
> Erwachsene: Zu einem Bandit kann man auch Räuber sagen.
> Tristan: Ach, jetzt versteh ich, das sind Zwillinge.

Er wird durch relativ hartnäckiges Nachfragen aufmerksam auf ein interessantes Prinzip der Sprache: dass es manchmal zwei Wörter mit gleicher Bedeutung gibt, eben Zwillingswörter.

Kinder entdecken schon in jungem Alter das grammatische Prinzip, aus einem Grundelement (Stamm) andere Wörter abzuleiten. Sie formulieren die Regel nicht, wenden sie jedoch an. Bekannte Beispiele (und hier fallen die nicht der Erwachsenennorm entsprechenden als „witzig" auf) sind: *Dati nebt* („ist neben mir"); *der Pullover ist strickelig* („kratzt"); *ich will hochwärts; du sollst mich einschleifen/abschleifen* („Schleife binden/Schleife lösen"); *das kannst du nicht messern, das musst du scheren.*

Wie Kinder im Grundschulalter über Sprache nachdenken, wird am folgenden Beispiel aus einer mehrsprachigen 3. Klasse deutlich:[18]

Welcher Satz ist anders als die anderen?
Kreuze an und erkläre, was anders ist!

- ☐ a) Sie warten auf der Treppe.
- ☐ b) Sie warten auf dem Hof.
- ☐ c) Sie warten auf den Bus.
- ☐ d) Sie warten auf der Wiese.

Die meisten Kinder kreuzen richtig c) an, und viele Kinder können auch Erklärungen dafür geben (hier in der Orthografie der Kinder):

Dieser Satz ist anders, weil der Bus sich bewegen kann.
Weihel man auf dem Bus nicht stehen kann.
C ist ein ander Satz. Weil mahn kann nicht auf den Bus warten. Weil der Bus immer in bewegung ist.
Dieser Satz hört sich ander als die anderen sätze, weil man den etwas besserer verstehe kann als A, b, d.
Weil man ja wartet auf den Bus. Bis der Bus kommt muss warten.
Weil bei den anderen Sätzen auf der oder auf dem steht und (Satz abgebrochen)
Bei den anderen Sätzen warten sie zum Beispiel auf dem Hof. Aber bei dem anderen warten sie auf etwas.

Die Erklärungen zeigen, dass die meisten Kinder situativ denken, aber dass sie auch versuchen, die syntaktische Struktur zu erschließen: Bei c) geht es nicht um eine Ortsangabe (wo warten sie: adverbiale Bestimmung), sondern um ein Objekt (worauf warten sie: präpositionales Objekt). Im Unterricht kommt es darauf an, das intuitive Wissen der Kinder mit den Fachbegriffen zu verbinden und zu berücksichtigen, dass das situationsbezogene Denken der Kinder nicht einfach abgeschaltet werden kann und dass es interessante Näherungsformen – wie in diesem Beispiel – gibt.

Daraus folgt ein anderer, nicht weniger wichtiger Aspekt: Kinder sind oft in der Lage, sinnvolle Gedanken zu fassen, können diese aber nicht immer explizit und verständlich kommunizieren. Hier setzt sich eine große Aufgabe der Erwachsenen fort, die im Spracherwerb zu beobachten war, nämlich die Gedanken des Kindes verstehend nachzuvollziehen und ihm sanft auf dem Weg zum verständlichen Ausdruck zu helfen. Oft gelingt das schon dadurch, dass Erwachsene die Formulierung zurückspiegeln oder nachfragen, sodass Kinder, oft zusammen mit dem Erwachsenen, Klarheit schaffen können.

Wenn wir uns die Art vergegenwärtigen, wie Grundschulkinder über Sprache nachdenken, dann verlangen manche Aufgaben, auch solche aus Vergleichsarbeiten zu den Bildungsstandards, abstrakt-formales Denken, fragen bloß Grundwissen ab. Sie lassen die Kinder nicht, wie sie es selbst postulieren, Sprache „in altersgemäßen, lebensnahen Sprach- und Kommunikationssituationen erfahren" und „Sprache in ihren Verwendungszusammenhängen" untersuchen. Dazu stellen wir drei Beispiele aus verschiedenen Vergleichsarbeiten zu den Bildungsstandards einander gegenüber.

Beispiel 1:[19]

In welchem Satz sind die Satzglieder durch die Striche richtig bestimmt? Kreuze an.

- ☐ Die Kamele/haben wunde/Stellen/am Rücken.
- ☐ Die Kamele/haben/wunde Stellen/am Rücken.
- ☐ Die Kamele/haben wunde/Stellen am Rücken
- ☐ Die/Kamele/haben/wunde/Stellen/am Rücken.

Beispiel 2:[20]

In jedem Kasten gehört ein Wort zu einer anderen Wortart. Streiche es durch.

langsam	wohnen	können	schwimmt
rau	tief	gräbt	alt

Beispiel 3:[21]

Die Kinder haben einen Text über die Arbeit der Archäologen gelesen, das Bild betrachtet und sich vergangene Zeiträume vorgestellt, die nicht 20 oder 200 Jahre, sondern 2.000 Jahre zurückliegen. Dann lösen sie die Aufgabe auf dem Arbeitsblatt.

Im folgenden Text wird erklärt, warum die Archäologen diese Gegenstände benutzen:

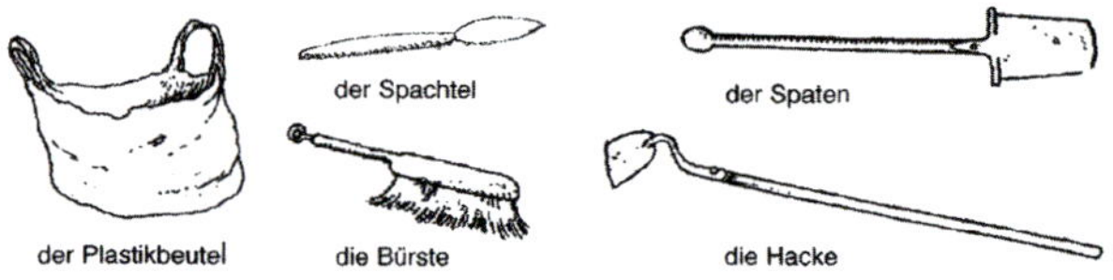

Ergänze die Sätze. Suche passende Wörter aus dem Kasten.

Wenn die Archäologen Ausgrabungen machen, benutzen sie zunächst eine Hacke, ______ (1) die Erde ______ (1) bearbeiten. ______ (2) dem Spaten können sie die Erde umgraben. Die Archäologen arbeiten dann mit einem Spachtel, ______ (3) sie feinere Werkzeuge brauchen und vorsichtiger vorgehen müssen. ______ (4) Reinigung der Funde gebrauchen sie eine Bürste. ______ (5) die Funde geschützt transportiert werden können, verpacken die Archäologen die Gegenstände in Plastikbeutel. ______ (6) Archivieren wird jeder Fund mit einer Nummer versehen. Die archäologischen Funde werden im Museum ausgestellt, ______ (7) sie von allen Leuten bewundert werden können.

Mit	um ... zu	Damit	obwohl	wenn	ohne ... dass
damit	dass	Zum	wegen	ohne ... zu	Zur

Aufgaben 1 und 2 sind Testaufgaben. Die Aufgabe in *Beispiel 1* verlangt, grammatisches Wissen anwenden zu können. Sprachliche Verfahren wie das Umstellen, Ersetzen sind nicht verlangt. Auch bei der Aufgabe in *Beispiel 2* geht es um abstraktes Wissen, allerdings können die Kinder sie auch mit sprachlicher Intuition lösen; und wenn sie beides verbinden, so ist das umso besser. *Beispiel 3* ist viel komplexer als die beiden anderen. Die Sprachaufgabe ist eingebettet in den Sachzusammenhang archäologischer Arbeiten. Die Kinder können anhand des Bildes und anhand eines längeren Textes Interesse am Thema entwickeln, und das wird ihnen helfen zu entscheiden, welche Konjunktion oder Präposition jeweils den Satz oder Nebensatz einleiten sollte: zum Ausdruck von Gründen (*um … zu*; *wegen*), von Zwecken (*damit*; *zu*), von Bedingungen (*wenn*). Am besten orientieren sich die Kinder beim Lösen der Aufgabe an ihrem Textverstehen und suchen das entsprechende Wort und prüfen erst danach, ob und wo es im Kasten steht. Wer im 4. Satz „Für die …" sucht, wird nichts finden und muss umdenken („Zur …"). Bis ganz zum Schluss müssen die Kinder ihr Sachwissen und ihr Leseverständnis in ihre Entscheidung einbeziehen, denn die Aufgabe „geht nicht auf". Es bleiben noch Wörter übrig. Dieser Lückentext unterscheidet sich von vielen anderen durch seine inhaltliche Komplexität, den Anspruch an das Textverstehen und die Möglichkeit zum Erproben von Lösungen.

Was Kinder am Ende der Grundschule können sollten, setzt kontinuierliche und achtsame Spracharbeit vom ersten Schultag an voraus. Nur mit Freude am Sprechen und Zuhören und bei der Aufmerksamkeit auf sprachliche Strukturen können die Kinder ihr Potenzial wirklich entfalten.

Wichtiges in Kürze

- Sprechen und Zuhören sind das Zentrum des Unterrichts – in den meisten Fächern. Das „Mündliche" wird für die Beurteilung der Leistung oft stärker gewichtet als das „Schriftliche". Für stille Schüler können daraus Probleme entstehen.
- Sprechen in der Schule ist nicht nur sach- und fachbezogen. Es dient auch der Selbstverständigung und der Entwicklung von Vorstellungen und Deutungen für sich selbst und gemeinsam mit anderen.
- Dazu gehört vor allem die Verständigung über literarische Texte im Deutschunterricht.
- Nachdenken über Sprache heißt auch, über die Sprache eines Gedichtes, eines Märchens, eines Kinderbuchs nachdenken und sprechen.
- Der beste Antrieb für Sprechen und Zuhören ist das Interesse an der Sache.
- Kinder brauchen Anerkennung für ihre Gesprächsbeiträge. Das stärkt ihr Selbstwertgefühl.
- Angemessenes und genaues Sprechen und gutes Zuhören kann geübt werden, was die Qualität und den Vortrag guter Argumente und was Körperhaltung und Blickkontakt betrifft.
- Kinder brauchen am Ende der Grundschule auch Fachbegriffe; vor allem aber kommt es darauf an, dass sie über Sprachsituationen nachdenken und sprechen können und mögen – auch über andere Sprachen.

Literaturverzeichnis

Die mit einem Sternchen markierten Angaben empfehlen Literatur zur vertiefenden Lektüre.

Ahrenholz, Bernt: Erstsprache – Zweitsprache – Fremdsprache. In: Ahrenholz & Oomen-Welke (Hrsg.): 2010, S. 3–7.

Ahrenholz, Bernt & Ingelore Oomen-Welke (Hrsg.): Deutsch als Zweitsprache. Deutschunterricht in Theorie und Praxis, Bd. 9. Baltmannsweiler: Schneider Hohengehren, 2. Auflage 2010.

Ammon, Ulrich: Die internationale Stellung der deutschen Sprache. Berlin 1991.

Andresen, Helga: Vom Sprechen zum Schreiben. Sprachentwicklung zwischen dem vierten und siebten Lebensjahr. Stuttgart 2005.

Andresen, Helga: Sprachliche Bewusstheit im Kontext von Spracherwerb und Schriftspracherwerb. In: Bernhard Hofmann & Renate Valtin (Hrsg.): Projekte, Positionen, Perspektiven. Berlin 2009.

Andresen, Ute: Versteh mich nicht so schnell. Gedichte lesen mit Kindern. Weinheim 1999.

Ayres, Anna Jean: Bausteine der kindlichen Entwicklung. Die Bedeutung der Integration der Sinne für die Entwicklung des Kindes. Berlin 1984.

Balhorn, Heiko: Überall und nirgends. Vom lustvollen Umgang mit Sprache. In: Heiko Balhorn, Horst Bartnitzky, Inge Büchner & Angelika Speck-Hamdan: Schatzkiste Sprache 1. Arbeitskreis Grundschule. Hannover 1998, S. 94–115.

Balhorn, Heiko: Fischstäbchen, Rinderbraten, Hasenrücken – Jägerschnitzel. Wie ordentlich ist unsere Sprache? – Wie kann man sie lehren? In: Heiko Balhorn, Horst Bartnitzky, Inge Büchner & Angelika Speck-Hamdan: Schatzkiste Sprache 2. Arbeitskreis Grundschule. Hannover 2002, S. 145–154.

Barbour, Stephen & Patrick Stevenson: Variation im Deutschen. Berlin 1998.

Bartnitzky, Horst, Hans Brügelmann, Ulrich Hecker, Friederike Heinzel, Gudrun Schönknecht & Angelika Speck-Hamdan (Hrsg.): Kursbuch Grundschule. Frankfurt a. M. 2009.

*Bauer, Joachim: Warum ich fühle, was du fühlst. Intuitive Kommunikation und das Geheimnis der Spiegelneurone. München 2006.

Behrens, Ulrike & Birgit Eriksson: Sprechen und Zuhören. In: Bremerich-Vos u. a. (Hrsg.) 2009, S.43–74.

Bezirksamt Friedrichshain-Kreuzberg & RAA (Hrsg.): Miteinander sprechen. Eine Anregung für Eltern. Berlin 2009.

Bosch, Bernhard: Grundlagen des Erstleseunterrichts. Neudruck Frankfurt a. M., Arbeitskreis Grundschule 1984 (zuerst 1937).

Braus, Dieter F.: EinBlick ins Gehirn. Stuttgart, New York, 2. erweiterte Auflage 2010.

Bremerich-Vos, Albert, Dietlinde Granzer, Ulrike Behrens & Olaf Köller (Hrsg.): Bildungsstandards für die Grundschule: Deutsch konkret. Berlin 2009.

Bruier, John T.: Der Mythos der ersten drei Jahre. Warum wir lebenslang lernen. Weinheim, Basel, Berlin 2003.

Bruner, Jerome: Wie das Kind sprechen lernt. Bern 1987.

Büchner, Inge: Von der Lust an der Sprachenvielfalt. In: Die Grundschulzeitschrift, Heft 215-216/2008, S. 44–50.

Bürki, Dominique: Einfach nur spielen? Symbolspiel in der Therapie. In: Zollinger (Hrsg.) 2008a, S. 23–32.

Butzkamm, Wolfgang und Jürgen: Wie Kinder sprechen lernen. Kindliche Entwicklung und die Sprachlichkeit des Menschen. Tübingen, 2. Auflage 2004.

Candelier, Michel (Hrsg.): Evlang – l'éveil aux langues à l'école primaire. Bruxelles 2003.

Clahsen, Harald: Spracherwerb in der Kindheit. Eine Untersuchung zur Entwicklung der Syntax bei Kleinkindern. Tübingen 1982.

Clyne, Michael: The German Language in a Changing Europe. Cambridge 1995.

Decker, Yvonne: Deutsch als Zweitsprache in Internationalen Vorbereitungsklassen. In: Ahrenholz & Oomen-Welke (Hrsg.) 2010, S. 162–172.

Decker, Yvonne & Katja Schnitzer: FreiSprachen – Eine flächendeckende Erhebung der Sprachenvielfalt an Freiburger Grundschulen. http://www.freidaz.de (Druck in Vorbereitung, Freiburg 2012).

Decker-Ernst, Yvonne: Deutsch als Zweitsprache in Vorbereitungsklassen. Baltmannsweiler ^{2}2017.

Decker-Ernst, Yvonne & Ingelore Oomen-Welke: 1000 Wörter Basiswortschatz für die Grundschule. Wortschatzermittlung in Erst- und Zweitsprache. Stuttgart 2019.

Dehn, Mechthild: Schlüsselszenen zum Schrifterwerb. Weinheim 1994.

Dehn, Mechthild: Geschichten erzählen. Die Grundschulzeitschrift, Heft 132/2000, S. 6–11.

*Dehn, Mechthild: Kinder & Lesen und Schreiben. Was Erwachsene wissen sollten. Seelze, 2. Auflage 2010.

Dehn, Mechthild: Elementare Schriftkultur und Bildungssprache. In: Fürstenau & Gomolla (Hrsg.) 2011, S. 129–151.

Dehn, Mechthild & Petra Hüttis-Graff: Zeit für die Schrift. Beobachtung, Diagnose, Lernhilfen. Berlin, 2. Auflage 2010 .

Dehn, Mechthild & Claudia Osburg: Schriftspracherwerb bei Kindern mit Aussprachestörungen. In: Die Grundschulzeitschrift, Heft 107/1997, S. 37–39.

Duden: Das Kindergarten-Wörterbuch. Mannheim 2007.

Ecker-Roos, Kristin: In Paule Puhmanns Paddelboot durch Südeuropa. Lieder und Tänze aus dem europäischen Mittelmeerraum. In: Geographie heute, Heft 167/1999, S. 14–15.

*Elschenbroich, Donata: Weltwissen der Siebenjährigen. Wie Kinder die Welt entdecken können. München 2001.

Fachverband Moderne Fremdsprachen (Hrsg.): Fremdsprachen für die Zukunft – Nachbarsprachen und Mehrsprachigkeit. Moderne Fremdsprachen. Saarbrücken 1993.

Funke, Reinhold: Sprachliches im Blickfeld des Wissens. Grammatische Kenntnisse von Schülerinnen und Schülern. Tübingen 2005.

Funke, Reinhold: Grammatisches Lernen – kein Fall für jeden? In: Köpcke & Noack (Hrsg.) 2011, S. 87–107.

Fürstenau, Sara, Ingrid Gogolin & Kutlay Yağmur (Hrsg.): Mehrsprachigkeit in Hamburg. Ergebnisse einer Sprachenerhebung an den Grundschulen. Münster 2003.

Fürstenau, Sara & Mechtild Gomolla (Hrsg.): Migration und schulischer Wandel: Mehrsprachigkeit. Wiesbaden 2011.

Füssenich, Iris: Semantik. In: Stephan Baumgartner & Iris Füssenich (Hrsg.): Sprachtherapie mit Kindern – Grundlagen und Verfahren, München, 5. Auflage 2002, S. 63–104.

Füssenich, Iris: Sind Schwierigkeiten beim Spracherwerb immer hörbar? Im Dialog mit mehr- und einsprachigen Kindern. In: KiTa aktuell Baden-Württemberg, Heft 10/2008, S. 192–195.

Gogolin, Ingrid & Imke Lange: Bildungssprache und Durchgängige Sprachbildung. In: Fürstenau & Gomolla (Hrsg.) 2011, S. 107- 127.

Gornik, Hildegard: Anmerkungen zu Aufgaben im Grammatikunterricht. In: Köpcke & Noack (Hrsg.) 2011, S. 108–120.

Gorschlüter, Sabine: Nicht nur mit halbem Ohr. Übungen zum Zuhören. Praxis Deutsch, Heft 174/2002, S. 24–28.

Grimm, Hannelore (Hrsg.): Sprachentwicklung. Enzyklopädie der Psychologie, Bd. 3. Göttingen 2000.

Groeben, Annemarie von der: Verschiedenheit nutzen. Besser lernen in heterogenen Gruppen. Berlin 2008.

Günther, Klaus-B.: Spracherwerb über die Schrift?! Entwicklungspsychologisch-neurolinguistische Begründung – pädagogisch-therapeutische Konsequenzen. In: Claudia Osburg (Hrsg.): Textschreiben, Rechtschreiben, Alphabetisierung. Initiierung sprachlicher Lernprozesse im Bereich der Grundschule, Sonderschule und Erwachsenenbildung. Baltmannsweiler 1998, S. 156–171.

Haarmann, Harald: Soziologie und Politik der Sprachen Europas. München 1975.

Haarmann, Harald: Die Sprachenwelt Europas. Darmstadt 1993.

Hannig, Christel & Jürgen Hannig: Der Einfluss des Erstleseunterrichts auf die Sprache von Schulanfängern. In: Christel Hannig (Hrsg.): Zur Sprache des Kindes im Grundschulalter. Kronberg/Ts. 1974, S. 98–124.

Harding, Edith & Philip Riley: The Bilingual Family. A Handbook for Parents. Cambridge 1986.

Hasselhorn, Markus: Lernen im Altersbereich zwischen 4 und 8 Jahren: Individuelle Voraussetzungen, Entwicklung, Diagnostik, Förderung. In: Titus Guldimann & Berhard Hauser (Hrsg.): Bildung 4- bis 8-jähriger Kinder. Münster 2005, S. 77–88.

Hofmann, Nicole & Gunde Kurtz: Mit „großen“ Aufgaben motivieren. Die Grundschulzeitschrift, Heft 242-243/2011, S. 53–54.

Hölscher, Petra: DaZ-Lernen aus dem Koffer. Oberursel 2007.

Hölscher, Petra: Unser kleiner Wörterladen. Oberursel 2008.

Hölscher, Petra: Lesen als Erlebnis – Textszenarien. Oberursel 2010.

Honnef-Becker, Irmgard, Peter Kühn, Fernand Melan & Pierre Reiding: Deutsch. Die standardisierten Prüfungen zum Abschluss der Primarschule. Luxembourg: Éducation nationale. 2. Auflage 2005.

Hüsler, Silvia: Kinderverse aus vielen Ländern. Mit Audio-CD. Freiburg, 2. Auflage 2009.

*Hüther, Gerald: Was wir sind und was wir sein könnten. Ein neurobiologischer Mutmacher. Frankfurt a. M. 2011.

Informationen zur Deutschdidaktik (ide): Themenheft „Wort.Schatz – Wörter.schätzen“. Heft 1/2011.

Kandel, Eric: Auf der Suche nach dem Gedächtnis. Die Entstehung einer neuen Wissenschaft des Geistes. München 2007.

Keller, Heidi: Sozial-emotionale Grundlagen des Spracherwerbs. In: Grimm (Hrsg.) 2000, S. 379–402.

Kielhöfer, Bernd: Französische Kindersprache. Tübingen 1997.

Kielhöfer, Bernd & Sylvie Jonekeit: Zweisprachige Kindererziehung. Tübingen, 6. Auflage 1990.

KMK-Bildungsstandards und Lehrpläne der Länder: http://www.bildungsserver.de.

Knapp, Werner: Verdeckte Sprachschwierigkeiten. In: Grundschule, Heft 5/1999, S. 31–33.

Knapp, Werner: Deutsch als Zweitsprache sprechen und schreiben. In: Knapp u. a. (Hrsg.) 2011, S. 193–228.

Knapp, Werner, Cordula Löffler, Claudia Osburg & Kristina Singer: Sprechen, schreiben und verstehen. Sprachförderung in der Primarstufe. Seelze 2011.

Köpcke, Klaus-Michael & Christina Noack (Hrsg.): Sprachliche Strukturen thematisieren. Sprachunterricht in Zeiten der Bildungsstandards. Baltmannsweiler 2011.

Krüger-Potratz, Marianne: Mehrsprachigkeit als Konfliktfeld der Schulgeschichte. In: Fürstenau & Gomolla (Hrsg.) 2011, S. 51–68.

Krumm, Hans-Jürgen: Kinder und ihre Sprachen. Lebendige Mehrsprachigkeit. Wien 2001.

Kühn, Peter: Mein Schulwörterbuch. Berlin 2007.

Kultusministerkonferenz: Bildungsstandards für das Ende von Klasse 4: http://www.kmk.org/fileadmin/veroeffentlichungen_beschluesse/2004/2004_10_15-Bildungsstandards-Primar.pdf, S. 38 ff. (Download: 30.07.2011).

Labs, Imke & Claudia Osburg: Begriffliches Missverstehen und schulisches Schreiben. In: Deutsch Differenziert, Heft 2/2007, S. 40–44.

Landesinstitut für Schule und Weiterbildung & Bezirksregierung Düsseldorf (Hrsg.): Wie Kinder miteinander und voneinander Sprachen lernen. Soest 1998.

Laurence, Leonard B.: Children with Specific Language Impairment. Language, Speech, and Communication. Cambridge 2000.

Leupold, Eynar: La bouteille à la mer. In: Grundschule Sprachen, Heft 3/2001, S. 42–45.

Leupold, Eynar: Französisch unterrichten. Grundlagen – Methoden – Anregungen. Seelze-Velber 2002.

Lewin, Kurt: Sachlichkeit und Zwang in der Erziehung zur Realität (1931). In: Carl Friedrich Graumann: Kurt Lewin Werkausgabe, Band 6, Psychologie der Entwicklung und Erziehung. Bern 1982, S. 142.

Limbach, Jutta (Hrsg.): Das schönste deutsche Wort. Liebeserklärungen an die deutsche Sprache. Ismaning 2005.

Löffler, Cordula : Grammatische Strukturen erwerben und anwenden. In: Knapp u. a. (Hrsg.) 2011, S. 93–129.

Massingue, Eva: Mehrsprachige Bilderbücher für Kinder von 3 – 8 Jahren. Ohne Ort, ohne Jahr. http://www.edition-lingua-mundi.com/DOC/Mehrsprachige_Bilderbuecher.doc (Download: 30.06.2011).

Meier, Richard: Beispiel zum Erzählen. Grundschule, Heft 1/1986, S. 36.

Merklinger, Daniela: Das Nilpferd sieht die Frau lesen. Die Grundschulzeitschrift, Heft 215-216/2008, S. 34–35.

Merklinger, Daniela: Frühe Zugänge zum Diktieren. Eine explorative Studie zum Diktieren. Freiburg 2011.

Montanari, Elke: Mit zwei Sprachen groß werden. Mehrsprachige Erziehung in Familie, Kindergarten und Schule. München 2002.

Montessori, Maria: Praxishandbuch der Montessorimethode. Hrsg. von Harald Ludwig. Freiburg, Basel, Wien 2010.

Nagel, Reiner: Sprachliches Handeln und kausale Bedeutungskonstruktion. Ein Beitrag zu einem sprachbehindertenpädagogischen Verständnis der sprachlichen Handlungsfähigkeit von Kindern. Hamburg, Dissertation 2011, im Druck.

Nauwerck, Patricia: Zweisprachigkeit im Kindergarten. Konzepte und Bedingungen für das Gelingen. Freiburg 2005.

Neumann, Nicole & Rüdiger Vogt: Erklären im Unterricht. In: Michael Becker-Mrotzek (Hrsg.): Mündliche Kommunikation und Gesprächsdidaktik. Baltmannsweiler 2009, S. 562–583.

Oelwein, Patricia: Kinder mit Down-Syndrom lernen lesen. Ein Praxisbuch für Eltern und Lehrer. Zimdorf 2002.

Ong, Walter: Oralität und Literalität. Die Technologisierung des Wortes. Opladen 1987.

Oomen-Welke, Ingelore: Deutscher Unterricht als interkulturelle Praxis. In: Albert Bremerich-Vos (Hrsg.): Handlungsfeld Deutschunterricht im Kontext. Frankfurt a. M. 1993, S. 142–167.

Oomen-Welke, Ingelore: „... ich kann da nix!“ Mehr zutrauen im Deutschunterricht. Freiburg 1998.

Oomen-Welke, Ingelore: Die Sachen, ihre Namen und noch etwas dazwischen. Wie Kinder Begriffe bilden und Lexik gebrauchen. In: Roland Jost, Werner Knapp & Kerstin Metz (Hrsg.): Arbeit an Begriffen. Fachwissenschaftliche und fachdidaktische Aspekte. Baltmannsweiler 2006, S. 156–172.

Oomen-Welke, Ingelore: Präkonzepte: Sprachvorstellungen ein- und zweisprachiger SchülerInnen. In: Bernt Ahrenholz (Hrsg.): Empirische Befunde zu DaZ-Erwerb und Sprachförderung. Freiburg, 2009, S. 17–41.

*Oomen-Welke, Ingelore (Hrsg.): Der Sprachenfächer. Berlin, 2. Auflage 2010 ff.

Oomen-Welke, Ingelore & Peter Kühn: Sprache und Sprachgebrauch untersuchen. In: Bremerich-Vos u. a. (Hrsg.) 2009, S. 139–184.

Osburg, Claudia: Gesprochene und geschriebene Sprache. Aussprachestörungen und Schriftspracherwerb. Baltmannsweiler, 2. Auflage 2000.

Osburg, Claudia: Spielmaterialien zur Förderung von Kindern mit Aussprachestörungen. Praxis Grundschule, Heft 3/2001, S. 26–33.

Osburg, Claudia: Begriffliches Wissen am Schulanfang. Freiburg 2002.

Osburg, Claudia: Semantik: Wörter und ihre Bedeutungen verstehen und gebrauchen. In: Knapp u. a. (Hrsg.) 2011, S. 48–92.

Pabst-Weinschenk, Marita: Klassendiskussion mit Rollenspielkarten. In: Ingelore Oomen-Welke (Hrsg.): Brückenschlag. Stuttgart 1994, S. 123–139.

Pelz, Manfred: Lerne die Sprache des Nachbarn. Grenzüberschreitende Spracharbeit zwischen Deutschland und Frankreich. Frankfurt a. M. 1989.

Pelz, Manfred: Sprachbegegnung und Begegnungssprache. Zur experimentellen Überprüfung des Programms „Lerne die Sprache des Nachbarn“. Frankfurt a. M. 1999.

Penner, Zvi: Neue Wege der sprachlichen Frühförderung von Migrantenkindern. Berg (Schweiz) 2003.

Piaget, Jean: Das Weltbild des Kindes. Stuttgart, 8. Auflage 2005.

Pinker, Steven: The Language Instinct. How the Mind Creates Languages. London 1994.

Rat der Europäischen Union (Hrsg.): Detailliertes Arbeitsprogramm zur Umsetzung der Ziele der Systeme der allgemeinen und beruflichen Bildung in Europa. Dokument 6365/02/EDUC 27. Brüssel, 20. 02. 2002. http://www.bologna-berlin2003.de/pdf/Arbeitsprogramm%20Rat%20der%20EU%20 20.02.02.pdf (Download: 30. 06. 2011).

Rizzolatti, Giacomo & Corrado Sinigaglia: Empathie und Spiegelneurone. Die biologische Basis des Mitgefühls. Frankfurt a. M. 2008.

Rusnok, Toka-Lena: „Das war mal ein Stern, der war am Himmel und es war Nacht“. Erzählen am Schulanfang. Die Grundschulzeitschrift, Heft 132/2000, S. 12–15.

Sassenroth-Aebischer, Sylvia: „Sie wissen es doch ganz genau…“ – Gespräche mit kleinen stotternden Kindern. In: Zollinger (Hrsg.) 2008, S. 67–77.

Schader, Basil: Sprachenvielfalt als Chance. 101 praktische Vorschläge. Das Handbuch. Troisdorf, Zürich 2004.

Schader, Basil & Jürg Obrist: Hilfe! Help! Aiuto! Zürich 1999.

Schindler, Nina: Der Baumhexenclub – Klau im Klassenzimmer. Köln 2008.

Singer, Kristina: Aussprache. Laute sprechen und gebrauchen. In: Knapp u. a. (Hrsg.) 2011a, S. 130–179.

Singer, Kristina: Schwierigkeiten beim Kommunizieren, Sprechen und bei der Stimmgebung. In: Knapp u. a. (Hrsg.) 2011b, S. 229–241.

*Spitzer, Manfred: Lernen. Gehirnforschung und die Schule des Lebens. Heidelberg 2009.

Spitzer, Manfred: Medizin für die Bildung. Ein Weg aus der Krise. Heidelberg 2010.

Steinhoff, Torsten: Wortschatz – eine Schaltstelle für den schulischen Spracherwerb? Siegener Papiere zur Aneignung Sprachlicher Strukturformen, Heft 17/2009.

Stephan, Lea: Wie der zweite Mond verschwand. Eine Geschichte in deutscher, englischer, französischer, türkischer, italienischer, albanischer und arabischer Sprache. Mit CD. Freiburg 2003.

Szagun, Gisela: Bedeutungsentwicklung beim Kind. Wie Kinder Wörter entdecken. München 1983.

Szagun, Gisela: Wie Sprache entsteht. Weinheim, Basel 2001.

Tracy, Rosemarie: Wie Kinder Sprachen lernen und wie wir sie dabei unterstützen können. Tübingen, 2. Auflage 2008.

Wardetzky, Kristin: Schwimmen lernen. Vom Zuhören über das Erzählen zum Schreiben. Die Grundschulzeitschrift, Heft 241/2010, S. 44–47.

Wardetzky, Kristin & Christiane Weigel: Sprachlos? Erzählen im interkulturellen Kontext. Erfahrungen aus einer Grundschule. Baltmannsweiler 2008.

Wendlandt, Wolfgang: Stottern ins Rollen bringen. Die Kiesel des Demosthenes. Bundesvereinigung Stotterer-Selbsthilfe e.V. Köln 1994.

Wendlandt, Wolfgang: Abenteuer Stottern. Ganzheitliche Wege und integrative Konzepte für die Therapie und Selbsttherapie. Ein Praxisbuch. Köln 2010.

Wolf-Weber, Ingeborg & Mechthild Dehn: Geschichten vom Schulanfang. Weinheim 1993.

Wygotski, Lew S.: Das Problem der Altersstufen und die Dynamik der Entwicklung. In: Joachim Lompscher (Hrsg.): Lew Wygotski – Ausgewählte Schriften. Band 2: Arbeiten zur psychischen Entwicklung der Persönlichkeit. Berlin 1987, S. 250.

Zimpel, André Frank: Zwischen Neurobiologie und Bildung. Göttingen 2010.

*Zimpel, André Frank: Lasst unsere Kinder spielen! Der Schlüssel zum Erfolg. Göttingen 2011.

Zollinger, Barbara: Kinder im Vorschulalter. Erkenntnisse, Beobachtungen und Ideen zur Welt der Drei- bis Siebenjährigen. Bern, 2. Auflage 2000.

*Zollinger, Barbara: Die Entdeckung der Sprache. Bern, 7. Auflage 2007.

*Zollinger, Babara (Hrsg.): Wenn Kinder die Sprache nicht entdecken. Einblicke in die Praxis der Sprachtherapie. Bern, 3. Auflage 2008a.

Zollinger, Barbara: „Spätzünder" oder „es kommt schon noch". Eine Einführung in die frühe Sprachtherapie. In: Zollinger (Hrsg.) 2008b, S. 9–20.

Anmerkungen

Kapitel 1

1 Noch greift sie mit der linken Hand. Die rechts- bzw. linksbetonte Gestik entwickelt sich zumeist etwa bis zum 13. Monat; vgl. Bauer 2006, S. 79f.
2 Vgl. Bruner 1987, S. 23.
3 Vgl. Ayres 1984.
4 Butzkamm und Butzkamm 1999, S. 66ff.
5 Zollinger 2007, S. 21.
6 Bruner 1987, S. 22.
7 Bauer 2006, S. 78.
8 Vgl. Bauer 2006, S. 21ff.
9 Vgl. Bauer 2006, S. 75.
10 Elschenbroich 2002, S. 9.
11 Arm an Gesten, arm an Worten. *Süddeutsche Zeitung* vom 13.02.2009.
12 Vgl. http://www.zwergensprache.de, http://www.eltern.de/baby/9-12monate/babys-zwergensprache.html.
13 Vgl. Keller 2000, S. 394f.
14 Persönliche Mitteilung von Karin Wallrabenstein.
15 Vgl. zum Kontext: Nauwerck 2005, S. 56–58. Die Szene selbst ist eine persönliche Mitteilung.

Kapitel 2

1 Vgl. Spitzer 2009.
2 Vgl. Szagun 2001, 47ff.
3 Vgl. Zimpel 2010.
4 Hüther 2011, S. 92, vgl. auch Spitzer 2010, S. 147.
5 Vgl. Brauns 2010, vgl. auch Kandel 2007.
6 Zimpel 2011, S. 92.
7 Vgl. Szagun 2001, S. 51ff.
8 Vgl. Pinker 1994.

Kapitel 3

1 Aus der reichen Literatur zum Spracherwerb: Butzkamm und Butzkamm 2004; Tracy 2008; Grimm 2000.
2 Während in den 1970er Jahren diese Bestrafungspädagogik kritisiert wurde, wird sie heute vielfach als witzig wahrgenommen, so in diesem Fall.
3 Vgl. zur Begriffsentwicklung Oomen-Welke 2006 und Osburg 2002.

Kapitel 4

1 Da es im Folgenden meist um die Aussage des Kindes und nicht um die sprachliche Form geht, sind die Transkripte hinsichtlich Grammatik und Aussprache bereinigt.
2 Vgl. Nagel 2011.
3 Vgl. Andresen 2005.
4 Zimpel 2011, S. 139.
5 Vgl. dazu Zimpel 2011, S. 127f.
6 Vgl. im Folgenden auch Osburg 2011, S. 58f.
7 Piaget 2005, S. 84.
8 Piaget 2005, S. 87.
9 Vgl. zur Prosodie auch Merklinger 2011.
10 Vgl. Szagun 1983.
11 Osburg 2011, S. 53.
12 Vgl. Penner 2003.
13 Vgl. hierzu ausführlich Dehn 2010.
14 Transkription: Imke Labs. Aus: Labs und Osburg 2007, S. 41.
15 Balhorn 1998, S. 97.
16 In Anlehnung an Löffler 2011, S. 97ff.
17 Vgl. Zollinger 2000 und 2008a.
18 Vgl. Clahsen 1982.

Kapitel 5

1 Die gesamte Untersuchung ist beschrieben in Oomen-Welke 2009.
2 Vgl. Krüger-Potratz 2011, S. 59; vgl.: http://www.bmi.bund.de.
3 http://de.wikipedia.org/wiki/Sprachen_und_Dialekte_in_Schleswig-Holstein#Niederdeutsch.
4 http://de.wikipedia.org/wiki/Niederdeutsche_Sprache.
5 Im Mittelalter bis zur frühen Neuzeit eine selbständige Sprache. Heute gilt diese Sprache bei sehr vielen Sprachwissenschaftlern als Teil des Deutschen. Vgl. z. B. Ammon 1991, S. 20; Barbour und Stevenson 1998, S. 92; Clyne 1995, S. 27.
6 Nach *dtv-Atlas Deutsche Sprache,* München [8]1991, S. 132.

Kapitel 6

1 Beschreibungen der europäischen Standardsprachen und auch der kleineren Sprachen, die nicht Nationalsprachen sind, finden sich bei Haarmann 1975 und 1993.
2 Fürstenau/Gogolin/Yağmur 2003, S. 48.
3 Chlosta/Ostermann/Schroeder 2003, S. 46.

4 Decker/Schnitzer 2012 (in Vorb.).
5 Vgl. Kielhöfer 1997, S. 29–33.
6 Vgl. Nauwerck 2005, S. 56f.
7 Allgemeines, Fallbeispiele und Empfehlungen für die simultane zweisprachige Erziehung findet man auf Deutsch bei Kielhöfer und Jonekeit 1990; Montanari 2002; auf Englisch bei Harding und Riley 1986.

Kapitel 7

1 An Kinder im Kindergartenalter adressierte Bildwörterbücher oder Wortkarten sind nicht in allen Fällen empfehlenswert. *Pons – Mein erster Wortschatz* (2003; für Deutsch als Zweit- und Fremdsprache; gibt es auch für andere Sprachen) ist eine laminierte Falttafel mit 6 DIN-A4-Seiten; sie enthält 145 nicht immer klar erkennbare Gegenstände, die mit den zugehörigen Substantiven beschriftet sind, wohl damit die Erwachsenen wissen, was gemeint ist. Verben, Adjektive und Adverbien kommen nicht vor. – Duden brachte 2006 das *Kindergarten-Wörterbuch* heraus (mit dem erstaunlichen Aufkleber: „Nach der verbindlichen Rechtschreibregelung"), das 3.000 Wörter enthält, aber einen höheren Schrift- als Bildanteil liefert. Es gibt sogar viele stark lenkende Aufgaben wie S. 17: „Ergänze: Zeki besucht mit seinen Eltern und seinem Bruder seine Oma und seinen…"! Beide würden wir nicht empfehlen.
2 Vgl. die Vorschläge von Inge Büchner 2008, S. 44–50. S. auch Mehrsprachige Bilderbücher für Kinder von 3–8 Jahren: Massingue o. J.

Kapitel 8

1 Vgl. Zollinger 2008a, und 2008b.
2 Vgl. Laurence 2000.
3 Vgl. Knapp 1999.
4 Zur weiteren Beobachtung sprachlicher und allgemeiner Entwicklung vgl. Zollinger 2007.
5 Vgl. Osburg 2011, S. 65ff.
6 Vgl. Bürki 2008.
7 Lewin 1931 und z.B. Wygotski 1987.
8 Zimpel 2011, S. 79.
9 Vgl. Füssenich 2002 und 2008.
10 Vgl. Osburg 2000.
11 Vgl. ausführlicher Singer 2011a, S. 158ff..
12 Vgl. ausführlicher Dehn und Osburg 1997 und Osburg 2001.
13 Vgl. Löffler 2011, S. 101.
14 Aus Löffler 2011, S. 102.
15 Vgl. Singer 2011b, S. 230ff.
16 Vgl. Sassenroth-Aebischer 2008, S. 67ff.
17 Vgl. Wendlandt 2010.
18 Zu Demosthenes vgl. Wendlandt 1994.
19 Vgl. Singer 2011b.
20 Quelle: http://www.ardmediathek.de/ard/servlet/content/3517136?documentId=2311526.
21 Vgl. Rizzolatti und Sinigaglia 2008.
22 Vgl. Dehn 2010.
23 Vgl. Dehn 2010, S. 47.
24 Vgl. Oelwein 2002.
25 Vgl. Günther 1998.
26 Vgl. Montessori 2010.

Kapitel 9

1 Elschenbroich 2001.
2 Elschenbroich setzt ihr Buch fort mit Beispielen, Meinungen von Fachleuten und internationalen Erfahrungen.
3 Bosch 1984.
4 Vgl. zum Leeren Blatt Dehn 2010, S. 80–82. und Dehn und Hüttis-Graff 2010, S. 29ff.
5 Wolf-Weber und Dehn 1993, S. 21.
6 Dehn 1994, S. 79.
7 Hasselhorn 2005, S. 86.
8 Merklinger 2008, S. 34f.
9 Merklinger 2011, S. 134.
10 Vgl. dazu Oomen-Welke 1998, Kap. 7, S. 55–75.
11 Dazu ausführlicher Oomen-Welke 1993, S. 142–167.
12 Dazu die Zeitschrift Informationen zur Deutschdidaktik (ide) Heft 1/2011, Themenheft „Wort.Schatz – Wörter. schätzen", mit einem Beitrag zum Sachwortschatz.
13 Leider unterfordern viele Fibeln durch ihr schriftlernorientiertes, inhaltlich zu simples Textangebot die Kinder intellektuell, statt interessante Inhalte anzubieten, an denen auch die Sachsprache weiterentwickelt werden kann. Das ist seit Langem bekannt, vgl. Hannig 1974, S. 98–124.
14 Beispiele aus Klasse 3 und 4: *Ein Bauer lagerte im Herbst 200 Säcke Kartoffeln ein. – In einer Gemeinde werden wöchentlich 400 Parkstrafen verhängt. – Ein Zug fährt fahrplanmäßig um 12,30 Uhr ab und kommt um 15,13 Uhr an. Aufgrund von Gleisarbeiten verzögert sich seine Abfahrt heute um 6 Minuten, und er kommt erst um 15,54 Uhr an. Um wie viel hat sich seine Fahrzeit verlängert? – Etwas einlagern, Strafen verhängen, fahrplanmäßig, Gleisarbeiten, verzögern, verlängern –* oft kann eine Aufgabe nicht gelöst werden, weil der

Sachwortschatz nicht bekannt ist. Nicht ohne Grund sind Wortbildung und Wortfamilie daher ein wichtiger Teil des Sprachunterrichts. Hinzu kommen Fach- und Fremdwörter und fachliche Redewendungen.

Kapitel 10

1 Ong 1987, S. 107.
2 Bosch 1984.
3 Vgl. ausführlich zum Schrifterwerb: Dehn 2010.
4 Andresen 1999, S. 168.
5 Vgl. Gogolin und Lange 2011; vgl. Dehn 2011.
6 Vgl. Krüger-Potratz 2011, S. 59; vgl.: http://www.bmi.bund.de.
7 Meier 1986, S. 36.
8 Dehn 2000, S. 6; vgl. Rusnok 2000, S. 12 ff.
9 Vgl. Wardetzky 2010.
10 Mündliche Kindererzählung aus dem Erzählprojekt von K. Wardetzky, Ms. zur Tagung „Die Stimmen der Kinder" an der Martin-Luther-Universität in Halle am 9./10. Okt. 2009.
11 Steinhoff 2009, S. 9.
12 Limbach 2005, S. 88.
13 Steinhoff 2009, S. 12 ff.
14 Osburg 2002, S. 178.
15 Andresen 1999, S. 70.
16 Neumann und Vogt 2009, S. 575 f.
17 Peter Kühn: *Mein Schulwörterbuch*, Berlin 2007 und *Universalwörterbuch*, Mannheim 2007; vgl. Hofmann und Kurtz 2011, S. 54.
18 Hofmann und Kurtz 2011, S. 54.
19 Diese Formen werden bei unbestimmter Pluralbildung eingesetzt und zwar so, dass es gut „klingt"; die bestimmte Pluralbildung, wenn also eine Zahl genannt ist, bleibt unmarkiert.
20 Im Deutschen gibt es acht verschiedene Formen für die Pluralbildung: (1) Keine Veränderung der Wortform *(Kuchen, Messer)*; (2) Umlaut *(Apfel, Mutter)*; (3) Endung *-e (Hund, Berg)*; (4) Endung -e und Umlaut *(Hand, Topf)*; (5) Endung *-n (Gabel, Leiter)* und Endung *-en (Frau, Ohr)*; (6) Endung *-er (Kind, Kleid)*, (7) Endung *-er* und Umlaut *(Haus, Buch)*, (8) Endung *-s (Auto, Kamera* bzw. *Kino)*. Die Anregung für diese Betrachtung verdanke ich Heiko Balhorn 2002.
21 Balhorn 2002, S. 149.
22 Gogolin und Lange 2011, S. 115 f.; eine Angabe über die genaue Klassenstufe fehlt.

Kapitel 11

1 Vgl. dazu genauer Decker 2010; Decker-Ernst 2017.
2 Unter Federführung von Petra Hölscher sind viele DaZ-Lernmaterialien für die Grundschule erschienen, die gut einsetzbar sind, zum Beispiel *DaZ-Lernen aus dem Koffer* (2007); *Unser kleiner Wörterladen* (2008); *Lesen als Erlebnis – Textszenarien* (2010) und andere mehr. Für den Wortschatz vgl. Decker-Ernst & Oomen-Welke (2019) mit dem Basiswortschatz Deutsch (1000 Wörter) sowie Methodenvorschlägen und Kopiervorlagen.
3 Belke und Geck: *Rumpelfax. Singen, Spielen, Üben im Grammatikunterricht* (Berlin 1996 und Baltmannsweiler 2003), CD, Kassette, Kopiervorlagen.
4 *Fredrick-Vahle-Liederbuch*, Ravensburg 1990.
5 Nina Schindler bringt das Problem des verstummten Kinds Pawel und seine Rolle in der neuen Klasse behutsam zur Sprache in dem Kinderroman *Der Baumhexenclub – Klau im Klassenzimmer* (2008).
6 Von Frederick Vahle, Text in Fredrik Vahle: *Das Fredrik-Vahle-Liederbuch*, Ravensburg 1990, S. 93.
7 Anregungen mit Materialien, die zum Teil ab Klasse 4 einsetzbar sind, bietet der Sprachenfächer von Oomen-Welke (Hrsg.) 2010 ff.
8 Z. B. Bezirksamt Friedrichshain-Kreuzberg und RAA 2009; Hüsler 2009; Schader und Obrist 1999; Stephan 2003; Schader 2004.
9 *Grundschule Sprachen* 2001 ff. (Seelze-Velber). Der Aspekt der Sprachenvielfalt wird fortgesetzt in *Grundschule Deutsch*, z. B. „Ein Wörterbuch in verschiedenen Sprachen" Heft 18/2008, S. 22–25.
10 Vgl. dazu auch Knapp 2011.
11 Seit 2004 wird das auch in den KMK-Bildungsstandards und Lehrplänen der Länder erwartet; vgl. http://www.bildungsserver.de/zeigen.html?seite=400.

Kapitel 12

1 Vgl. Oomen-Welke 2009.
2 Rat der Europäischen Union 2002 (Dokument 6365/02 / EDUC 27).
3 Ausführlicher Ahrenholz 2010.
4 Vgl. Nauwerck 2005. S. 67 ff.
5 Die folgenden Beispiele stammen aus der Erhebung von Nauwerck 2005.
6 Allgemein http://www.kmk.org/bildung-schule/allgemeine-bildung/faecher-und-unterrichtsinhalte/fremdsprachen.html; zum Stand im Jahr 2004 http://www.

kmk.org/file admin/veroeffentlichungen_beschluesse/ 2005/2005_02_10-Fremdsp-Grundschule.pdf.

7 Z. B. Pelz 1989 und 1999; Fachverband Moderne Fremdsprachen 1993.

8 Z. B. Landesinstitut für Schule und Weiterbildung & Bezirksregierung Düsseldorf 1998.

9 Z. B. éveil aux langues (Candelier 2003).

10 Daher ist „Frühes Englischlernen" zum Beispiel eine Rubrik in der Zeitschrift *Grundschule Sprachen* 2001 ff., während Französisch unter die Rubrik „Begegnungssprachen" fällt.

11 Ein Blick ins Internet zeigt das Angebot: Lehrbücher, Arbeitsblätter für die Hand der Lehrperson, Kinderbücher, deutschsprachige Kinderliteratur auf CD mit fremdsprachlichen Einschüben als Hörspiele, Filme und so weiter für zu Hause.

12 Leupold 2002, S. 135.

13 Leupold 2001, S. 42–45.

14 Darauf kann man schulisch reagieren mit der Möglichkeit, nach 8–9 Jahren die erste Fremdsprache als AG fortzusetzen und andere Fremdsprachen verstärkt anzubieten. Dazu gibt es Modelle, die in diesem Kontext aber nicht erörtert werden sollen.

15 Lernschwierigkeiten liegen in der Idiomatik, in den vielen Mehrdeutigkeiten und im spezifischen Humor.

16 *Englisch lernen/Französisch lernen mit den kleinen Wassermann. Liederhörspiel*. Berlin 2005; *Englisch lernen/ Französisch lernen mit den kleinen Gespenst. Liederhörspiel.* Berlin 2005.

Kapitel 13

1 http://www.kmk.org/fileadmin/veroeffentlichungen_beschluesse/ 2004/2004_10_15-Bildungsstandards-Deutsch-Primar.pdf, vgl. S. 9 f. und S. 13 f.

2 Andresen 1999, S. 49.

3 Andresen 1999, S. 72 f.

4 Bartnitzky u. a. 2009, S. 440.

5 Vgl. Behrens und Eriksson 2009, S. 48.

6 Von der Groeben 2008, S. 39.

7 Vgl. Behrens und Eriksson 2009, S. 69.

8 Bartnitzky u. a. 2009, S. 444 f.

9 Vgl. Behrens und Eriksson 2009, S. 62 f.

10 Vgl. das Unterrichtsprojekt von Gorschlüter 2002.

11 Die Beispielaufgabe ist aufgeführt in den Bildungsstandards für das Ende von Klasse 4, http://www.kmk.org/fileadmin/ veroeffentlichungen_beschluesse/ 2004/2004_10_15-Bildungsstandards-Deutsch-Primar.pdf, S. 38 ff.

12 Vgl. ebd., S. 40.

13 Vgl. Pabst-Weinschenk 1994, S. 123–139.

14 KMK-Bildungsstandards für die Grundschule Deutsch 2004; Oomen-Welke und Kühn 2009.

15 Vgl. Bildungsstandards Klasse 4, S. 9.

16 Grundlegende sprachliche Strukturen und Begriffe (vgl. Anm. 11, S. 14):

Wort:
- Buchstabe, Laut, Selbstlaut, Mitlaut, Umlaut, Silbe, Alphabet
- Wortfamilie, Wortstamm, Wortbaustein
- Wortfeld
- Wortart
- Nomen: Einzahl, Mehrzahl, Fall, Geschlecht
- Verb: Grundform, gebeugte Form
- Zeitformen: Gegenwart, Vergangenheitsformen
- Artikel: bestimmter Artikel, unbestimmter Artikel
- Adjektiv: Grundform, Vergleichsstufen
- Pronomen
- andere Wörter (alle hier nicht kategorisierten Wörter gehören zu dieser Restkategorie)

Satz:
- Satzzeichen: Punkt, Komma, Fragezeichen, Ausrufezeichen, Doppelpunkt, Redezeichen
- Satzart: Aussage-, Frage-, Ausrufesatz
- wörtliche Rede
- Subjekt
- Prädikat/Satzkern
- Ergänzungen: Satzglied; einteilige, mehrteilige Ergänzung
- Vergangenheit, Gegenwart, Zukunft (als Zeitstufen)

17 Funke 2011, S. 91 f.

18 Gornik 2011, S. 117 f. mit Bezug auf Funke 2005.

19 Bartnitzky u. a. 2009, S. 472 mit Bezug auf VERA 2006; Antwort b ist richtig.

20 http://vera-dokumente.lernnetz.de/docs/VERA3/ Deutsch/2008/V3_2008_deu_testheft_beide.pdf.

21 Honnef-Becker u. a. 2009, S. 179. Das Foto wurde aus rechtlichen Gründen durch ein ähnliches ersetzt.

Quellenverzeichnis

Textnachweise

45 © Verlag Friedrich Oetinger, Hamburg; Auszug aus: Astrid Lindgren: Pippi Langstrumpf. Hamburg: Oetinger, 1987, S. 302 ff.
58 © Ulrich Ammon und Uwe Loewer; aus: Ulrich Ammon, Uwe Loewer: Schwäbisch. Düsseldorf: Schwann, 1977 (Dialekt/Hochsprache – kontrastiv. Sprachhefte für den Deutschunterricht 4), S. 8
82 Elias Canetti, Die gerettete Zunge © Carl Hanser Verlag München 1977 (Auszüge: S. 10, 11 f. und 18 f.)
140 Chanson © Jean-Pierre Bérubé
142 Cartoon © Erich Rauschenbach, Berlin
156 Reproduktion des Arbeitsblattes mit freundlicher Genehmigung von Cornelsen Scriptor, Berlin

Bildnachweise

2 Fotos der Autorinnen: © Christian Scholz, Hambug (Dehn); © Jörg Finger, Freiburg (Oomen-Welke); privat (Osburg)
8/9 © Cécilia Becanovic, Paris
11 © Mechthild Dehn
12 © Michaela Müller/stock.adobe.com
13 © Pollyana Ventura via Getty Images (oben); © Nicole Effinger/stock.adobe.com (unten)
15 © jpmediainc via Getty Images
17 © ping han/stock.adobe.com
18 © Stillfx/stock.adobe.com (links); © Sebastian Kaulitzki/stock.adobe.com (rechts)
20 © Firnthirith/stock.adobe.com (Generiert mit KI) (oben); © Tobilander/stock.adobe.com (unten)
21 © bescec/stock.adobe.com
22 © sdominick via Getty Images
25 © Gravity Images via Getty Images
26 © Katja Schnitzer, Freiburg/Br.
28 © Marion Degenhardt, Freiburg/Br.
31 beide Fotos: © FamVeld via Getty Images
35 © temmuzcan via Getty Images
36 © Stefan Gräf/stock.adobe.com
37 © Stefan Gräf/stock.adobe.com
40 © nyul via Getty Images (links); © S.Kobold/stock.adobe.com (rechts)
41 © nemchinowa via Getty Images (links); © ilona75 via Getty Images (rechts)
47 © ktaylorg via Getty Images
48 © K.-U. Häßler/stock.adobe.com (Hahn)
© K.-U. Häßler/stock.adobe.com (Wasserhahn)
© Wolfilser/stock.adobe.com (Baumkrone)
© Team Daf/stock.adobe.com (Krone)
© Wolfilser/stock.adobe.com (Blatt)
© pico Studio/stock.adobe.com (Blatt Papier)
© by-studio/stock.adobe.com (Birne)
© stockphoto-graf/stock.adobe.com (Glühbirne)
© Chrissie Creative/stock.adobe.com (Schloss Gebäude)
© babimu/stock.adobe.com (Schlüssel + Schloss)
49 © Claudia Osburg (2)
52 © ExQuisine/stock.adobe.com (links); © Uwe Annas – Fotolia.com (rechts)
63 © Melissa Schalke/stock.adobe.com
64 © iofoto/stock.adobe.com
66 © Katja Uhrig, Freiburg/Br.
72 © Natalia Lebedinskaia via Getty Images
75 © ZouZou/Shutterstock.com
77 © Yvonne Decker, Freiburg/Br.
78 © Bernd Libbach/stock.adobe.com
79 © zayatssv via Getty Images
85 © photophonie/stock.adobe.com
86 © sdominick via Getty Images
88 © Robert Kneschke/stock.adobe.com
97 © Claudia Osburg (links); © colourFIELD aus der Dokumentation *Expedition ins Gehirn* (rechts)
101 © Kzenon/Shutterstock.com
104 © Vladislav Gajic/stock.adobe.com (oben); © Annette Möller (unten)
105 Cover-Abbildung Martin Baltscheit: Die Geschichte vom Löwen, der nicht schreiben konnte. Beltz & Gelberg 2012
107 Logos mit freundlicher Genehmigung der UHU GmbH & Co. KG, Bühl (Baden), der OBI GmbH & Co. Deutschland KG, Wermelskirchen, und der BMW Group, München; © Pedal to the Stock/Shutterstock.com (WC); © Light Impression/stock.adobe.com (Stoppschild); © hanohiki/stock.adobe.com (S-Bahn)
108 © Claudia Osburg
109 © Stefan Hellriegel (Tafelbilder); © Claudia Osburg (unten rechts)
112 © Barbara von Johnson; aus: Ute Andresen (Text), Barbara von Johnson (Illustrationen): Alle Kinder gehen zur Schule. Aarau, Frankfurt a. M. u. a.: Sauerländer, 71996
115 © Sabphoto/Shutterstock.com
117 © Claudia Osburg
118 © Claudia Osburg
121 © Angela Kröll, Berlin (2)
131 © Zurijeta/Shutterstock.com
133 © Ingelore Oomen-Welke
135 Mehrdad Zaeri und Anne Richter: Prinzessin Sharifa und der mutige Walter. Zwei alte Geschichten neu erzählt. Baobab Books 2013; Nizar Ali Badr, Margriet Ruurs: Ramas Flucht © 2025 Gerstenberg Verlag, Hildesheim
136 © Diego Cervo/Shutterstock.com
137 © Monkey Business Images/Shutterstock.com
143 © Lucky Dragon/stock.adobe.com; © Imgorthand via Getty Images; © Jürgen Welke, Freiburg/Br. (von links nach rechts)
144 © Rawpixel via Getty Images
146 © Caiaimage/Robert Daly via Getty Images
149 © Claudia Osburg
150 © Katja Schnitzer, Freiburg/Br.
151 © Claudia Osburg
156 © Sarit Richerson/stock.adobe.com